BUR

Quinto Orazio Flacco
Odi e Epodi

introduzione di ALFONSO TRAINA
traduzione e note di ENZO MANDRUZZATO

testo latino a fronte

edizione riveduta e aggiornata

Biblioteca Universale Rizzoli

Proprietà letteraria riservata
© 1985 RCS Rizzoli Libri S.p.A., Milano
© 1994 R.C.S. Libri & Grandi Opere S.p.A., Milano
© 1997 RCS Libri S.p.A., Milano

ISBN 88-17-16513-1

Titolo originale dell'opera:
CARMINA
CARMEN SAECULARE
EPODON LIBER

prima edizione: marzo 1985
decima edizione: agosto 1997

Il testo latino riproduce l'edizione curata da F. Villeneuve per «Les Belles Lettres», Paris 1929[11].

INTRODUZIONE

> «Le mystère du poète, c'est aussi mon propre mystère, plus riche, sans doute, mais par là même un peu moins obscur.»
>
> H. BREMOND

1. Orazio non includeva nelle «liriche» i giambi, come lui li chiamava (*epod.* 14,7; *c.* 1, 16, 24; *epist.* 1, 19, 23), degli epodi: nell'*Ars poetica*, 79 sgg., distingue i versi lirici dai giambici, e solo nel proemio delle *Odi* (1, 1, 35) chiede a Mecenate di metterlo tra i poeti lirici (trasferendo per primo in latino il grecismo *lyricus*, che Cicerone scriveva ancora in greco). Né li hanno inclusi Quintiliano nel libro X dell'*Institutio oratoria* (1, 96) e Porfirione nella *Vita Horatii* premessa al suo commento (p. 2 Meyer), facendo l'inventario per generi delle opere di Orazio: d'accordo, del resto, con i criteri della filologia alessandrina, che nel canone dei poeti lirici poneva i modelli greci delle *Odi* oraziane, Alceo Saffo Anacreonte Pindaro, ma non quelli degli *Epodi*, Archiloco e Ipponatte. Ma se noi ve li includiamo, secondo un uso ormai invalso che ha i suoi fondamenti nel più ampio concetto moderno di «lirica»,[1] dobbiamo distinguere quattro fasi nella produzione lirica di Orazio:[2] gli *Epodi* dal 40 circa al 30 a.C., i primi tre libri delle *Odi* editi nel 23, il *Carme secolare* del 17, il quarto libro delle *Odi* edito intorno al 13. Mentre le *Satire* sono

---

[1] Vd. la mia *Introduzione* a Catullo, *I canti*, trad. di E. Mandruzzato, Milano, BUR 1987³, p. 30 sg.

[2] Preceduta dai *versiculi Graeci* della prima giovinezza (*sat.* 1, 10, 31 sg.), che di recente si è proposto di riconoscere in epigrammi dell'*Antologia Palatina*, attribuiti a un certo Flacco (F. Della Corte, *Fra «Statillio Flacco» e Orazio*, in *Opuscula*, VI, Genova 1978, pp. 265-273).

poesia giovanile e le *Epistole* poesia senile — nel senso, relativo, di Orazio, che si sentiva vecchio a quarant'anni —, gli *Epodi* e le *Odi* abbracciano più di un quarto di secolo, dai venticinque anni circa a cinque anni prima della morte: specchio d'una intera vita, non tanto nei suoi eventi esteriori — per questo, contrariamente alle attese di un lettore moderno, sono molto più autobiografiche le *Satire* e le *Epistole* —, quanto nelle sue pulsioni e tensioni esistenziali; e specchio di un periodo fra i più travagliati della storia di Roma, il sanguinoso trapasso dalle guerre civili alla *pax Augusta*: Filippi è del 42, la guerra di Perugia del 41-40, seguita dall'effimera pace di Brindisi, la campagna marittima contro Sesto Pompeo del 38-36, Azio del 31, il triplice trionfo di Ottaviano e la chiusura del tempio di Giano del 29, il «principato» di Augusto del 27, i *ludi saeculares* del 17, la dedica dell'*ara pacis* del 13. Avvenimenti tutti che hanno inciso sul vissuto e sull'ideologia del poeta.

2. Sainte-Beuve non credeva «che ci siano mai stati scrittori più felici di Orazio».[3] Ma l'acume del Sainte-Beuve, si sa, fa le sue prove migliori sui mediocri che sui grandi. E poi era condizionato dall'immagine «apollinea» di Orazio,[4] tanto cara al classicismo del «grand siècle» e al razionalismo illuministico quanto sospetta alla sentimentalità romantica. La critica moderna tende a rovesciare questa immagine, non senza qualche esagerazione. In realtà, Orazio fu un uomo ansioso, *melancholicus* diceva un antico scoliasta,[5] noi diremmo nevrotico. La migliore con-

---

[3] *Horace*, in *Étude sur Virgile*, Paris 1857, p. 462.
[4] Ancora E. Bignone includeva un saggio su Orazio in un volume intitolato *Poeti apollinei*, Bari 1937.
[5] Pseudo-Acrone *ad art.* 304, p. 358 Keller. Occorre appena avvertire che il grecismo *melancholicus* corrisponde semanticamente al suo calco latino «atrabiliare» più che al suo erede italiano «malinconico». Per gli antichi la *melancholia* era una malattia psichica, caratterizzata da te-

ferma ce l'ha data Orazio stesso con una delle sue *callidae iuncturae* (vd. § 12): *strenua nos exercet inertia* (*epist.* 1, 11, 28: «ci fa soffrire un torpore smanioso»), il cui ossimoro non è solo una figura retorica, ma sembra anticipare la terminologia degli psicologi moderni: «depressione ansiosa». Non ha dunque tutti i torti lo storico dell'angoscia antica, E.R. Dodds, a tradurre con «maniaco-depressivo» il *melancholicus* dello pseudo-Acrone.[6]

Orazio si conosceva bene. Era, come tutti gli scrittori latini, introspettivo. Dalle sue opere non si ricava solo il suo ritratto fisico — un meridionale basso, corpulento, cisposo, scuro di pelle e precocemente grigio —, ma anche, e soprattutto, quello psichico,[7] dominato da due tratti, irritabilità e irrequietezza. «Non sai stare un'ora con te stesso, ma fuggi da te cercando di eludere l'ansia col vino o col sonno: invano, ché essa, nera compagna, ti sta sempre alle costole», si fa dire, a meno di trentacinque anni, dal servo Davo, promosso, per l'occasione, a voce della sua coscienza (*sat.* 2, 7, 111 sgg.). Questa «nera compagna», la *cura*, ha una folta presenza lessicale nell'opera oraziana: non è tanto significativo il totale delle sue occorrenze (nell'accezione di «ansia» una ogni 260 versi, contro una ogni 337 versi nel «poeta dell'angoscia», Lucrezio), quanto la ricchezza della sinonimia nominale e verbale. Sono cinque i sinonimi di *cura* (*aegrimonia, aerumna, maeror, sollicitudo, tristitia*, per un totale di 10 occorrenze) e quattordici i verbi con cui Orazio esprime la rimozione della *cura*, quanti nessun altro poeta dell'età repubblicana e augustea.[8] Anche l'aggettivazione è em-

---

traggine e iracondia. Vd. ora M.G. Ciani, *Psicosi e creatività nella scienza antica*, Venezia 1983, pp. 35 sgg.

[6] *The Ancient Concept of Progress*, Oxford 1973, p. 163.

[7] Testi: *c.* 3, 9, 22 sg.; *sat.* 2, 3, 323-325; *epist.* 1, 20, 25; 2, 2, 205-210; *sat.* 2, 7, 111-115; *epist.* 1, 8, 2-12; 1, 11, 25-28.

[8] *Abigere, auferre, deducere, dissipare, eluere, exigere* (var. *eximere*), *expedire, fallere, minuere* (2 volte), *mittere, pellere* (2 volte), *relin-*

blematica: *atra*, «nera», è un epiteto che compare solo in Orazio,[9] e vi compare ben quattro volte (oltre il cit. *sat.* 2, 7, 115: *c*. 3, 1, 40; 3, 14, 13; 4, 11, 35). Perché questa predilezione? Perché, ha risposto uno studioso tedesco, *ater* è il colore della morte.[10]

3. «Il tuo cuore è sgombro dalla paura della morte (*mortis formidine*) e dall'ira?»: ancora una volta è Orazio a confessarsi, alla fine della II lettera del II libro (v. 206 sg.). Ma ci sono confessioni più indirette. L'importanza di questa tematica nella lirica di Orazio è suggerita dalla sua collocazione. Nel I libro, dopo le odi a Mecenate, a Ottaviano, a Virgilio — il protettore, il principe, l'amico del cuore (*animae dimidium meae*) —, l'ode a Sestio, il console del 23, dominata dalla personificazione della morte, di cui sentiamo il lugubre rintocco in una delle più insistite fra le rare allitterazioni onomatopeiche oraziane (vd. § 13): *Pallida Mors aequo Pulsat Pede PauPerum tabernas / regumque turres* (v. 13 sg.: «la pallida Morte picchia con piede imparziale alle porte dei tuguri e dei palazzi»), in contrasto con la danza leggera — che si vede e non si sente — delle Grazie e delle Ninfe: *iunctaeque Nymphis Gratiae decentes / alterno terram quatiunt pede* (v. 6 sg.: «le Grazie leggiadre tenendo per mano le Ninfe battono la terra ora con un piede, ora con l'altro»).[11] Così come lo

---

quere, solvere, summovere: li ha analizzati A. Minarini, *Atra cura*, «Boll. stud. lat.» 1979, pp. 43-51.

[9] Almeno fino a Boezio, *cons. phil.* 3, *m.* 5, 8: la citazione manca nel *Thes. ling. Lat.*, s.v., 1474, 25. Il punto di partenza è omerico, le μέλαιναι ὀδύναι di *Il.* 4, 117.

[10] M. Hauser, *Der römische Begriff Cura*, Winterthur 1954, p. 78. Delle occorrenze oraziane di *ater* circa un quarto si riferiscono alla morte: vd. § 13.

[11] La poesia greco-latina aveva tutta una tradizione onomatopeica di danze, da Omero (*Il.* 8, 443; *Od.* 8, 264) a Callimaco (*hymn.* 4, 306), da Ennio (*ann.* 1 Vahl.[2]: *Musae quae Pedibus Magnum Pulsatis Olympum*) a Orazio stesso (*c*. 3, 18, 15 sg.: *gaudet… PEPulisse fossor / TER PEde TERram*).

scenario della danza, la mite notte primaverile rischiarata dalla luna (v. 5: *inminente luna*), si contrappone alla notte della morte che vanifica l'essere nel nulla: *iam te premet nox fabulaeque Manes* (v. 16: «presto su te peserà la notte e i Mani, una favola»).

Questa ode costituisce un dittico certo intenzionale con l'ode 7 del libro IV: *Diffugere nives, redeunt iam gramina campis* («si è dissolta la neve, torna già l'erba ai piani»). È il medesimo motivo, la circolarità del tempo cosmico, quale si attua nel girotondo delle stagioni, opposta all'irrepetibile linearità della vita umana; ed è un metro affine, epodico archilocheo come l'altro, e, come l'altro, usato una sola volta nel canzoniere oraziano. Anche la collocazione, come ha chiarito il Fraenkel,[12] è significativa, nel cuore del libro (composto di 15 carmi), dopo le odi civili, celebrative dei *duces*, quasi ad affermare, sul trionfo degli uomini, il trionfo della morte, livellatrice di tutti i valori: *Nos ubi decidimus / quo pius Aeneas, quo Tullus dives et Ancus, / pulvis et umbra sumus* (vv. 14-16: «noi, una volta caduti dove già il pio Enea, il ricco Tullo ed Anco, non siamo che polvere ed ombra»). È un'ode particolarmente densa di allusioni, dove il richiamo letterale al pessimismo lucreziano (3, 1025: *lumina sic oculis etiam bonus Ancus reliquit*, «così anche il buon Anco chiuse gli occhi alla luce») è polemicamente giocato contro il ricordo della gioiosa primavera di Catullo (46, 1: *Iam ver egelidos refert tepores*, «primavera riporta il suo tepore») e l'escatologia di Virgilio, che al *pius Aeneas* - l'*Eneide* era stata pubblicata da pochi anni - aveva promesso l'immortalità degli dei (*Aen.* 1, 259 sg. e 12, 794 sg.).[13] Anche se non è

---

[12] *Carattere della poesia augustea*, «Maia» 1948, p. 253 sg. (= *Kleine Beiträge zur klassischen Philologie*, Roma 1964, II, p. 218), e poi in *Horace*, Oxford 1966, p. 421.

[13] Anche nella chiusa dell'ode: *infernis neque enim tenebris Diana pudicum / liberat Hippolytum* (v. 25 sg.: «né Diana libera dalle tenebre dell'oltretomba il casto Ippolito») si può vedere un'allusione polemica

questa l'ultima parola di Orazio, che al trionfo della Morte farà seguire, come vedremo (§ 9), il trionfo della Poesia, dobbiamo prendere atto che il poeta rinviando con 4,7 a 1,4 ha segnato, ai confini della sua opera lirica, una delle principali tematiche della sua ispirazione: quel senso di morte che rende così struggente il sapore della vita.

4. Il tema della morte è inscindibile dal tema del tempo. È la morte che dà all'uomo l'angoscia del tempo, perché è la morte, *ultima linea rerum* (*epist.* 1, 16, 79) che toglie al tempo la rassicurante ciclicità della natura per distenderlo nella breve linea della vita umana. *Brevis*: ecco un altro aggettivo le cui occorrenze temporali in Orazio superano la somma delle analoghe occorrenze in Lucrezio Catullo Virgilio. *Nimium breves*, «di troppo breve durata» sono i fiori della rosa che nell'ode 2, 3, 13 sg. simboleggiano le gioie del canto e della vita in contrasto con l'eternità dell'oltretomba, iconicamente rappresentata dall'ipermetro che, alla chiusa dell'ode, prolunga oltre i confini del verso l'epiteto antonimico (*aeternus*) e lo salda al suo sostantivo (v. 26 sg.): *in aeter*[*num / exilium*. *Brevem* chiama Orazio il padrone di un giorno, spossessato dalla morte (*c.* 2, 14, 24), con un'audacia semantica che trasferisce per la prima volta *brevis*, predicato a persona, dalla sfera fisica («di corta statura») a quella temporale di *aevi brevis* (*sat.* 2, 6, 97).[14] È in questo carme che si fa più esplicita la connessione del tempo e della morte: *Eheu fugaces, Postume, Postume, / labuntur anni nec pietas moram / rugis et instanti senectae / adferet indomitaeque morti* (*c.* 2, 14, 1 sgg.: «Scendono in fuga gli anni, Postumo, / Postumo!, e la buona coscienza / non farà ritardare / le rughe,

---

alla versione virgiliana dello stesso mito (*Aen.* 7, 765 sgg.), secondo la quale Ippolito era stato risuscitato da Diana. Vd. il mio *Orazio e Catullo*, in *Poeti latini (e neolatini)*, Bologna, 1986², pp. 263 sgg.

[14] Il greco disponeva di un composto, ὀλιγοχρόνιος, che Orazio rende con un genitivo di qualità: vd. § 11.

la vecchiezza / che preme, la morte che nessuno vinse»,
trad. Mandruzzato). L'incalzare del tempo è reso non solo dai lessemi nominali (*fugaces*) e verbali (*labuntur, instanti*), ma anche dall'affannosa *geminatio* del vocativo (un nome che «sa di morte», diceva il Pascoli), donde viene alla strofa un convulso dinamismo che va a infrangersi sul blocco eptasillabico della clausola *indomitaeque morti*. Nessuna traduzione può riprodurre tutte le connotazioni di questo latino. «Fugace», per noi, è solo un sinonimo letterario di «passeggero». Ma *fugax*, connotato negativamente dal suffisso - $\bar{a}c$ -, è il soldato che fugge dal suo posto di combattimento (*c*. 3, 2, 14): riferirlo agli *anni*, con una metafora oggi logora, ma allora inedita, significa farne dei traditori che ci abbandonano a nostra insaputa (come altrove, con diversa ma sempre inedita metafora, ne fa dei banditi che ci spogliano, *epist*. 2, 2, 55: *singula de nobis anni praedantur euntes*); lo conferma il verbo, *labuntur*, che è uno scivolare furtivo e silenzioso (cfr. *c*. 1, 13, 7: *furtim labitur*). Seneca, erede del senso e del lessico oraziano del tempo, userà il medesimo verbo in *brev. vit*. 8,5: «il tempo non darà segno della sua velocità, scorrerà via senza rumore (*tacita labetur*)».

Non c'è dubbio: Orazio appartiene a quel tipo d'uomini i quali «vivono più sotto gli auspici del tempo che passa e della morte che si avvicina che del tempo che progredisce e che facciamo progredire in noi».[15] Questa angoscia del tempo, questo senso del precario tradiscono un fondo d'insicurezza che potrebbe avere radici lontane, nell'assenza di una figura materna, se così deve interpretarsi il silenzio di Orazio sulla madre, sorprendente non in se stesso, ma di fronte alle tante menzioni del padre (e, una volta, in *c*. 3,4, 10, della nutrice). Pura ipotesi. Certo è invece

---

[15] E. Minkowski, *Il tempo vissuto*, trad. it., Torino 1971, p. 142. L'autore continua: «Negli ansiosi, nei depressi, nei melanconici, questa predominanza dei fattori della morte si accentua ancor più».

il contraccolpo che ebbe sul giovane la sconfitta di Filippi e il naufragio dell'ideologia repubblicana. Tornò a Roma con le ali mozze (*decisis pinnis*), privo dei beni paterni, in difficili condizioni economiche (*paupertas, epist.* 2, 2, 50 sg.). Era il crollo della città-stato, il crollo del suo mondo: *suis ipsa Roma viribus ruit* (*epod.* 16, 2: «Roma crolla sotto le sue stesse forze»); e Orazio non era ancora nella condizione — se mai lo fu — di riferire a se stesso l'orgogliosa affermazione del saggio stoico: *si fractus inlabatur orbis, / inpavidum ferient ruinae* (*c.* 3, 3, 7 sg.: «se il cielo cadrà in pezzi, le rovine lo colpiranno senza atterrirlo»). L'instabilità politica ed economica dovette acuirne la sensibilità per l'irrazionalità e l'imprevedibilità degli eventi, il gioco del Caso (*ludus Fortunae, cc.* 2, 1, 3 e 3, 29, 50), che la Grecia ellenistica chiamava *Tyche*. È un altro, e non dei minori, motivi della lirica oraziana. Si è sorriso dell'importanza che Orazio annette all'episodio dell'albero che rischiò di cadergli sulla testa (*cc.* 2, 13 e 17; 3, 8), al punto di metterlo sullo stesso piano della rotta di Filippi (*c.* 3, 4, 26 sg.). Che hanno in comune la grande tragedia storica e il piccolo incidente personale? Due cose: l'imprevedibilità e la morte. A Filippi Orazio si salvò miracolosamente: l'avverbio traduce il senso se non la lettera del racconto oraziano (*c.* 2, 7, 13 sg.). Nel suo fondo sabino, là dove si sentiva al sicuro (*tutum*) dalle forze distruttrici della vita (*c.* 1, 17), era in agguato l'*improvisa leti vis* (*c.* 2, 13, 19 sg.: «il colpo improvviso della morte»), ad ammonimento che «non si è mai abbastanza previdenti per evitare ciò che ci può capitare da un momento all'altro» (v. 13 sg.). A questo misterioso e capriccioso potere, che ti salva o ti perde quando meno te lo aspetti, Orazio ha dato diversi nomi, Fortuna, Caso, dio, Giove, Necessità, da varie ottiche e in varii tentativi, mai del tutto riusciti, di dare un'occulta ragione al caos degli eventi: solo entro questi limiti si può parlare di una «conversione» di Orazio (*c.* 1, 34). A sentire la *Tyche* come Provvidenza, nella vita e nella storia, come la sentì Virgilio che era anche lui partito, nelle *Bucoliche*, dall'ammissione che *Fors omnia versat* (*ecl.* 9, 5: «tutto è in balia del Caso»), Orazio, memore della lezione epicurea (*sat.* 1, 5, 101 sgg.), non giunse mai. Perché nulla può compensare l'uomo della sua mortalità. Ma fece una parziale eccezione: per sé, non in quanto uomo, ma in quanto poeta. Nelle circostanze più critiche della sua vita[16] Orazio si sentì protetto da una forza sacra. A Filippi lo salvò Mercurio, il dio inventore della lira (*c.* 1, 10, 6) ed emulo di Orfeo (*c.* 3, 11). Come dire, un'ipostasi della Poesia (vd. § 9).

5. Ma questo è il punto di arrivo di Orazio lirico. Torniamo al punto di partenza, all'ansiosa temporalità oraziana, sulla quale J. Perret ha scritto una pagina molto fine. Ne stralciamo un passo che ha una singolare consonanza con quello citato del Minkowski: «Orazio si ricollega a una famiglia di spiriti per i quali il luogo autentico dell'uomo non è la continuità d'una durata, con le illusioni inerenti alla memoria e al progetto, ma la singolarità degli istanti dove la nostra libertà affronta il mondo».[17] È una perifrasi del più celebre motivo di Orazio, così celebre da avere acquistato la vita autonoma della citazione, il *carpe diem*.[18] In questa forma si legge in *c.* 1, 11, 7 sg.: *dum loquimur, fugerit invida / aetas: carpe diem, quam minimum credula postero*, ma il motivo ritorna in tutta l'opera di Orazio con una gamma di variazioni sinonimiche accordate ai rispettivi contesti. Nell'epodo 13 (forse

---

[16] Oltre Filippi e la caduta dell'albero, Orazio ricorda nell'ode 3, 4, 28 un viaggio per mare e il sonno sul monte Vulture (vd. § 9).

[17] *Horace*, Paris 1967², p. 122.

[18] Per l'analisi seguente mi baso sul mio lavoro *Semantica del carpe diem*, «Riv. filol. class.» 1973, pp. 5-21, ristampato in *Poeti latini*, cit., pp. 227-251: ivi bibliografia, da integrare almeno con G. D'Anna, *Ancora sul motivo oraziano del «carpe diem»*, «Atti e mem. Arcadia», S. 3, v. 7, 1979, pp. 103-115 e L. Deschamps, *Il tempo in Orazio ossia dal tempo perduto al tempo ritrovato*, «Orpheus» 1983, pp. 195-214.

uno dei più antichi, già *in nuce* più lirico che giambico) è l'urgenza e violenza di *rapio*: *rapiamus, amici, / occasionem de die* (v. 3 sg.: «rapiamo, amici, l'occasione alla giornata»); nell'ode 3, 8 all'epicureo Mecenate è la presa di possesso di *capio: dona praesentis cape laetus horae* (v. 27: «prendi lieto i doni dell'ora presente»); nell'epistola 1, 11, la più bella delle lettere, è il prendere finalizzato al godimento di *sumo: tu quamcumque deus tibi fortunaverit horam, / grata sume manu neu dulcia differ in annum* (v. 23 sg.: «tu qualunque ora di felicità ti avrà elargito il dio, pigliala con mano grata e sfruttala senza rimandarne la dolcezza al futuro»). *Carpo* è, di tutti, il più nuovo e il più espressivo, dicendosi di un movimento lacerante e progressivo tra le parti e il tutto, come sfogliare una margherita o piluccare un grappolo d'uva. Il tutto è l'*aetas*, il tempo maligno (*invida*) visto nella continuità della sua fuga: la parte è il *dies*, l'oggi, da spiccare giorno per giorno senza contare sul domani. La traduzione letterale è impossibile. Ma il concetto è quello di un poeta persiano (che ha più di un'affinità con Orazio), 'Omar Khayyām: «Passa la vita, misteriosa carovana: rubale il suo attimo di gioia!» (trad. Gottardi), o di un romanziere contemporaneo, V. Saltini: «Come strappare un po' di gioia a questo tempo che fugge?». La *callida iunctura* ha dato un conio nuovo alla saggezza di sempre.

L'ode 1, 11 è ricca di performativi. Ma la maggior parte di essi è, sintatticamente o semanticamente, negativa: non indagare il futuro (*ne quaesieris*...), è peccato sapere (*scire nefas*), non tentare l'oroscopo (*nec temptaris*...), non prolungare la speranza oltre il breve spazio della vita (*spatio brevi / spem longam reseces*), non farti illusioni sul domani (*quam minimum credula[19] postero*). Il *carpe diem* è così serrato in un cerchio di divieti, connotati dalla sacra-

---

[19] *Credulus* è chi crede senza fondamento, come l'illuso innamorato di *c.* 1, 5, 9.

lità di *nefas*, che ne condizionano il significato. La medesima struttura, sia pure a diverso livello, presentano gli altri carmi del *carpe diem*, l'epodo 13 («di tristezza non parlare»), l'ode 3,8 («non darti troppi pensieri»), l'epistola 1, 11 («non rinviare la gioia al futuro»). Vistosi paralleli sono offerti da altre varianti, metaforiche e sintattiche, del *carpe diem*: «cosa avverrà domani, non chiederlo e considera un guadagno ogni giorno che ti darà il caso» (*c*. 1, 9, 14 sg.); «il cuore contento dell'oggi non si curi di ciò che è al di là» (*c*. 2, 16, 25 sg.); «il dio previdente immerge il futuro nella notte e ride se il mortale si affanna oltre il lecito (*ultra fas*: il *nefas* del *c*. 1, 11). Ricordati di ben disporre del presente: il resto è come la corrente di un fiume» (*c*. 3, 29, 29 sg.); «fa conto che ogni giorno sia per te l'ultimo raggio di sole: sarà un piacere di più l'ora inattesa» (*epist*. 1, 4, 13 sg.). Il *carpe diem* ci appare dunque costantemente connesso col divieto complementare: non pensare al domani. Domani, è l'incertezza del futuro, è la certezza della morte. Da esse Orazio si difende contraendosi nel breve giro dell'oggi. *Dies, occasio, hora*,[20] *praesens, quod adest* sono tutti sinonimi della puntualità dell'istante, in cui Orazio tenta di neutralizzare la fuga dell'*aetas*. Perché «vivere il tempo, vuol dire morirne».[21]

Ogni poeta, come ogni uomo, ha un suo senso del tempo. Il tempo di Lucrezio è l'eterna alternanza cosmica di vita e morte (*mors immortalis*). Il tempo di Virgilio s'inarca fra la nostalgia del passato (*aurea fuere saecula*) e la speranza dell'avvenire (*aurea condet saecula*). Il tempo di Catullo si brucia in un presente di felicità esaltante (*vivamus, mea Lesbia, atque amemus*) o nel rimpianto di una felicità perduta (*fulsere quondam*). In Orazio il polo op-

---

[20] Notevole la predilezione di Orazio per questa segmentazione temporale, di origine greca: 31 occorrenze, contro le 20 complessive di Lucrezio Catullo Virgilio. P. Ferrarino ha potuto definirlo «il poeta della *hora*» (*Scritti scelti*, Firenze 1986, p. 344).

[21] M. Bonaparte, *Eros, Thanatos, Chronos*, trad. it., Rimini 1973, p. 48.

posto al presente è il futuro: un futuro non sperato ma temuto, una fuga dal domani, che sull'oggi getta un'ombra di morte: «non attenderti l'immortalità, te lo ripete la stagione che rapisce i giorni della nostra vita» (*c.* 4, 7, 7 sg.). *Rapit*: il verbo dell'epodo 13: *rapiamus*. Fra queste due «rapine», quella che il tempo fa all'uomo e quella che l'uomo tenta di fare al tempo, si tende la drammatica temporalità di Orazio.[22]

6. Le strutture temporali sono sempre connesse con quelle spaziali. Anche nella poesia oraziana. Alla chiusura del tempo risponde la chiusura protettiva dello spazio:[23] è il tema dell'*angulus* con la sua suggestione archetipica («un rifugio che ci assicura un primo valore dell'essere: l'immobilità»,[24] e quindi ci salva dal trauma del mutamento e dell'ignoto). In questa accezione ricorre nell'ode 2, 6: *ille terrarum mihi praeter omnes / angulus ridet* (v. 13 sg.: «quell'angolo di terra mi sorride su tutti»), in antitesi con lo spazio aperto della prima strofa («Settimio, pronto a venire con me a Cadice e ai Càntabri indocili al nostro giogo e alle barbare Sirti, dove sempre ribolle l'onda maura»). Orazio ricalca il *topos* del viaggio in capo al mondo,

---

[22] Il *carpe diem* di Orazio è epicureo? Dipende dal posto che si dà al futuro nel sistema di Epicuro. Per D. Pesce, per es., è «l'assoluto nonessere» in contrasto con la realtà del presente e del passato (*Introduzione a Epicuro*, Bari 1980, p. 111); per J.M. Rist, invece, se all'epicureo mancasse una profonda fede nel futuro non potrebbe liberarsi dall'angoscia (*Introduzione a Epicuro*, trad. it., Milano 1972, p. 115). Le testimonianze di Epicuro sono ambigue: vedile nel cit. articolo di D'Anna, p. 111 sg. Per me, senza voler risolvere in una nota il problema dell'epicureismo di Orazio — un epicureismo, in ogni caso, più esistenziale che dottrinario —, aveva ragione C. Diano di affermare che non è epicureo «quel senso di morte di cui ogni pausa si riempie» (*Orazio e l'epicureismo*, in *Saggezza e poetiche degli antichi*, Vicenza 1968, p. 17).

[23] «La poesia è tanto più viva quanto è più chiuso il limite in cui egli sente di vivere», ha detto un fine interprete di Orazio, E. Turolla (*Orazio*, Firenze 1931, p. 96).

[24] G. Bachelard, *La poétique de l'espace*, Paris 1958, p. 131. Per quel che segue utilizzo il mio lavoro *Orazio e Catullo* (vd. n. 13), pp. 254 sgg.

con cui inizia l'invito di Catullo a Furio ed Aurelio (*c.* 11, 1 sg.: «Furio ed Aurelio, compagni di viaggio di Catullo, sia che si spinga nel cuore dell'India lontana, dove il lido risuona battuto dall'onda orientale...»). Ma la richiesta di Orazio è ben diversa dal messaggio, beffardo e straziante, che Catullo affidava ai suoi compagni — l'addio a Lesbia —; è la richiesta di una presenza amica in vista di un altro e più lontano viaggio: «quel luogo (l'*angulus*) e i colli (*arces*) felici ti vogliono con me: là tu verserai una lacrima sulla cenere calda del poeta amico» (vv. 22-24). L'*angulus* e l'amicizia sdrammatizzano in una cadenza elegiaca il pensiero della morte. A un altro amico, all'angosciato Mecenate, Orazio chiederà e prometterà il medesimo conforto: *ibimus, ibimus... supremum / carpere iter comites parati* (*c.* 2, 17, 10 sg.: «ce ne andremo, ce ne andremo, pronti a fare insieme l'ultimo viaggio»).

Il tema dell'*angulus* si determina soprattutto nel «buen retiro» del podere sabino (il *modus agri* di *sat.* 2, 16, 1, cfr. *c.* 1, 17, 17: *hic in reducta valle*) e/o nell'àmbito festoso del convito (in rapporto anaforico col primo *ibid.* 21 sg.: *hic... sub umbra*). Il convito, o che si tenga in un caldo «interno» invernale, al riparo dalle forze ostili della natura, o nel cerchio d'ombra dell'*hortus*, è il luogo privilegiato dell'amicizia, del vino e del canto: privilegiato, dunque, per la rimozione della *cura*. La poesia simposiaca era una tematica tradizionale della lirica greca: e ci si è chiesti sino a che punto in Orazio essa sorga da un'occasione reale o da una convenzione letteraria. La nostra risposta è che il convito oraziano ha una realtà più profonda di ogni referente: la realtà esistenziale dell'archetipo. Ancora una volta è il poeta a suggerirlo, in un'odicina dalla linea purissima ma, conforme alla sua collocazione, densa di implicazioni simboliche, il congedo del libro I: *Persicos odi, puer, adparatus; / displicent nexae philyra coronae; / mitte sectari rosa quo locorum / sera moretur. / Simplici myrto nihil adlabores / sedulus curo: neque te ministrum / dedecet myrtus, neque me, sub arta / vite bibentem* («non amo, ragazzo, il lusso dei Persiani, non mi piacciono corone intrecciate di tiglio: smetti di cercare in quale luogo indugi una rosa tardiva. Mi basta il mirto: non darti pensiero di aggiungervi altro. Il mirto va bene a te che mesci e a me che bevo sotto una stretta pergola»).

La lirica è giocata su una triplice opposizione, iniziale interna finale. La prima è tra i due epiteti a *incipit* di strofa, *Persicos*, segno dello smodato lusso orientale, e *simplici*, altra parola tematica oraziana con le sue 12 occorrenze, tante quante quelle di Ovidio (benché le sole *Metamorfosi* siano di un terzo più lunghe di tutta l'opera oraziana), tre volte più numerose che in Virgilio, mentre è addirittura assente in Catullo e negli altri elegiaci augustei. Così Orazio ha voluto la sua arte, *simplex munditiis* (*c.* 1, 5, 51: «di un'eleganza senza artifici»), come le donne da lui descritte, coi capelli raccolti in un semplice nodo (*c.* 2, 11, 24 sg.). Vita e poesia hanno lo stesso stile. La seconda opposizione corre all'interno del carme, tra i fiori rifiutati, le ghirlande intrecciate col tiglio (designato, a impreziosirlo, col grecismo), le rose d'autunno, e il mirto richiesto, la pianta sempre verde (*c.* 1, 4, 9) e quindi sempre disponibile, e per di più sacra a Venere: allusione, forse, alla tematica erotica di parte della lirica oraziana. La terza antitesi oppone le indicazioni spaziali delle due chiuse, l'indeterminatezza del partitivo *quo locorum*, dove sfiorisce la rosa,[25] e lo spazio circoscritto (*arta*)[26] della pergola, dove Orazio realizza bevendo — il vino è il più antico ansiolitico[27] — la pienezza dell'istante. Eppure la classica com-

---

[25] È vero che *mŏretur* può evocare il parafonico *mŏriatur* e quindi l'idea della morte, ma sentirvi un contrasto con l'adonio finale, *vitĕ bĭbentem*, in quanto fonicamente assimilabile a *vitā vīventem* è esempio delle storture di certa fonostilistica anglosassone (M.O. Lee, *Sound, Word, and Image in the Odes of Horace*, Ann Arbor 1969, p. 93).

[26] La medesima valenza simbolica ha *artus* in *epist.* 1, 18, 30: *arta decet sanum comitem toga*.

[27] Λαθικαδής, «che scioglie gli affanni», è epiteto del vino in Alceo, e

postezza dell'ode ha un fondo di malinconia autunnale. Perché la rosa è pur sempre il fiore della giovinezza e dell'amore (*c.* 1,5,1), e rinunziarvi non si può senza «un rimpianto leggero» (Mocchino). La malinconia è il prezzo che la poesia di Orazio paga alla sua saggezza.

Malinconia autunnale, ho detto. Autunno non solo dell'anno, come suggerisce la rosa tardiva, ma della vita. «Poeta dell'estate che declina e si placa nell'autunno,... dell'età appena matura, quando l'arco della vita comincia a piegare», è bella definizione di A. Mocchino.[28] Orazio non è mai poeta giovane, nel senso di Catullo: non c'è, in lui, abbandono ma controllo, il *modus*, il senso del limite, che è saggezza. E perciò forse la corda più autentica della sua lira non è la gioia del possesso, ma la malinconia della rinunzia. È un motivo discretissimo, appena accennato, come nel congedo I. L'ode 3, 14 ci presenta Orazio immerso nella folla di Roma, festante per il ritorno di Augusto, che ha dato pace e stabilità allo stato. Anche Orazio fa festa: quel giorno gli toglierà le *atras curas*, il timore di una morte violenta (*mori per vim*). Tornato a casa, fa preparare il convito e manda a chiamare una suonatrice, Neera, che ha il nome di un suo antico amore. E se la donna non vorrà venire? Lascia perdere, dice Orazio allo schiavo: invecchio, non è più l'anno di Planco. L'anno di Planco è l'anno di Filippi: ma Orazio non lo rievoca come il tempo della guerra civile, per assaporarne il contrasto con l'attuale sicurezza, bensì come il tempo della sua bollente gioventù (*calidus iuventa*), in contrasto con l'incipiente canizie (*albescens capillus*). E l'ode termina con la sottintesa prospettiva di una cena solitaria, immalinconita dai ricordi.[29] Anche l'ode 4, 11 mette in scena una fe-

---

lo stesso significato ha l'epiteto di Dioniso, *Lyaeus*: a entrambi allude Orazio in *epod.* 9, 38: *curam... iuvat / dulci Lyaeo solvere*.

[28] Orazio, *Odi ed Epodi*, a cura di A. Mocchino, Milano 1938[8] (1929[1]), p. V. sg.

[29] Non sfuggì questa nota al commento del Pascoli, che poi la svolse

sta, per il compleanno dell'amico assente. Non manca nulla alla gioia del convito (v. 14: *gaudiis*): la stagione — aprile —, il vino, i fiori, e neppure la donna, una suonatrice, Fillide, la cui luminosa bellezza (v. 5: *fulges*) risponde alla luminosità dell'ambiente (v. 6: *ridet argento domus*). Ma basta un vocativo ad abbuiare quella gioia: *meorum / finis amorum* (v. 31 sg.). Perché l'amore non è ricambiato (v. 21 sgg.: Fillide ama un altro, che a sua volta non l'ama) e perché è l'ultimo: «d'ora in poi nessun'altra donna sarà la mia fiamma» (v. 33 sg.). Così, in contrasto con l'inizio, l'ode si chiude su un termine ominoso, di cui sappiamo la valenza simbolica, *atrae curae*. È l'incontro di due solitudini: non c'è che il canto (v. 35: *carmine*) per consolarle dell'amore che fugge e della morte che viene.

7. Né manca, in quest'ode, il monito della saggezza, nel consiglio di Orazio alla donna innamorata, di «non sperare oltre il lecito» (v. 29). *Ultra:* metafora spaziale, non isolata nell'opera oraziana. È il tema del *modus*, che da proprio e concreto, il limitato appezzamento di terreno che ha realizzato il sogno del poeta (*sat.* 2, 6, 1: *hoc erat in votis: modus agri non ita magnus*) si fa metaforico e psichico, l'autolimitazione della saggezza (*sat.* 1, 1, 106: *est modus in rebus*), ma rimane pur sempre una proiezione dell'*angulus*, il riparo della *sapientia*, che non a caso le filosofie ellenistiche esaltavano nel simbolo difensivo dell'*arx*, la rocca (e non a caso questo termine, apparentemente orografico, accomuna la descrizione del podere sabino [*sat.* 2, 6, 16] e quella dell'*angulus ridens* [*c.* 2, 6, 22]). Questa profonda coerenza esistenziale toglie ogni sospetto di eclettismo alla saggezza di Orazio, dove pure risuonano gli echi di tutte le scuole. *Modus* è il limite e la misura: può essere la via di mezzo, lontana da ogni ecces-

---

in un poemetto, *Reditus Augusti*: mi si consenta di rimandare all'*Introduzione* del mio commento, Firenze 1978.

so, l'*aurea mediocritas* del *c*. 2, 10, 5, che traduce la μεσότης aristotelica e la μετριότης democritea; e può essere il contentarsi del poco (*vivere parvo*, *c*. 2, 16, 13), di quanto basta (*quod satis est, cc*.3, 1, 25 e 3, 16, 44), che arieggia l'autosufficienza, l'αὐτάρκεια stoica e soprattutto epicurea («cui non basta poco», sentenziava Epicuro, «nulla basta»): i due ideali potevano venire in conflitto, come ha ben visto La Penna,[30] ma è la misura del primo a temperare il rigorismo del secondo. L'intima connessione del *modus* con la chiusura spaziotemporale si manifesta anche nel cuore dell'ode 2, 16: alle *curae* svolazzanti come sinistri pipistrelli sotto le volte dorate (v. 11 sg.) è contrapposto il *vivitur parvo bene* di chi rifiuta di saettare (*iaculari*) i desideri fuori dell'*hic et nunc*, nella lontananza del tempo e dello spazio (vv. 17 sgg.): *quid brevi fortes iaculamur aevo / multa?* (*brevi aevo* richiama lo *spatio brevi* dell'ode del *carpe diem*.) *Quid terras alio calentis / sole mutamus?* La chiusa del carme, omologando i *parva rura* e la *tenuis Camena* di Orazio, dà al *modus* una nuova dimensione: l'etica si fa estetica, la sobrietà è principio di vita e d'arte. È il tema della «vita semplice» che abbiamo incontrato nel congedo del libro I. Alla frequenza di *simplex* risponde quella del derivato aggettivale di *modus, modicus*, assente in Lucrezio Catullo Virgilio (e persino nel cantore della *paupertas*, Tibullo), presente 7 volte in Orazio: *modica* è la suppellettile delle cene a cui il poeta invita i suoi facoltosi amici (*c*. 1, 20, 1; *epist*. 1, 5, 2). L'aveva già detto Lucrezio che «la vera ricchezza per l'uomo è vivere frugalmente» (5, 1118), con una clausola (*vivere parce*) che rimarrà nell'orecchio di Orazio quando ricorderà l'insegnamento paterno (*sat*. 1, 4, 107 sg.: *cum me hortaretur parce frugaliter atque / viverem*...).

8. Questo è il punto d'incontro fra la gnomica per così di-

---

[30] *Orazio e la morale mondana europea*, Firenze 1969, p. 49.

re individuale di Orazio, d'ispirazione prevalentemente epicurea, e la gnomica del poeta ufficiale (il *vates*, vd. oltre), d'ispirazione augustea. C'erano aspetti della morale d'Epicuro che potevano far comodo al regime; e Orazio poteva predicarli ai suoi concittadini senza contraddirsi.

Una «contraddizione insanabile» è stata vista da molti — la citazione è dal Turolla[31] — fra la lirica intimistica e la lirica civile. È il più grosso problema della critica oraziana: e a risolverlo non giova tenerlo sul piano delle valutazioni estetiche — poesia e non poesia —, fatalmente soggettive e condizionate dai gusti e dalle ideologie; gioverà piuttosto indagare se a questa apparente dicotomia non sia sottesa una qualche sotterranea unità.

La poesia civile non sboccia improvvisa nell'Orazio augusteo, come un opportunistico allineamento alle direttive culturali del *princeps*, ma si iscrive nel progetto «lirico» oraziano sin dagli epodi, si pensi al VII e soprattutto al XVI, dove il poeta è il portavoce e la coscienza della comunità (v. 15: *communiter*) e perciò può autodefinirsi, nel verso finale, *vate* (*me*), esattamente come, al volgere della sua parabola lirica, nel verso finale dell'ode 4, 6, si chiamerà, in riferimento al carme secolare, *vatis* (*Horati*). Non per nulla *vates* si chiama sempre Orazio (con la sola eccezione di *c*. 4, 6, 31, in connessione con *ars*, vd. § 10), riesumando il termine arcaico, pregno di sacralità sociale, che la poesia neoterica aveva accantonato a favore del grecismo *poeta*. Proprio questa, com'è noto, è una delle principali discriminanti fra Orazio e Catullo, politicamente disimpegnato — il che non vuol dire disinteressato. Differenza di modelli: Orazio guarda alla grecità arcaica di Archiloco e di Alceo e non ai poeti di corte alessandrini. Ma anche differenza di temperamento: il moralismo di Orazio non si chiude in se stesso, la sua saggezza è comunicativa, e perciò la sua poesia, nutrita di quella saggezza,

---

[31] *Op. cit.*, p. 4.

è parenetica.[32] La parénesi civile non è che l'aspetto sociale della parénesi etica. Cambiano, naturalmente, col cambiare delle situazioni, i contenuti, le *res*, di questa poesia civile, dalle prospettive apocalittiche dell'epodo 16 agli epinici e ai panegirici del libro IV; non cambia l'*animus* del poeta, il suo porsi di fronte alla «città».

La crisi di Roma nella seconda metà del I secolo a.C. è crisi di passaggio dalla città-stato all'impero. Come già la *polis* greca alle prese col cosmopolitismo di Alessandro, la città-stato non offre più il suo angusto spazio protettivo al bisogno di sicurezza del cittadino. L'Orazio di Filippi ne sapeva qualcosa. Ne soffrì anche Virgilio, l'esule di Mantova, e prestò la sua dolente esperienza all'esule Melibeo (*ecl.* 1, 4: *nos patriam fugimus*). Ma aveva fede nel futuro, e la proiettò nell'imminente palingenesi della IV egloga: «secol si rinnova». Orazio reagì diversamente, in coerenza con la sua *Weltanschauung*. Per lui il futuro non è quasi mai un valore positivo: e quindi prospetta la sua soluzione in termini spaziali, in quell'epodo 16 che suona come una polemica risposta all'ottimismo messianico della IV egloga. Lo spazio sacro di Roma, simboleggiato dalle ossa di Quirino, è invaso e calpestato dai «barbari corsieri»: il rimedio sta nell'abbandono dell'*Urbs* e nella ricerca di un nuovo spazio vitale, i lontani *arva beata*, isolati e circondati dall'Oceano, dove la ricuperata sicurezza della vita assuma i colori emblematici dell'età dell'oro. È questa ricuperata sicurezza che Orazio vide ed esaltò nel regime augusteo: *nec mori per vim metuam, tenente / Caesare terras* (*c.* 3, 14, 15 sg.: «né temerò una morte violenta ora che Cesare domina il mondo»; e cfr. *c.* 4, 15, 17 sgg.).

C'è, in Orazio, una vera ossessione di sicurezza, che ha, al solito, il suo riflesso lessicale nella varia e ricca presenza

---

[32] Nell'*Introduzione* al Catullo della BUR (vd. n. 1), p. 21 sg., ho notato la differenza tra Orazio e Catullo nell'uso degli imperativi gnomici.

della famiglia di *tueor* (4 occorrenze, *tutor* verbo 4, *tutor* sostantivo 1, *tutela* 5, *tutus* 20), se la confrontiamo con le 2 occorrenze catulliane di *tutus*. Potremmo parlare di un'altra parola tematica oraziana, che accomuna il passato, il presente e il futuro del poeta (*cc.* 3, 14, 17; 1, 17, 13; 3, 29, 63), il cultore dell'*aurea mediocritas* (*c.* 2, 10, 6), il topo campagnolo contento del poco (*sat.* 2, 6, 117), il bue che si aggira per i campi *custode rerum Caesare* (*c.* 4, 5, 17: pensava Orazio, per contrasto, alle *capellae* faticosamente sospinte da Melibeo sulla via dell'esilio?). Augusto è *tutela Italiae dominaeque Romae* (*c.* 4, 14, 43), al centro del cerchio alla cui periferia si arresta la minaccia barbarica (*ibid.* 41 sgg.; *c.* 4, 15, 21 sgg.). È l'*angulus* che si dilata ai confini ecumenici dell'impero, senza perdere il suo carattere chiuso e protettivo. Non c'è contraddizione fra il cantore dell'*angulus* e il cantore dell'impero, perché questi sono entrambi, a diverso livello, proiezioni dello spazio esistenziale di Orazio. E allora il momento più alto del *carmen saeculare*, che aggancia la grandezza di Roma alla vicenda del sole, non apparirà più un'intuizione lirica isolata (vv. 9-12): «Sole di vita,[33] che nel cocchio luminoso dai e togli il giorno e nasci sempre diverso e sempre uguale, possa non vedere nulla più grande di Roma». *Alius et idem*: per una volta, grazie alla Roma augustea, Orazio è riuscito a comporre il caotico alternarsi degli eventi nel ritmo di una legge cosmica.

Ma la poesia civile ha anche un altro risvolto, più ostico a un lettore moderno: la divinizzazione di Augusto. Se ne è tanto discusso. Basterebbe, forse, leggere più attentamente il poeta. Per la cultura del tempo l'apoteosi non era molto più che il riconoscimento di un destino eccezionale: anche l'epicureo poteva ricorrervi per esternare la sua gratitudine al Maestro (*deus ille fuit, deus*, Lucr. 5, 8). Un cinquantennio più tardi Plinio il Vecchio ne darà un'in-

---

[33] Adotto la traduzione etimologica del Pascoli.

terpretazione evemeristica (*nat. hist.* 2, 18: «essere dio è, per un mortale, aiutare un mortale... Questo è l'antichissimo uso per render grazie ai benefattori: iscriverli nel novero delle divinità», trad. A. Barchiesi), non molto lontana da Orazio, quando pone Augusto tra gli «eroi» divinizzati per i loro meriti (*c.* 3, 3, 13: *merentem*) verso l'umanità o la patria, Pollúce ed Ercole, Bacco e Quirino. L'immagine di Augusto che «berrà fra essi il nettare» (*ibid.* 11 sg.) ne è solo la trascrizione mitica. Ma il pensiero di Orazio sull'immortalità personale del *princeps* non potrebbe essere più esplicito, quando nell'ode 4, 7 non eccettua un altro eroe divinizzato, Enea — che nel poema virgiliano è, come Ercole, ipostasi di Augusto[34] — dal comune destino di essere, dopo la morte, *pulvis et umbra*. C'è di più. Nelle odi immediatamente successive i meriti dei grandi uomini non bastano più a salvarli dall'oblio (*c.* 4, 8, 22 sg.: «che ne sarebbe del figlio di Ilia e Marte, se un silenzio invidioso eclissasse i meriti di Romolo?», e ricordiamo che Ottaviano esitò fra i nomi di Augusto e di Romolo), se *carent... vate sacro*, se non hanno un poeta che li canti (*c.* 4, 9, 27). Non le lapidi di marmo, ma solo le Muse possono ridare la vita *bonis ducibus* (*c.* 4, 8, 13 sgg.). È un caso che Orazio chiami due volte Augusto nell'ode 5 del medesimo libro, vv. 5 e 37, *dux bone*? O voleva insinuare, con l'autoallusione, che la vera immortalità per Augusto è quella che gli daranno i poeti, e quindi anche lui, il *vates Horatius*? Supremazia della poesia sul potere: la lirica civile oraziana non poteva avere uno sbocco più coerente.

9. «Misery - O Misery, / This world is all too wide for thee»: Orazio avrebbe condiviso questo verso di Shelley. Eppure anche lui osa affrontare la vastità ostile degli spazi esotici: ma per dovere di amicizia (*epod.* 1, 11 sgg. a

---

[34] Documentazione e bibliografia nel mio *Orazio e Augusto*, in *Poeti latini*, cit., pp. 277-280.

Mecenate: «ti seguiremo con forte cuore o per i gioghi delle Alpi o per il Caucaso inospitale o sino all'ultimo golfo dell'Occidente») o sotto la scorta delle divinità che simboleggiano l'ispirazione poetica: Bacco[35] dell'ode 2, 19, che il poeta ha visto, su rocce lontane, insegnare il canto, e soprattutto dell'ode 3, 25 (v. 1 sg.: «Dove mi trascini, Bacco, invasato di te?») il cui nordico paesaggio ha una selvaggia, desolata bellezza insolita in Orazio; le Muse dell'ode 3, 4, in compagnia delle quali (v. 29 sg.: *utcumque mecum vos eritis*) oserà sfidare (*libens temptabo*) «il Bosforo impazzito e le sabbie roventi dell'Assiria, i Britanni xenofobi e i Cònconi che bevono il sangue dei cavalli e i Geloni armati d'arco e il fiume della Scizia», senza subire alcun danno: *inviolatus* (ma il termine ha una sfumatura sacrale). Perché poeta. C'è una stretta connessione con l'inizio di una celebre ode, la 1, 22:[36] «L'uomo senza colpe (*integer vitae scelerisque purus*) non ha bisogno di arco e di frecce avvelenate, sia che parta per le Sirti soffocanti o per il Caucaso inospitale o per le regioni lambite dal favoloso Idaspe». Alle indicazioni spaziali dell'inizio rispondono simmetricamente quelle, altrettanto negative, della fine (vv. 17 sgg.): «Ponimi nelle pianure inerti dove nessun albero ha il ristoro della brezza estiva, parte del mondo oppressa da una cappa di nebbia; ponimi sotto il cocchio del sole troppo vicino, nella terra inabitabile: amerò Làlage dal dolce riso, dalla dolce loquela». Al centro, sempre in termini spaziali, l'avventura di Orazio, che ha dato occasione al carme (vv. 9 sgg.): «nella selva Sabina, mentre cantavo la mia Làlage e vagavo fuori dai limiti (del mio podere) senza tristi pensieri (*curis expeditis*), un

---

[35] Della cui edera Orazio vorrà incoronarsi nell'ode proemiale (1, 1, 29). Sulla simbologia di Bacco nella poesia oraziana cfr. A. La Penna, *Estasi dionisiaca e poetica callimachea*, in AA.VV., *Studi De Falco*, Napoli 1971, pp. 229-237.

[36] In quel che segue utilizzo e in parte trascrivo, e me ne scuso, le analisi del cit. *Orazio e Catullo*, pp. 258-261.

lupo mi fuggì benché fossi disarmato». È il *topos* ellenistico dell'inviolabilità dell'innamorato: «chiunque è preso d'amore, vada per dove vuole sicuro e inviolabile» (*tutus sacerque*, Tib. 1, 2, 27 sg.). Ma Orazio lo svolge in modo originale. Perché negli epigrammisti alessandrini e negli elegiaci romani i pericoli che l'innamorato non deve temere sono quelli che lo separano dall'amata. Lo spazio ostile è quello che separa gli amanti. Orazio è solo, e nessuna Làlage lo attende nella selva Sabina. La donna esiste solo come oggetto di canto: Orazio lo dice due volte, con l'esplicito *canto* del v. 10 e con l'allusione saffica e catulliana — due poeti d'amore — dell'ultima strofa. Ciò sposta il senso del *topos*: *tutus* e *sacer* non è l'innamorato, ma il poeta d'amore. È la poesia a salvare Orazio, che è uscito dal suo cerchio di sicurezza (*extra terminum*) e nella selva, simbolo archetipico dello spazio ostile, ha incontrato il pericolo. L'ironia lieve con cui Orazio suole contemplare le proprie esperienze non deve farci sottovalutare la tenace fede — forse l'unica fede — che ebbe nel potere soterico della poesia. Mercurio, l'abbiamo visto, l'inventore della lira, lo salvò a Filippi; Fauno protegge il podere di Orazio (*c.* 17) in cambio della sua *pietas*, che è tutt'uno con la sua poesia (v. 13 sg.), e lo salva dalla caduta dell'albero, perché è un *vir Mercurialis*, cioè sotto la protezione di Mercurio (*c.* 2, 17, 27 sg., cfr. *sat.* 2, 6, 15). La salvezza dall'albero è attribuita anche a Bacco (*c.* 3, 8, 6) e alle Muse (*c.* 3, 4, 25). In quest'ultima ode il motivo della poesia che salva assume il tono fiabesco della predestinazione: una volta che Orazio, bambino, nel monte della sua patria, il Vulture, fuori della casa (*extra limina*) della nutrice, si era addormentato, le colombe lo avevano ricoperto di frondi di lauro (la pianta di Apollo) e di mirto (la pianta di Venere), a proteggerlo dalle vipere e dagli orsi. Nell'ode 1, 22 era il poeta d'amore; qui è il futuro poeta. Il termine comune è sempre la poesia.

E la poesia neutralizza non solo l'apertura dello spazio,

ma anche quella del tempo. L'apertura del tempo significa il futuro: significa, per Orazio, la morte. La morte dell'uomo, non del poeta: *non omnis moriar*, «non morirò del tutto», dirà nell'orgoglioso congedo del libro III. L'impotenza della *fuga temporum* a scalfire il *monumentum* eretto dal poeta annulla l'*invida aetas* e l'*hora fugiens* dei *cc.* 1, 11 e 3, 29. Nella meditata architettura del libro IV, l'abbiamo accennato nel § 3, l'affermazione della ineluttabilità della morte nell'ode 7 è subito controbilanciata, nelle odi 8 e 9, dall'affermazione che il poeta non solo è immortale, ma è donatore d'immortalità (*c.* 4, 8, 28: «la Musa non fa morire l'uomo degno di lode»), perché è «sacerdote delle Muse» (*c.* 3, 1, 3). Nella poesia Orazio ha scoperto il sacro e se ne è fatto uno scudo — l'ultimo — contro l'*atra cura*, l'ansia del tempo e della morte. «Erschaffend ward ich gesund» («creando sono guarito»), ha detto Heine; avrebbe potuto dirlo anche il *melancholicus* Orazio.

10. Ho cercato di analizzare la lirica oraziana come un sistema di forme che veicolano i meccanismi di difesa dall'angoscia esistenziale. (Ci sono, è ovvio, altri approcci, ma questo almeno ha il vantaggio di porre in sintonia il critico e il poeta). Tali meccanismi ci sono apparsi omogenei, imperniandosi tutti sulla chiusura protettiva del tempo e dello spazio. Tutti tranne l'ultimo, che ne rovescia i termini, la sacralità della poesia. Il che non fu senza riflessi sulle oscillazioni della poetica e dello stile oraziani.

Orazio rivendicò a sé il vanto di essere stato il primo a trapiantare a Roma i metri epodici di Archiloco e quelli lirici dei poeti eolici, Alceo e Saffo (*epist.* 1, 19, 21 sgg.; *c.* 3, 30, 13 sgg.). A ragione: perché il «giambico» Catullo non scrisse mai epodi e usò la strofa saffica solo due volte (*cc.* 51, come libera traduzione da Saffo, e 11, metricamente allusivo al primo), tanto da non essere annoverato fra i precursori di Orazio né nel canone quintilianeo dei lirici romani (*inst. or.* 10, 1, 96), né nella nota di Porfirione a *c.* 3, 1, 2 (Porfirione, caso mai, pensava alla funambolesca polimetria del preneoterico Levio). Era una questione di generi, e cioè di metro, di stile (come vedremo), di modelli. I modelli dichiarati da Orazio sono classici, e quel poco che abbiamo della lirica greca lo conferma. Il che non significa che non ci fossero modelli ellenistici: avremmo dovuto supporlo anche senza l'epocale volume del Pasquali. Nessuno scrittore, qualunque sia il suo *Kunstwollen*, può astrarsi dal suo tempo: si è parlato di una «poetica nuova» anche per l'enniano Lucrezio. La letteratura romana nasce nello spazio della cultura alessandrina, e mai potrà prescinderne. Si dovranno piuttosto distinguere varie fasi dell'alessandrinismo romano, l'arcaico il neoterico l'augusteo ecc. Il classicismo augusteo, per dirla con La Penna, ha dato alla sensibilità e alle conquiste formali dell'alessandrinismo il respiro di una tematica più vasta e un'architettura più monumentale. Tra Esiodo e Virgilio c'è il filtro di Arato, tra Omero e Virgilio quello di Apollonio Rodio. La perdita della lirica ellenistica non ci consente di additare in un nome il filtro che operò su Orazio: ma non si può allontanare l'ombra di Callimaco, autore, fra l'altro, di un libro di *Giambi* che pare contenesse metri sia giambici epodici sia lirici e la cui struttura restò esemplare per i poeti successivi.[37]

Gli *auctores* oraziani non sono solo Archiloco, Alceo e Saffo: ci sono anche Ipponatte (ricordato in *epod.* 6, 14), Anacreonte (ricordato in *epod.* 14, 10 e *c.* 1, 17, 18) e soprattutto Pindaro. Fra questi il più ribelle al filtro callimacheo era certamente Pindaro. Orazio lo sapeva benissimo. Callimaco aveva simboleggiato la sua poesia nel filo d'acqua d'una fonte pura (*hymn. Ap.* 110 sgg.): a que-

[37] Cfr. D.L. Clayman, *Callimachus' Iambi*, Leiden 1980, pp. 72 sgg. La presenza di Callimaco è indubbia nell'opera oraziana, forse anche nell'*incipit* dell'ode 4, 3, sulla quale vd. per ultimo G. Pascucci, *Coscienza di poeta (Hor. carm. 4, 3)*, «Riv. filol. class.» 1982, pp. 150-165.

st'immagine pensava Orazio sia rimproverando a Lucilio di «scorrere fangoso» (*lutulentus, sat.* 1, 4, 11), sia paragonando il vero poeta a un «corso d'acqua puro» (*puroque simillimus amni, epist.* 2, 2, 120); poteva non pensarci paragonando Pindaro a un fiume in piena che precipita dai monti travolgendo gli argini (*c.* 4, 2, 5 sgg.)? Eppure la tentazione del canto pindarico fu sempre forte nel venosino, e non solo per motivazioni esterne, come gli epinici «commissionati» da Augusto per le vittorie dei suoi generali, ma perché Pindaro, e non Callimaco, incarnava ai suoi occhi il *vates sacer* (*c.* 4, 9, 28), il poeta ispirato che eterna gli eroi. Incarnava, cioè, una parte di lui stesso, la parte, diciamo, più velleitaria; ma Orazio era altrettanto cosciente che la parte più autentica era al polo opposto di Pindaro, e lo espresse nella contrapposizione allegorica del cigno e dell'ape (*c.* 4, 2, 24 sgg.): «Un colpo d'ala innalza al cielo il cigno di Tebe... Io invece a mo' dell'ape di Puglia che sugge il dolce timo con fatica,... vado foggiando umilmente (*parvus*) poesie laboriose». Conosciamo questa poetica: è la poetica del *limae labor et mora*, della *multa dies et multa litura*, della *cura*, del *lucidus ordo*, teorizzata nell'*Arte poetica* (291 sgg., 261, 41); è, in una parola, la poetica dell'*ars*, la *téchne* callimachea, la lunga elaborazione formale che non per nulla ricalca il precetto neoterico di tenere l'opera nel cassetto per nove anni (*ars* 388: *nonum prematur in annum*, cfr. Catull. 95, 1 sg.). Un finissimo intenditore come Petronio ha colto e reso questo carattere fondamentale della poesia oraziana in una formula ossimorica dal vago sapore oraziano, *curiosa felicitas* (118, 5): uno sforzo felicemente riuscito.[38]

Nell'estetica antica alla *téchne* / *ars* — noi diremmo il mestiere — si contrappongono le doti innate, *phýsis* / *in-*

---

[38] Cfr. l'esegesi di P. Mantovanelli, *Curiosa felicitas*, «Quaderni Ist. filol. lat. Padova» 2, Bologna 1972, pp. 59-72. Si può aggiungere che Petronio ricordava forse il precetto oraziano di mascherare lo sforzo (*epist.* 2, 2, 124: «avrà l'aspetto di uno che gioca e si torturerà»).

genium, noi diremmo l'ispirazione, che è la lontana e ormai dissacrata erede dell'*enthusiasmós* platonico-democriteo. Ritroviamo puntualmente l'antitesi terminologica, e in riferimento a Democrito, nell'*Ars poetica* 295 sg.: *ingenium... fortunatius arte / credit Democritus*. Come prototipo dei poeti dell'*ars* Ovidio poneva Callimaco (*am.* 1, 15, 13 sg.: *ingenio non valet, arte valet*), come prototipo dei poeti dell'*ingenium* Ennio (*trist.* 2, 424: *ingenio maximus, arte rudis*): ma avrebbe potuto mettere Pindaro, che aveva detto di sé: «saggio (cioè poeta) è chi sa molte cose per natura» (*Ol.* 2, 94). Orazio, contrapponendo i suoi *operosa carmina* ai voli di Pindaro, la cui poesia, come s'è visto, rappresentava in immagini antitetiche a Callimaco, si veniva implicitamente a porre dalla parte di Callimaco. Ma senza rinunziare del tutto a Pindaro. Alla *vexata quaestio* se fosse la *natura* o l'*ars* a fare il poeta, dà, d'accordo con la sua fonte peripatetica, Neottòlemo di Pario, una risposta conciliante: «io non vedo a che serva né l'applicazione (*studium*) senza una ricca vena, né la natura (*ingenium*) senz'arte (*rude*): una cosa ha bisogno dell'altra e tutt'e due vanno d'amore e d'accordo (*coniurat amice*)» (*ars* 408 sgg.). Potevamo aspettarcelo: una poetica del *modus* per il poeta del *modus*. E questo poeta completo, che possiede insieme ispirazione e arte, Orazio dopo il carme secolare lo vedeva realizzato in se stesso: *spiritum Phoebus mihi, Phoebus artem / carminis nomenque dedit poetae*[39] (*c.* 4, 6, 29 sg.: «a me Febo ha dato l'ispirazione, Febo ha dato l'arte di far versi e il nome di poeta»).

11. I precetti di questa poetica li leggiamo nell'*Ars poeti-*

---

[39] *Poeta*, qui per l'unica volta di se stesso, e non *vates* (vd. § 8), per la presenza dell'*ars*. Nel verso precedente non sfugga l'espressiva collocazione: agli estremi i due concetti antitetici, *spiritum* e *artem*, che convergono al centro, sul pronome personale incorniciato dalla *geminatio* del teonimo.

ca: benché siano, come quasi sempre avviene nelle teorizzazioni dei poeti, *a posteriori*, ci aiutano a penetrare nella coscienza artistica di Orazio. Il primo precetto, fondamentale per la poetica antica (anche quando viene coscientemente violato), è *servare... operum colores* (v. 86: «osservare le differenze stilistiche dei generi letterari»). Il punto di riferimento era duplice: i modelli greci e gli antecedenti latini. Ma in Grecia la differenziazione stilistica era assicurata dai vari dialetti: nulla di simile nel monolinguismo romano. Bisognava ricorrere a un diverso dosaggio degli elementi della lingua poetica, quale s'era costituita da Livio Andronico a Catullo. Il veronese aveva messo in opera due diversi registri, stilizzando il *sermo familiaris* nei polimetri ed epigrammi, liricizzando la *dictio epica* negli epilli. Nel venosino la situazione si rovescia: il livello inferiore è rappresentato dal *sermo familiaris* delle satire ed epistole (Orazio, che non le considerava *legitimum poema*, «poesia a regola d'arte», le chiamava *sermo pedester, sat.* 2, 6, 17; *ars* 95),[40] quello superiore dalle «liriche». O, per essere più precisi, nel caso delle «liriche», epodi e odi, si dovrebbe parlare non di livello ma di fascia: una fascia che a sua volta ha come margine inferiore gli epodi, poesia giambica e quindi aperta ai volgarismi aiscrologici, al centro la lirica allocutiva — vera o fittizia che fosse — prevalentemente conviviale, come margine superiore le odi celebrative degli dei e degli eroi, sino al «tetto» degli epinici pindareggianti del libro IV. Complessivamente, si può definire lo stile lirico di Orazio come medio-alto: appunto, lo stile di un poeta del *modus* insidiato da tentazioni pindariche.

Ma parliamo per esempi. Gli *spadones rugosi*, «gli eunuchi tutti rughe» di *epod.* 9, 13 sg. sono i *turpes morbo viri*, «gli uomini (ma l'italiano non può rendere l'ironia che viene al termine latino dall'opposizione paradigmati-

---

[40] Fanno eccezione le parodie e i ricalchi della lingua epica: valga come esempio l'arcaismo *duellum*, comune alle odi e alle epistole.

ca *homo/vir*) affetti da un morbo vergognoso» di *c.* 1, 37, 9 sg. Il referente è lo stesso, ma, l'osservazione è del Giarratano,[41] il lessico delle odi preferisce la perifrasi al grecismo prosastico e prosaico. La locuzione «mi fai morire» cambia verbo passando dagli epodi (14, 5: *occidis saepe rogando*, modulo di lingua d'uso frequente nei comici) alle odi (2, 17, 2: *querellis exanimas tuis*), pur essendo rivolta al medesimo destinatario, Mecenate. Il motivo della vecchia libidinosa dell'epodo 8 riaffiora nelle odi 1, 25 e 4, 13, ma a patto di depurarsi del suo crudo realismo (della lunga enumerazione aiscrologica dei vv. 2 sgg. restano in *c.* 4, 13, 8 sgg. solo i «denti giallastri» e le «rughe») e di nobilitarsi da una parte nella metafora *capitis nives* (v. 12: «le nevi del capo»), che sembrava *dura* a Quintiliano (*inst. or.* 8, 6, 17) ma che ha paralleli in poesia greca, dall'altra nella relativa (*libido*) *quae solet matres furiare equorum* (*c.* 1, 25, 14: «che fa impazzire le madri dei cavalli») con la sua perifrasi di gusto alessandrino e la neoformazione *furiare* (*novum verbum*, annota uno scoliasta), ereditata, prima dei cristiani, solo dagli epici dell'età imperiale.

Due categorie lessicali che si prestano a far da reagente per i vari livelli stilistici della poesia oraziana sono i diminutivi e i composti. Se togliamo i falsi diminutivi e i diminutivi disespressivizzati (tipo *puella*, divenuto il femminile di *puer* in seguito alla scomparsa di *puera*), Orazio ha, uno più uno meno, 52 diminutivi: ma di questi ben 43, quasi l'83%, ricorrono solo nelle satire ed epistole. Le odi, in particolare, ne conoscono 4: *haedilia*, «caprettine» (*c.* 1, 17, 9);[42] *parmula*, «scudo» (*c.* 2, 1, 10);[43] *particula*,

---

[41] Orazio, *Il libro degli Epodi*, col commento di C. Giarratano, Torino 1930, p. XIV.

[42] Dove è inserito fra gli antitetici *Martiales... lupos*: è la pace degli animali, un tema dell'età dell'oro, che Orazio vede realizzata nel suo podere sabino. Tant'è vero che esso ritorna nell'analoga ode 3, 18, 13: *inter audaces lupus errat agnos* (simile anche l'iperbato, ma coi termini invertiti: l'effetto è lo stesso).

[43] O è termine tecnico? La scelta fra connotazione e denotazione di-

«particella» (*cc.* 1, 16, 14 e 1, 28, 25);[44] *vetula*, «vecchiotta» (*cc.* 3, 15, 16 e 4, 13, 25),[45] e tutti, come si vede, ben motivati. Nessuno nelle odi pindariche. Dunque la nota ricchezza dei diminutivi catulliani corrisponde al *sermo familiaris* delle satire e delle epistole e non al *sermo lyricus* delle odi, a conferma di quanto dicevamo sullo sfasamento stilistico dei due poeti.

A differenza dei diminutivi, i composti nominali erano considerati un poetismo fin da Aristotele. Per i Greci era facile; ma il latino aveva perduto — e ne sentiamo ancora la conseguenza — l'attitudine indoeuropea alla composizione nominale. Fu uno dei più grossi problemi stilistici che dovettero affrontare i poeti latini. Il primo verso dell'*Odissea* contiene un composto, πολύτροπον («di multiforme ingegno», parafrasava il Pindemonte): il più antico traduttore latino, Livio Andronico, dovette accontentarsi di un participio, *vorsutus* (valorizzandolo, in compenso, tramite l'allitterazione a cornice con *virum*). Orazio, le due volte che parafrasa il medesimo testo (*ars* 141 sg., *epist.* 1, 2, 19-21), tralascia proprio l'epiteto; altrove (*c.* 1, 6, 7) lo rende con l'antico composto del tutto disespressivizzato *duplex*, così come rende coi semplici *patiens* (*epist.* 1, 7, 40) e *laboriosus* (*epod.* 17, 16) l'altro epiteto formulare πολύτλας, «molto tollerante». Di norma, Orazio preferisce rendere i composti nominali greci o con aggettivi e participi semplici (agli esempi addotti si può aggiungere l'*Erycina ridens* di *c.* 1, 2, 33 di fronte all'Afrodite omerica φιλομμειδής), o con perifrasi di vario

---

pende dall'esegesi che si dà del problematico passo, in cui Orazio parla del suo contegno a Filippi.

[44] Nel primo è tecnico-filosofico, il greco μορίον, cfr. *sat.* 2, 2, 79 (nota *ad loc.* di Nisbet-Hubbard), nel secondo giustifica *non est mora longa* del v. 35.

[45] Dovuto alla connotazione erotica dei due contesti, senza la quale si ha non *vetula (cornix)*, ma *annosa* in *c.* 3, 17, 13.

tipo, fra cui, l'abbiamo già incontrato, il genitivo di qualità, per esempio in *c.* 1, 36, 13: *multi Damalis meri* = πολύοινος, compensando anche stavolta con la latina allitterazione il mancato prestigio del composto (il disinibito Plauto li aveva associati nella sua coppia di neoformazioni *multibiba atque merobiba*). Può anche accadere, come ha osservato D. Bo,[46] che egli usi entrambi i procedimenti per uno stesso epiteto, e il μεγακήτεα πόντον di Omero diventi ora il perifrastico *scatentem beluis pontum* di *c.* 3, 27, 26 sg., ora l'*Oceanus beluosus* di *c.* 4, 14, 47, acquistando il rilievo della neoformazione. Nell'uso dei composti Orazio è misuratissimo, ma per valutarlo occorre prima depennare sia i composti con prefissi o particelle, che è un modulo di composizione autenticamente latino e quindi di per sé stilisticamente irrilevante, sia i composti sopravvissuti nelle lingue tecniche e da queste passati nella lingua d'uso, come *agricola, caprificus, mancipium, puerpera*, etc. Restano, se ho ben contato, 12 composti: 8 con primo elemento numerale, sull'analogia di *bilibris* etc.: *biformis, bimaris, bicornis, centiceps, centimanus, tergeminus, triformis, trilinguis*, quasi tutti calchi sul greco; 2 soli con secondo elemento verbale, che è la categoria più fruttifera della lingua poetica latina: *homicida, pomifer*; 2 con entrambi gli elementi nominali, che è la categoria più rara a tutti i livelli (Virgilio epico, ricchissimo di composti della categoria precedente, ne ha solo 3, tutti in -*pes*):[47] *capripes* e *tauriformis*, entrambi calchi sul greco, ma il primo è preso da Lucrezio e il secondo è neoformazione. Di questi solo *homicida* appartiene agli epodi (17, 12: citazione omerica), tutti gli altri alle odi, e il più risicato, *tauriformis* — il cui stampo «ditirambico» non è sfug-

---

[46] *Gli epiteti della lirica oraziana in relazione a quelli dei modelli greci*, «Rend. Ist. Lombardo», cl. lett., V. 77, F. 1, Milano 1943-44, p. 250.
[47] A. Cordier, *Études sur le vocabulaire épique dans l'«Énéide»*, Paris 1930, p. 274.

gito all'orecchio del Norden —[48] all'ode pindarica 4, 14, 25. La conclusione è evidente: la presenza dei composti nominali caratterizza lo stile delle odi di contro allo stile umile delle satire e delle epistole, ma la loro scarsezza, a sua volta, lo caratterizza rispetto allo stile alto dell'*epos* e della lirica ditirambica (secondo i dettami della poetica aristotelica), sporadicamente attinta da qualche punta espressiva: è lo stile medio-alto della lirica oraziana.

12. Anche della neoformazione — nei limiti in cui il materiale superstite ci consente di riconoscerla — Orazio fa un uso moderato, più moderato che Virgilio: il Waltz[49] ha calcolato circa 130 neologismi, ma neologismo non significa *ipso facto* neoformazione. Orazio nell'*Ars poetica* dà al poeta licenza, *si forte necesse est*, in caso di necessità, di foggiare *nova verba*, purché «con discrezione» (v. 51: *pudenter*). Fra le probabili neoformazioni oraziane colpisce per la sua consistenza e omogeneità una quindicina di aggettivi e participi composti con *in-* privativo: come non ricordare che Gide definiva il classicismo in termini di litote?[50] Ma Orazio ama piuttosto sfruttare il potenziale semantico delle parole esistenti tramite la collocazione. I procedimenti sono varii. Uno, il più famoso, e il più discusso, è quella che Orazio denomina *callida iunctura: dixeris egregie, notum si callida verbum / reddiderit iunctura novum* (*ars* 47 sg.: «dirai in modo personale se un accorto abbinamento renderà nuova una parola nota»). Cosa non si è visto nella *callida iunctura*: la composizione nominale, la metafora, l'ordine delle parole, la polisemia

---

[48] *La letteratura romana*, trad. it., Bari 1984², p. 136 (ma tutta la pagina del Norden sullo stile lirico di Orazio è da leggere). Orazio stesso ricorda le neoformazioni ditirambiche di Pindaro in *c.* 4, 2, 10 sg.: *seu per audaces nova dithyrambos / verba devolvit*.
[49] *Des variations de la langue et de la métrique d'Horace dans ses différents ouvrages*, Paris 1881, p. 64.
[50] *Incontri e pretesti*, trad. it., Milano 1945, p. 94.

o ambiguità semantica (alla Empson: ma Orazio condanna l'*ambigue dictum, ars* 449), l'incontro di fonemi, etc. Partendo da due presupposti, che *iunctura* in Orazio stesso (*ars* 242: *series atque iunctura*) e in Quintiliano (*inst. or.* 9, 4, 32) è termine tecnico per l'*ordo verborum* e che gli aggettivi *notum* e *novum* pertengono più al significato che al significante, credo ancora, d'accordo con autorevoli interpreti (Kiessling-Heinze), che essa indichi un'insolita associazione di parole, creatrice di nuove analogie.[51] Chiamare l'Africa *leonum arida nutrix* (*c.* 1, 22, 16: «asciutta nutrice di leoni») significa fare di *nutrix* una parola diversa da quel che suona nell'uso comune, rovesciandone la connotazione originaria di «allattare» nell'immagine di una terra secca e deserta. Pindaro è assimilato a un fiume in piena che *nova... verba devolvit* (*c.* 4, 2, 10 sg.: «rotola giù parole nuove»): e le parole sono massi. Attribuito a un referente inanimato come *nota* (*c.* 1, 13, 12: il segno impresso sulle labbra dell'amata), *memor* si arricchisce di un'accezione causativa: fa ricordare chi l'ha fatto. *Silentium* denota un'assenza; ma nel sintagma *quae silentium regis* (*epod.* 5, 51, di Diana regina delle notti silenziose), esemplato su un modulo innologico (*c.* 1, 35, 1: *quae regis Antium*; Catull. 64, 96: *quae regis Golgos*, etc.), la positività del verbo lo converte in una invisibile presenza. Come si vede, sono in gioco varii procedimenti stilistici, l'ossimoro, la metafora, la sinestesia, ma lo straniamento nasce sempre dalla sostituzione delle associazioni paradigmatiche con quelle sintagmatiche. Che è poi un principio della funzione poetica.

Proprio di Orazio è l'effetto che sa trarre dall'*ordo verborum*, quello che il Leopardi, poco tenero col venosino,

---

[51] Così la definivo nel *Saggio sul latino del Pascoli*, Padova 1961, p. 182 (= Firenze 1971², p. 184: ivi bibliografia. Di recente ha discusso il termine *iunctura* L. Cicu, *Il «sintagma» nella retorica classica e nel linguaggio dei «Phaenomena» di Germanico*, «Sandalion» 4, 1981, pp. 127-132).

chiamava «l'ordine figuratissimo delle parole».⁵² Lo aveva visto anche Nietzsche in un passo che ogni studioso della lirica oraziana non può esimersi dal ripetere: «questo mosaico di parole in cui ogni parola come risonanza, come posizione, come concetto fa erompere la sua forza a destra, a sinistra e sulla totalità, questo *minimum* nell'estensione e nel numero dei segni, questo *maximum*, in tal modo realizzato, nell'energia dei segni»⁵³ (quale miglior risposta al foscoliano «mosaico fatto a Roma di alcuni frammenti di pietre preziose dissotterrate in Lesbo»?). Questo è particolarmente vero per gli aggettivi e participi, attributivi o predicativi che siano. Orazio non ama, come Virgilio, cumularli, anche perché non li immerge, come Virgilio, in un *continuum* musicale (vd. § 13); tende piuttosto a isolarli e a valorizzarli tramite la collocazione. In *c*. 3, 4, 50 descrive i giganti dalle cento braccia in lotta con gli dei: *fidens iuventus horrida bracchiis*. Che *bracchiis* sia dativo con *fidens* è garantito dall'allusione omerica (*Il*. 12, 135: «fiduciosi nelle proprie braccia»), e *horrida*, «terrificante», determina *iuventus* come, al v. 43, *immanis* la *turba* dei Titani; ma l'accostamento di *horrida* a *bracchiis* recupera tutta la forza etimologica e visiva dell'epiteto («irto»): una selva di braccia levate contro il cielo. Dice il navigante all'ombra di Archita: *nec quicquam tibi prodest / aerias temptasse domos animoque rotundum / percurrisse polum morituro* (*c*. 1, 28, 4-6: «e nulla ti giova esserti avventurato nelle dimore aeree e aver percorso la volta del cielo con l'animo destinato a morire»). La vastità cosmica del v. 5, aperto e chiuso da due epiteti spaziali, è annullata dalla limitazione temporale della clausola quadrisillabica *morituro*, e

---

⁵² *Zibaldone*, ed. Flora, I, p. 1273. I giudizi leopardiani su Orazio sono esaminati da E. Castorina, *La poesia di Orazio*, Roma 1965, pp. 63-65, e in un quadro più generale da A. La Penna, *Leopardi fra Virgilio e Orazio*, «Rass. Letter. ital.» 1982, pp. 31-84.

⁵³ *Crepuscolo degli idoli*, trad. it., Milano 1981, p. 124.

l'orgoglio del filosofo è ricondotto alla misura della condizione umana.[54] L'orgoglio di Cleopatra, sconfitta ma non vinta, è esaltato dall'intreccio antitetico degli aggettivi anticipati ai posti-chiave del verso: *invidens / privata deduci superbo / non humilis mulier triumpho* (c. 1, 37, 30-32: «evitando con la morte di essere condotta, lei ex-regina, al superbo trionfo»): «il trionfo, a dir così, è negato prima di esser compiuto» (Mocchino). *Exegi monumentum aere perennius / regalique situ pyramidum altius, / quod non imber edax, non Aquilo impotens / possit diruere aut innumerabilis / annorum series et fuga temporum* (c. 3, 30, 1-5: «ho eretto un monumento più duraturo del bronzo, più alto del regale squallore delle piramidi, tale da resistere all'erosione delle tempeste e alla furia dei venti, alla fila degli anni senza numero e alla fuga delle stagioni»): la vittoria della poesia sul tempo si celebra nel ritmo ascendente degli epiteti, tutti in fine di verso o di emistichio (*edax*), di cui la coppia omeoteleutica dei predicativi positivi (*perennius, altius*) controbilancia la negatività degli attributi *edax, impotens* e *innumerabilis*, nel quale ultimo l'iconicità dei significanti è ampliata dalla pausa ritmica e dalla spezzatura sintattica: un tempo che inghiotte tutto, tranne la fama del poeta.

Questi esempi (tranne il primo) hanno in comune l'antitesi e l'*enjambement*. Della prima fu detto che «il porre A contro B è il maggior motivo della composizione verbale oraziana»[55] (e dalla citata ode 3,30 si potrebbe recare il secondo emistichio del v. 12: *ex humili potens*, il punto di partenza e di arrivo della «carriera» di Orazio); e perciò è

---

[54] Mi piace rinviare al commento di uno studioso dimenticato, G. Trezza, in P. Treves, *Lo studio dell'antichità classica nell'Ottocento*, Milano-Napoli 1962, p. 1043.

[55] N.E. Collinge, *The Structure of Horace's Odes*, London 1961, p. 36: il principio è ribadito e verificato, in modo anche eccessivo, da D. West, *Horace's Poetic Technique in the Odes*, in AA.VV., *Horace*, ed. by C.D.N. Costa, London-Boston 1973, pp. 29-58.

stata minuziosamente studiata. Assai meno interesse ha destato l'*enjambement* — o accavallamento o inarcatura o spezzatura che dir si voglia —,[56] benché Orazio lo sfrutti più dei poeti precedenti e contemporanei: almeno quel tipo di *enjambement*, particolarmente sensibile, che dissocia tra la clausola di un verso e il verso successivo i costituenti di uno stesso sintagma (*innumerabilis / annorum series*). Nel fare confronti bisogna tener conto del metro: la frequenza dell'*enjambement* è inversamente proporzionale alla lunghezza del metro. Perciò il termine di confronto non può essere la poesia esametrica, ma i polimetri catulliani. Ora Catullo usa poco questo tipo di *enjambement* non solo nei faleci e nei giambi (nei primi cinque carmi ce ne sono solo tre), ma anche nelle saffiche, dove l'omologia del metro legittima il confronto con Orazio. Mentre il *c.* 11 (*Furi et Aureli...*) ha un solo epiteto in *enjambement* (v. 3: *Eoa*) in 24 versi, l'ode 1,2 (*Iam satis terris...*) ne conta 7 in 52, di cui 2 nella prima strofa, l'ominoso *dirae* e il luministico *rubente*. Può avere agito piuttosto il modello greco: ma in lirica melica, ossia cantata — come non era più, di norma, quella oraziana — l'effetto dell'*enjambement* doveva essere molto attutito. Orazio si serve dello sfasamento tra ritmo metrico e ritmo sintattico per creare uno spazio che prolunghi la vibrazione della parola in clausola: la durata senza fine della notte ultraterrena (*c.* 4, 9, 27: *urgentur... longa / nocte*), l'avvenenza della donna che dobbiamo lasciare (*c.* 2, 14, 21: *linquenda tellus et domus et placens / uxor*), l'opulenza di Roma progressivamente distrutta dall'enumerazione dei suoi inconvenienti (*c.* 3, 29, 11: *beatae / fumum et opes strepitumque Romae*: qui concorrono l'iperbato e l'*aprosdóketon*), la macchia di luce o di colore (*epod.* 3, 9: *Ar-*

---

[56] Definizione e terminologia sono discussi da R. Cremante, *Nota sull'«enjambement»*, «Lingua e Stile» 1967, pp. 377-391, e ora da C. Di Girolamo, *Teoria e prassi della versificazione*, Bologna 1983², p. 53.

gonautas praeter omnis candidum / Medea mirata est ducem: l'occhio della donna indugia, fra tutti, sulla bellezza di Giàsone; nel *c.* 3, 27, 18 sg., il cromatismo della coppia polare, allitterante e isosillabica, *albus / ater* è esaltato dalla collocazione in clausole contigue e in *enjambement*).[57]

13. Luce e colore, molto più che suono. Orazio non ha la «imagination auditive» di Virgilio: in una poesia come la latina, che, rispetto alla greca, privilegia i valori fonici, Orazio punta piuttosto sui valori visivi, relativamente, sia chiaro, ai condizionamenti dello strumento linguistico adibito e al ruolo dei significanti nella funzione poetica. Ama poco l'allitterazione,[58] la più tipicamente latina delle figure di suono, tanto da essere la sola a non avere una denominazione greca; e ama più l'iconica che la mimetica. Tutti ricordiamo splendide onomatopee come il chioccolio del *fons Bandusiae* (*c.* 3, 13, 15 sg.: *unde Loquaces / Lymphae desiLiunt tuae*, «da dove garrule zampillano le tue polle»), l'argentino chiacchierio di Làlage (*c.* 1, 22, 23 sg.: *duLce ridentem LaLagen amabo, / duLce Loquentem*), che coinvolge l'antroponimo a un doppio livello, semantico e fonico.[59] Altre — il toc-toc della Morte, il tam-tam della danza — le abbiamo ricordate sopra (§ 3). Ma

---

[57] Effetto simile con diversa tecnica in *c.* 1, 7, 15: *albus ut obscuro deterget nubila caelo:* gli epiteti antonimici sono accostati nel primo emistichio e separati mediante il verbo centrale dai sostantivi.

[58] Inattendibili le vecchie statistiche di H. Habenicht, *Die Alliteration bei Horaz*, Progr. Eger 1885, pp. 1-27 e le tabelle di H. Sachs, *Alliterationen und Assonanzen in den carmina des Horatius*, Berlin 1903, perché basate su una selezione tutt'altro che rigorosa. Poco rigoroso anche il più noto e più generico J. Marouzeau, *Horace artiste de sons*, «Mnem.» 1936, pp. 85-94, ristampato in *Quelques aspects de la formation du latin littéraire*, Paris 1949, pp. 193 sgg. (e comunque la maggior parte degli esempi, a prescindere dalla loro pertinenza, sono addotti dalle satire ed epistole: anche lo Habenicht trovava più allitterazioni in queste che nelle «liriche»).

[59] Làlage in greco significa «chiacchierina».

non se ne potrebbero citare più che tante. Dov'è possibile il confronto con la lingua poetica latina, ne emerge la discrezione o addirittura la ritrosia di Orazio. Un termine a geminazione onomatopeica come *murmur* ha due sole occorrenze contro le 16 di Virgilio; e dove Virgilio si compiace di allitterazioni trimembri (*magno misceri murmure, magno cum murmure montis*), Orazio si contenta del bimembre *minaci murmure* (*c.* 2, 1, 17); e un discorso analogo vale per *fremo* e *fremitus* (tre occorrenze non allitteranti contro la quarantina di Virgilio, senza contare *fremor*). Se ha nell'orecchio un'anafora tragica di Accio (200 Ribb.³: *maior mihi moles, maius miscendumst malum*), la depura del martellamento allitterante (*epod.* 5, 77 sg.: *maius parabo, maius infundam tibi / fastidienti poculum*), che tornerà in Seneca tragico (*Med.* 674).[60] Se deve rendere un'eco, ricorre a mezzi semantici (*c.* 1, 20, 7: *ut... iocosa / redderet laudes tibi Vaticani / montis imago*, «sì che l'eco scherzosa del monte Vaticano ripetesse l'applauso fatto a te»): Virgilio mima l'eco in elaborate architetture foniche, con allitterazioni coperte e ricorrenza della vocale ictata (*Aen.* 8, 205: *conSonat omne nemúS Strepitú colleSque reSúltant*; 12, 722: *geMitú neMus oMne reMúgit*), o, addirittura con iterazione di interi segmenti omofonici e isoprosodici (*Aen.* 2, 53: *insonuḖRḖ CĂVḀ̄Ḗ gemitumque dedḖRḖ CĂVḖrnae*). Orazio è più greco; oseremo dire più classico? Certo le sue allitterazioni sono per lo più iconiche, simboleggiano un contatto (*c.* 1, 1, 36: *Sublimi feriam Sidere vertice*), sottolineano un contrasto (*epod.* 13, 18: *Deformis Aegrimoniae Dulcibus Alloquiis*), l'efficacia di un conforto (*c.* 4, 11, 36: *minuentur atrae / Carmine Curae*), l'affettuoso omaggio di un amico (*c.* 1, 1, 2: *Dulce Decus meum*), il pathos contenuto d'un legittimo orgoglio (*c.* 3, 30, 14: *Sume Superbiam / quaesitam meritis*).

---

[60] Vd. *Due note a Seneca tragico*, in *Poeti latini (e neolatini)*, II, Bologna 1981, p. 125 sg.

Di contro, in Orazio domina la luce. Il Soratte s'incide contro il cielo come un profilo abbagliante di neve (*c.* 1, 9, 1: *Vides ut alta stet nive candidum / Soracte*): *candidus*, il bianco luminoso,[61] è, come in *epod.* 3, 9 citato nel § precedente, valorizzato dall'*enjambement*. Delle 12 occorrenze «liriche» di *candidus*, ben 10 sono in *enjambement* o in clausola. Ma basta un semplice epiteto in cesura: *nube candentis // umeros amictus* (*c.*1, 2, 31: «con un velo di nebbia sugli omeri fulgenti») a impregnare di luce tutto il verso e a evocare la giovane bellezza di Apollo. Perché la bellezza si presenta a Orazio soprattutto sotto l'aspetto della luminosità: il *nitor* di Glìcera, di Pirra, di Ebro. Orazio volle essere, ma non fu poeta d'amore; d'amori, piuttosto. Ma, dice bene Mandruzzato,[62] «circondò sempre di bellezza le sue donne fugaci»; e la bellezza «è forse nella poesia greca soltanto una sottocategoria della luce».[63] Non a caso le famiglie di *niteo* e di *splendeo* hanno in Orazio un totale di 41 occorrenze contro le 8 di Catullo e le 31 di Virgilio.[64] Nell'ode 2, 5, 18 sg. *nitens* è la spalla bianca di Clori, paragonata allo splendore della luna sul mare: *Chloris albo sic umero nitens / ut pura nocturno renidet*[65] */ luna mari*. Paragone saffico (96, 9 sgg. L.-P.), ma con l'aggiunta di un aggettivo caro a Orazio, *purus*, a esprimere la limpidità sia dell'acqua (*c.* 3, 4, 61: *rore puro*, etc.) sia, ed è accezione assai più rara in latino, della luce (*c.* 1, 19, 5 sg.: *Glycerae nitor / splendentis Pario*

---

[61] Al medesimo campo semantico appartengono *purpureus* (dei cigni in *c.* 4, 1, 10) e il poetico *niveus*, di cui vorrei ricordare i contrasti cromatici con *viridis* in *sat.* 1, 2, 80 e con *fulvus* in *c.* 4, 2, 59 sg.

[62] *Orazio lirico*, Padova 1958, p. 197.

[63] S. Durup, *L'espressione tragica del desiderio amoroso*, in AA.VV., *L'amore in Grecia*, a cura di C. Calame, Bari 1983, p. 145.

[64] Mentre all'intenso balenio di *fulgeo* vanno le preferenze di Catullo (11 occorrenze) e di Virgilio (42) contro le 18 di Orazio. *Luceo* in Orazio è confinato all'accezione meteorologica, ma *lucidus* è ben rappresentato (6 occorrenze, una più di Virgilio).

[65] *Renideo*, la luce del sorriso, appartiene forse alla radice di *niteo*: Orazio l'usa 4 volte (Virgilio una), tutte nelle «liriche».

marmore purius, «la bellezza di Glìcera che splende più pura del marmo pario»; *c*. 3, 19, 26: *puro te similem, Telephe, Vespero*, «te simile, Télefo, alla pura stella della sera»).[66] A un altro e più famoso plenilunio saffico (34 L.-P.) Orazio si è ispirato nell'apertura dell'epodo 15: *Nox erat et caelo fulgebat luna sereno / inter minora sidera* (v. 1 sg.: «era notte e nel cielo sereno brillava la luna tra le stelle più scialbe»). Non si poteva usare un lessico più essenziale. Ma l'*ordo verborum* ci dà prima il buio della notte, poi con *caelo* in cesura e in iperbato con *sereno* apre uno spazio tutto occupato dai due termini di luce, *fulgebat luna*, respingendo alla periferia il luccichio delle stelle. Sempre in seguito la poesia latina, quando vorrà emulare il plenilunio saffico, dovrà ricordarsi di Orazio.[67] Anche Virgilio ha un celebre notturno: *splendet tremulo sub lumine pontus* (*Aen.* 7, 9: «splende il mare sotto la luce tremula»), ma c'è in esso non la limpidezza o la diffusione, bensì la vibrazione della luce sull'acqua, suggerita dal chiasmo fonico *treMULo sub LUMine*. Orazio era stato più «puro».

Luce e bellezza s'identificano anche nell'opera d'arte, lo dicono le molte metafore della poetica oraziana: il vero poeta bandirà le parole che non hanno abbastanza splendore (*parum splendoris, epist*. 2, 2, 111); tralascerà quello che sente «che non avrà luce» (*nitescere posse, ars* 150, trad. Mandruzzato); non bisogna scandalizzarsi di poche macchie in una poesia dove splendono molte gemme (*ubi plura nitent, ibid*. 351); un soggetto ben scelto comporta una disposizione illuminante (*lucidus ordo, ibid*. 41), il più oraziano, forse, dei precetti di Orazio.

Ma questa atmosfera luminosa ha il suo correlato nega-

---

[66] Il Pascoli lo tradusse in *Lyra*, p. 271 e lo imitò, ma adattandolo al diverso significato del sostantivo italiano, in *Cast., Casa mia*, 6: «M'era la casa avanti, / tacita al vespro puro».

[67] Il materiale è raccolto nella nota del Vollmer a Stazio, *silv*. 2, 6, 36.

tivo nell'alta frequenza dell'aggettivo *ater*, l'attributo della *cura* (§ 2): sono 29 occorrenze (contro le 9 di Lucrezio, le 3 di Catullo, le 4 del *corpus Tibullianum* e di Properzio),[68] di cui 7 connotano una tematica funebre, in alternanza con *niger* e *furvus* (4 occorrenze). Così si salda il cerchio della lirica oraziana: la luce della bellezza che passa e della poesia che resta contro il buio della morte.

ALFONSO TRAINA

---

[68] Non stupisce invece l'ottantina di esempi virgiliani, dato lo spazio che la tematica della morte ha nelle *Georgiche* e nell'*Eneide* (nessun esempio nelle *Bucoliche*).

VOCI DELLA CRITICA

I

«Orazio ama la parola; qualche volta, direi che l'ama troppo: attribuisce a essa e alla sua collocazione nel verso o nella strofe virtù prodigiose che forse nessuna lingua permette, neanche la latina con la sua sintassi che pare dura ed è invece malleabilissima in mano a uno scrittore nato. Altri poeti amano immergere le parole in una specie di flutto sonoro: o, in frase più povera, amano i periodi complessi, musicali, che trascinano con sé la mente di chi legge. Orazio ama spesso fare il vuoto attorno alle sue parole, denudarle di ogni aggiunta inutile: credo che, se qualcuno avesse la pazienza di fare il conto dei vocaboli ch'egli ha introdotto nelle Odi, si troverebbe una grande maggioranza di sostantivi e di verbi: assai meno gli aggettivi, i quali si vanno riducendo di numero a mano a mano che la sua arte si matura: ridotte al minimo le preposizioni e le congiunzioni. Ne deriva che in ogni verso i singoli vocaboli hanno una risonanza piena: si passa dall'uno all'altro senza interruzione e senza mezzi toni. L'effetto è grandissimo: ogni vocabolo s'impone alla fantasia: direi che vibra fino all'esaurimento della sua potenza, come tasti di pianoforte che siano toccati l'uno dopo l'altro, con qualche intervallo.»

(da Orazio, *Odi ed Epodi*, a cura di A. Mocchino, Milano 1938[9] [1929[1]], p. XXXV)

II

«L'intuizione lirica fondamentale di Orazio [...] si compendia in un tema che, pur trattato con espressioni diverse, esprime sempre la sintesi di quella che è la sua ascesi, di quello cioè che è l'esercizio della sua anima, λάθε βιώσας — vivi nascosto. C'è un piccolo cerchio luminoso: al riparo di esso il poeta si ritira mentre fuori imperversa la tempesta del dolore; fuori, valgono le leggi della fatalità e del determinismo, dentro, c'è una tregua nella lotta per la vita, c'è insomma, la felicità. Questo è l'Orazio genuino, quale ci appare dalla lettura delle odi migliori; la sua effusione lirica ha luogo, in quanto egli sente questa gioia del sentirsi riparato, del sentirsi tranquillo.»

(da E. Turolla, *Orazio*, Firenze 1931, p. 150)

III

«È vecchia consuetudine raffigurarlo di breve statura, pingue, arguto, amante dei comuni piaceri. Così fu: ma fu anche un irrequieto e un malato. E patì di occhi, di stomaco, di insonnie e di smanie nervose: e il suo corpo invecchiò assai prima che il suo intelletto. A quarant'anni si sentiva già vecchio e dava alla vita della giovinezza un addio pacato come si conveniva a un uomo — qual'era lui — di straordinario equilibrio che pure seppe cantare amori di donna e glorie d'impero. A Orazio l'amore non dettò nessun accento di passione. Poco più che ventenne, rivolgendosi di proposito agli uomini innamorati, faceva sentire il gelo beffardo e raziocinante dell'analisi lucreziana e ripeteva il motto epigrammatico di Filodemo, suo maestro ed amico il quale voleva la donna *quae neque magno / stet pretio neque cunctetur, cum est iussa, venire.*[1] Sen-

---

[1] *Satir.* I, 2, 121-122 [«che si offre a buon prezzo e non fa storie, quando glielo chiedi, a venire» (Trad. di M. Labate)].

za più la crudezza di quella seconda satira, scritta con foga giovanile di neòfito epicureo, egli restò fedele a un precetto così conforme alla sua natura che rifuggiva dagli stati ansiosi e aveva bisogno di placide comodità. Ma il sentimento amoroso, se anche è sopìto, non è forse mai inesistente nell'animo di nessun uomo: ed è il solo, forse, che negli anni tardi può suscitare la nostalgia di una cosa che poteva essere e non fu. Una veste di donna passa nella vita del poeta, avanti di morire. È Fillide, la cantatrice, che amava senza fortuna un giovane attratto dalle lusinghe e dalle ricchezze di altra donna. Orazio la invita al banchetto, il 13 Aprile, natalizio di Mecenate, e la esorta bonario e quasi intenerito. "Vieni; nell'orto c'è di che intrecciare tante corone; e l'edera farà splendere la tua chioma annodata. Tu che sei la fine dei miei amori, ultima favilla di un fuoco ormai spento, impara, fanciulla, le canzoni che ripeterai con l'amabile voce. Col canto accheteremo il nero affanno del cuore" (*Od.* IV, 11).

Quando la corda della lira classica è toccata da una mano che trema, il dolore e la malinconia possono trovare voci eterne.»

(da Orazio, *Satire ed Epistole*, a cura di C. Marchesi, Milano-Messina 1940[4] [1936[1]], p. XIII)

IV

«Il poeta più classicista dell'età augustea è stato sempre sentito (ed è dovuta a ciò la sua fama perenne presso i cultori dell'antico) come il classico dell'anima classica in quanto saggezza ed equilibrio. Un'analisi come questa che si è tentata, vuole delineare la storia di Orazio come interno dissolvimento di questa classicità. Essa resta, è vero, sempre l'ideale: ma quello che è dapprima un vasto ideale sociale, diventa un chiuso mondo di raccoglimento e di rinunzia per sfuggire alla fine in una lontananza che riaccende il dolore e l'amore del poeta. Né questa storia interiore è la storia astratta di un individuo: ché anzi è un momento di storia sociale e morale, vissuto e sofferto da un poeta. La ricerca della saggezza interiore come misura ed equilibrio, nelle varie forme che la cultura ellenistica le aveva dato (soprattutto epicureismo e stoicismo), era divenuta sostanza della società che aveva conquistato il mondo, società di cavalieri, di plebei arricchiti, di patrizi dalla mente aperta, che aveva spezzato i quadri angusti della vecchia aristocrazia patrizia ed aveva corroso e dissolto l'antica mentalità quiritaria. Orazio vive, e fa sostanza della sua esperienza, la mentalità di questa società; la sua opposizione alla cultura neoterica è reazione al lato estetizzante di essa, al suo gusto letterario spesso languido ed involuto, non proprio all'animo di essa, che era stato uno dei corrosivi più potenti dell'angusta e rigida mentalità romana. Le contraddizioni economiche insite in questa società l'avevano portata a quella ben nota crisi del primo secolo a.C. Risoltasi la crisi in una specie di restaurazione quiritaria (la impostazione augustea della propaganda morale e religiosa in senso conservativo ha, sotto questo riguardo, un significato tutt'altro che trascurabile), la mentalità della società romana della conquista rimane sempre quella sostanziale, ma essa, come una malattia che ha mostrato i suoi gravi pericoli, non vive più di una vita sana e naturale, non ha più la sua forza sociale [...]. In alcune anime arriva al dubbio di sé, al principio della sua dissoluzione: né l'epicureismo né la fede nella provvidenza storica di Roma placano l'anima di Virgilio e dal dubbio e dal mistero nasce il dissidio della sua anima e insieme la grandezza della sua poesia. Placata non è nemmeno l'anima di Orazio. L'ideale della saggezza ha in lui la sua esasperazione individualistica e lascia scorgere una zona sempre più vasta d'inquietudine. Se le *Odi* aprono uno spazio di solitudine che le *Satire* non conoscevano, le *Epistole* accentuano la solitudine ed il raccoglimento.»

(da A. La Penna, *Schizzo di una interpretazione di Orazio, partendo dal primo libro delle Epistole*, «Annali Pisa» 18, 1949, p. 34 sg.)

V

«Cos'è la "curiosa felicitas" oraziana? Direi che principalmente essa consiste nella scelta (eleganza viene da "eligere") della parola e in una sintassi ordinata al massimo rilievo della stessa. Ci sono poeti — Catullo, per esempio — la cui chiave espressiva è nella sintassi (sintassi di un "parlato" patetico); il segreto di Orazio è nel vocabolo isolato. La parola in lui "in quanto suono, collocazione, nozione, irradia la sua forza a destra, a sinistra, tutto all'intorno; un minimum nell'estensione e nel numero dei segni combinato col maximum del loro effetto" (Nietzsche, Göttendämmerung, 167). Essa, o in sé, o per forza di contrasto, si isola in un'aria che è solo sua, al limite della sua possibilità semantica: parola "densa", parola essenziale. Perciò, appunto, monovalente. Di qui la difficoltà di tradurre Orazio: ogni suo vocabolo ha un unico senso che o lo si incontra o lo si perde irrimediabilmente.»

(da A. Ghiselli, *Appendice* a M. Ramous, *Il libro delle Odi*, Versioni da Orazio, Bologna 1954, p. 79 sg.)

BIBLIOGRAFIA

Come filo conduttore nella sterminata bibliografia oraziana seguirò questo criterio: darò prima le indicazioni generali su Orazio lirico, poi la bibliografia specifica, in corrispondenza coi paragrafi dell'*Introduzione*, privilegiando ovviamente i lavori o più importanti o più recenti o più accessibili.

1. La bibliografia oraziana più recente è nel volume 31, 3 della serie *Aufstieg und Niedergang der römischen Welt* (ANRW), a cura di H. Temporini e W. Haase, Berlin - New York 1981, tutto dedicato a Orazio: W. Kissel, *Horaz 1936-1975: Eine Gesamtbibliographie*, pp. 1403-1558; A. Setaioli, *Gli «Epodi» di Orazio nella critica dal 1937 al 1972 (con un'appendice fino al 1978)*, pp. 1674-1788. Per il periodo precedente buona bibliografia ragionata in K. Büchner, *Horaz (1929-1936)*, Darmstadt 1969 (ma la rassegna è del 1939). Utile G. Lieberg, *Orazio nella critica tedesca contemporanea*, «Riv. filol. class.» 1970, pp. 111-124.

Edizioni critiche parziali (delle complessive mi limito a ricordare l'ottima teubneriana di F. Klingner, Leipzig $1959^3 = 1970^5$): F. Villeneuve, Belles Lettres, Paris 1967 (1929^1, con traduzione francese); M. Lenchantin de Gubernatis, ed. altera cur. D. Bo, Corpus Paravianum, Torino 1957 (*Horati opera*, vol. I; il vol. III, 1958, contiene un utilissimo registro *De Horati poetico eloquio* a cura di

D. Bo). Commento classico di A. Kiessling-R. Heinze, Berlin 1930[7] (ristampa con appendice bibliografica a cura di E. Burck 1958). Per i primi due libri abbiamo il commento monumentale di M. Nisbet, M. Hubbard, Oxford, I 1970, II 1978; per il libro III quello, più ridotto, di G. Williams, Oxford 1969; per gli *Epodi* di C. Giarratano (vd. n. 41 dell'*Introduzione*). Commenti completi meno impegnati il francese di F. Plessis, Paris 1924 (= Hildesheim 1966), gli inglesi di T.E. Page, London 1970 (1883[1]), di H.D. Naylor, Cambridge 1922 (= New York - London 1978, orientato, come dice il sottotitolo, allo studio dell'ordine delle parole), il tedesco, il più recente, di K. Numberger, Münster 1972 (oscillante tra scientifico e scolastico). In Italia il più utile per la ricchezza di materiale è il commento di O. Tescari, Torino 1967[3] (l'*Introduzione*, ristampata in «Convivium» 1929, pp. 523-545, è una rassegna dei temi della lirica oraziana), accanto al quale sono da citare quelli di V. Ussani, Torino, I 1922[2], II 1923 e di N. Terzaghi, Roma 1968[5]. Esemplare lettura formalistica di un'ode in A. Ghiselli, *Orazio, Ode 1, 1*, Bologna 1983[2]. Fra i commenti scolastici e quindi antologici, spesso buoni, ricordo quelli di A. Mocchino (vd. n. 28 dell'*Intr.*) per la splendida *Introduzione* e di A. La Penna, Firenze 1969, uno specialista di studi oraziani. Un posto a parte ha la *Lyra* del Pascoli, Livorno 1934[10] (1895[1], ristampa a cura di D. Nardo e S. Romagnoli, Firenze 1956), sempre suggestiva anche quando non è persuasiva.

Accuratissimo è il *Lexicon Horatianum* di D. Bo, Hildesheim, I 1965, II 1966.

Prescindo dalle monografie generali, ma non dal fine volumetto di J. Perret (vd. n. 17 dell'*Intr.*) e dalla robusta sintesi di A. La Penna (vd. n. 30: originariamente stampata come saggio introduttivo alle *Opere* di Orazio tradotte da E. Cetrangolo, Firenze 1968, pp. IX-CLXXXVIII). Indispensabile all'esegesi è l'*Horace* di E. Fraenkel (vd. n.

12). Non vorrei dimenticare neppure il profilo di E. Turolla (vd. n. 23: ristampato come introduzione alle *Opere* di Orazio tradotte dallo stesso Turolla, Torino 1963, pp. V-CXL), estetizzante ma non privo di felici intuizioni critiche.

Specifici su Orazio lirico: G. Pasquali, *Orazio lirico*, Firenze 1920 (= 1964 con introduzione di A. La Penna: vd. *Bibliografia*, § 10); L. Castiglioni, *Lezioni sulle Liriche di Orazio*, Milano 1942 (soprattutto sulla lirica civile, la cronologia e i modelli greci); l'agile L.P. Wilkinson, *Horace and His Lyric Poetry*, Cambridge 1968 (1945[1]) e i più costruttivi N.E. Collinge (vd. n. 55) e S. Commager, *The Odes of Horace*, New Haven-London 1962 (entrambi interessati anche allo stile). La *Horazische Lyrik* di V. Pöschl, Heidelberg 1970, è una silloge di analisi di alcune odi (il Pöschl è autore di altri notevoli contributi oraziani); *Die Lyrik des Horaz. Eine Interpretation der Oden* di H.P. Syndicus, Darmstadt, I 1972, II 1973 è un'analisi di tutte le odi; alcune odi e qualche epistola sono analizzate da D. West, *Reading Horace*, Edinburgh 1967. Guarda alla struttura e alla metrica F. Cupaiuolo, *Lettura di Orazio lirico*, Napoli 1976[2]. In ANRW (vd. sopra) alle *Odi* è dedicato C.L. Babcock, *Carmina operosa: Critical Approaches to the «Odes» of Horace*, pp. 1560-1611. Brillanti saggi di E. Mandruzzato (vd. n. 62) e di A. Ghiselli, *Il mondo di Orazio lirico*, «Ann. Univ. L'Aquila» 8, 1964, pp. 1-36. Sull'ultimo Orazio, e quindi sul libro IV delle *Odi*, importante C. Becker, *Das Spätwerk des Horaz*, Göttingen 1963: altra bibliografia sul libro IV nei miei *Poeti latini*, cit. alla n. 13 dell'*Intr.*, p. 277, da integrare con G. Barra, *Sul quarto libro delle Odi di Orazio*, «Ann. Fac. Lett. Napoli» 8, 1958-59, pp. 19-42. Sui *Carmi conviviali di Orazio* K. Kumaniecki nei quasi introvabili *Atti V Conv. Studi oraziani*, Roma 1976, pp. 5-20; sul paesaggio I. Troxler-Keller, *Die Dichterlandschaft des Horaz*, Heidelberg 1964.

Sugli Epodi: V. Grassmann, *Die erotischen Epoden des Horaz. Literarischer Hintergrund und sprachliche Tradition*, München 1966; R.W. Carrubba, *The Epodes of Horace*, The Hague 1969; H. Hierche, *Les épodes d'Horace. Art et signification*, Bruxelles 1974; P. Fedeli, *Il V Epodo e i giambi di Orazio come espressione d'arte alessandrina*, «Mus. philol. Londin.» 1979, pp. 67-138 (sullo stile); S. Ingallina, *I «Giambi» opera prima di Orazio. Storia di una carriera poetica*, «Latomus» 1980, pp. 345-385 (può valere, come il cit. Setaioli, da panoramica generale). Sul IX in particolare E. Wistrand, *Horace's Ninth Epode*, Göteborg 1958.

Contengono importanti lavori su Orazio lirico H. Heinze, *Vom Geist des Römertums*, Leipzig 1938 (= Darmstadt 1960: l'articolo *Die Horazische Ode* del 1923 ha messo in luce la struttura dialogica della lirica oraziana) e F. Klingner, *Römische Geisteswelt*, München 1961[4] (oltre un saggio complessivo analisi di 4 odi, pp. 303-400). P. Grimal, *Le lyrisme à Rome*, Paris 1978, ha le pp. 169-195 dedicate ai ritmi oraziani. Infine tre «Readings»: *Antike Lyrik*, her. von W. Eisenhut, Darmstadt 1970 (5 articoli su altrettante odi); *Wege zu Horaz*, her. von H. Oppermann, Darmstadt 1972 (20 articoli); *Horace*, ed. by Costa (vd. n. 55: *ibid*. anche M. Hubbard, *The Odes*, pp. 1-28).

2. Sulla «nevrosi» di Orazio bibliografia in *Poeti latini*, cit., p. 250; sulla *cura* Hauser e Minarini (vd. nn. 8 e 10); più epidermico A. Serafini, *Inquietudine di Orazio*, «Maia» 1953, pp. 257-270.

3-5. Sul tema della morte ci sono molti lavori d'ineguale valore: vd. *Poeti latini*, cit., pp. 250 sg. (cito, a titolo d'esempio, B. Lamot, *L'idée de la Mort dans les Odes d'Horace*, «Nova et Vetera» 1926, pp. 29-39; A.O. Hulton, *The Death Thema in Horace*, «Orpheus» 1964, pp.

19-23; D.N. Levin, *Horace's Preoccupation with Death*, «Class. Journ.» 63, 1968, pp. 315-320). Ogni monografia oraziana ne tratta: dichiaro qui il mio debito verso gli articoli di H. Oppermann, *Horaz als Dichter der Gemeinschaft*, in AA.VV., *Probleme der augusteichen Erneurung*, Frankfurt 1938, pp. 61-75; *Horaz. Dichtung und Staat*, in AA.VV., *Römertum*, her. von H. Oppermann, Darmstadt 1962, pp. 244-277 e la dissertazione di G. Schwind, *Zeit, Tod und Endlichkeit bei Horaz*, Freiburg i. Br. 1965, che ne trattano assieme al tema del tempo. Sul *carpe diem* vd. n. 18; sull'epicureismo in Orazio n. 22: ulteriore bibliografia in *Poeti latini*, cit., p. 246, da integrare ora con A. Grilli, *Orazio e l'epicureismo (ovvero Serm. 1, 3 ed Epist. 1, 2)*, in AA.VV., *Corollas philologicas in hon. J.G. Cabañero*, Salamanca 1983, pp. 267-292.

6-7. Sul tema dell'*aurea mediocritas* K. Büchner, *Ringen um Mitte*, in AA.VV., *Hommages Renard*, Bruxelles 1969, I pp. 180-190. Sulla corrispondenza vita/arte H.J. Mette, «*Genus tenue» und «musa tenuis» bei Horaz*, in AA.VV., *Wege zu Horaz*, cit., pp. 220-224.

8. Sulla poesia civile A. La Penna, *Orazio e l'ideologia del principato*, Torino 1963; in àmbito più limitato G. Lieberg, *Individualismo ed impegno politico nell'opera di Orazio*, «Par. del passato» 1963, pp. 337-354; inoltre gli articoli di Oppermann citati sopra, §§ 3-5. V. Cremona. *La poesia civile di Orazio*, Milano 1986[2], è essenzialmente un commento, bene informato anche se non sempre originale. Su *vates* J.K. Newmann, *The Concept of Vates in Augustean Poetry*, Bruxelles 1967, pp. 43 sgg. Su Orazio e Augusto D. Norbert, *La divinité d'Auguste dans la poésie d'Horace*, «Eranos» 1946, pp. 389-403; L. Wickert, *Horaz und Augustus*, «Würzburg. Jahrbb. f. Altert.» 1947, pp. 158-172; e ora E. Doblhofer, *Horaz und Augustus*, ANRW cit., pp. 1922-1986 (già autore di un ar-

ticolo *Zum Augustusbild des Horaz*,«Rhein. Mus.» 1964, pp. 325-339); sul problema della divinizzazione a Roma R. Schilling, *La déification à Rome. Tradition latine et interférence grecque*, «Rev. étud. lat.» 1980, pp. 137-152.

9. Sul ruolo delle Muse (e della poesia) almeno J. Cousin, *Études sur la poésie latine. Nature et mission du poète*, Paris 1945 (= New York 1978), pp. 78-109; K. Büchner, *Il musico in Orazio*, «Horatianum», Boll. Centro stud. oraz. 10-13, 1971, pp. 11-20 (ristampato in tedesco in *Römische Dichtung*, Wiesbaden 1973, pp. 110-130); G. Lieberg, *Horace et les Muses*, «Latomus» 1977, pp. 962-988.

10. I rapporti di Orazio col neoterismo in E. Castorina, *Questioni neoteriche*, Firenze 1968, pp. 144-147 e D. Gagliardi, *Orazio e la tradizione neoterica*, Napoli 1971. Altra bibliografia su Catullo e Orazio in *Poeti latini*, cit., pp. 269 sg. Sui modelli greci nessun libro complessivo dopo T. Arnold, *Die griechischen Studien des Horaz*, Halle 1891, purtroppo privo di indici (F. Franziszi, *Horatius als Nachahmer griechischer Lyriker*, Passau 1889, è poco più di una lista concernente quasi solo il libro I). Rimanderei a V. Pöschl, *Horaz*, in AA.VV., *L'influence grecque sur la poésie latine de Catulle à Ovide*, Genève 1956, pp. 93-130 e, come a uno dei più recenti, C.W. Macleod, *Horatian Imitation and Odes 2, 5*, in AA.VV., *Creative Imitation and Latin Literature*, ed. by D. West and T. Woodman, Cambridge 1979, pp. 89-102. Sulla presenza di modelli ellenistici fondamentale Pasquali cit. al § 1, sulla scia di un articolo del 1908 di R. Reitzenstein, *Horaz und die hellenistische Lyrik* (ristampato in *Aufsätze zu Horaz*, Darmstadt 1963, pp. 1-22): ma già il cit. Arnold dedicava allo «Studium zu Alexandrina» le pp. 20-42. Pochissimo studiate le presenze di Omero (vd. Traina, «Riv. filol. class.» 1975, p. 96): pure liste in E. Paszkiewicz, *De Ho-*

ratio Homeri imitatore, Gymn. Sambor 1888, pp. 1-16; ora A. Setaioli, *Gli influssi omerici nella lirica oraziana*, «Stud. ital. filol. class.» 1973, pp. 205-222 e G. Broccia, *Modelli omerici e archilochei negli Epodi d'Orazio*, «Quaderni AICC Foggia» II-III, 1982-83, pp. 75-92. Per i lirici, dopo il classico capitolo di U. Wilamowitz-Moellendorf, *Horaz und die griechischen Lyriker*, in *Sappho und Simonides*, Berlin 1913, pp. 305-323, seleziono: F. Leo, *De Horatio et Archilocho*, in *Ausgewählte Kleine Schriften*, Roma 1960, II pp. 139-158 (data originale 1900); E. Wistrand, *Archilochus and Horace*, in AA.VV., *Archilochus*, Genève 1964, pp. 255-287; M.G. Bonanno, *Sul secondo epodo di Colonia*, «Mus. criticum» 1980-82, pp. 19-26; E. Degani, *Ipponatte nella letteratura latina*, «Riv. filol. class.» 1981, pp. 385-406; M.G. Bonanno, *Sull'allegoria della nave (Alcae. 208 V.; Hor. Carm. I 14)*, in AA.VV., *Studi Barchiesi*, Roma 1976, I pp. 181-197; Id., *Lalage (Hor. carm. 1, 22)*, in AA.VV., *Studi Ardizzoni*, Roma 1978, I pp. 93-98; G. Burzacchini, *Alc. 130 b Voigt - Hor. Carm. I, 22*, «Quad. Urbinati» 22, 1976, pp. 39-58; E. Cavallini, *Saffo e Alceo in Orazio*, «Mus. criticum» 1978-79, pp. 377-380; F. Gnesotto, *Saffo nella poesia di Orazio*, «Atti e Mem. Accad. Padova» 1893-94, pp. 309-327 (e in un quadro più vasto E. Malcovati, *La fortuna di Saffo nella letteratura latina*, «Athenaeum» 1966, pp. 12-17). Il più studiato è Pindaro: E. Harms, *Horaz in seinen Beziehungen zu Pindar*, Diss. Marburg 1936; E.L. Highbarger, *The Pindaric Style of Horace*, «Trans. Proc. Amer. Philol. Assoc.» 1935, pp. 222-255; J.H. Waszink, *Horaz und Pindar*, in *Opuscula selecta*, Leiden 1979, pp. 175-188 (data originale 1966); N.T. Kennedy, *Pindar and Horace*, «Acta Classica» 18, 1975, pp. 9-24. Ma negli ultimi tempi si è approfondito anche l'influsso di Callimaco e della sua poetica: W. Wimmel, *Kallimachus in Rom*, Wiesbaden 1960; J.V. Cody, *Horace and Callimachean Aesthetics*, Bruxelles

1976. A. Thill, *Alter ab illo*, Paris 1979, pp. 115-268 studia l'*imitatio* oraziana verso Alceo, Pindaro e Callimaco.

11-13. Bibliografia sulla lingua e lo stile di Orazio in A. Lunelli (cur.), *La lingua poetica latina*, Bologna 1988[3], pp. XLIX-LI. L'unico volume complessivo è l'insoddisfacente G. Brunori, *La lingua di Orazio*, Firenze 1930. Sui dislivelli stilistici nelle opere di Orazio Waltz (vd. n. 49), che li funzionalizza a un ipotetico progresso artistico di Orazio. Le riserve sulla «poeticità» della lingua delle *Odi*, fatta da B. Axelson in un celebre libro, *Unpoetische Wörter*, Lund 1945 (*Zur Wortwahl des Odendichters Horaz*, pp. 98-113) non sono da leggere senza le giuste obiezioni di A. Ernout, *Philologica*, II, Paris 1957, pp. 66 sgg.; vd. anche J.H. Waszink, *Der dichterische Ausdruck in den Oden des Horaz*, in AA.VV., *Wege zu Horaz*, cit., pp. 271-301. Per Marouzeau vd. n. 58 (nel medesimo volume sono raccolti altri lavori di argomento affine). Troppo sottili gli anglosassoni nell'analisi di strutture foniche e verbali: vd. Lee e West cit. nelle nn. 25 e 55 e aggiungi le molte pagine oraziane in opere di largo respiro come G. Williams, *Tradition and Originality in Roman Poetry*, Oxford 1968 e L.P. Wilkinson, *Golden Latin Artistry*, Cambridge 1970. Aspetti particolari: sulla costituzione del lessico statistiche in I. Smereka, *De Horatiana vocabulorum copia*, in AA.VV., *Commentationes Horatianae*, Cracoviae 1935, pp. 65-91; sull'uso degli aggettivi A. Goldschmidt, *Der Gebrauch der Adjektiva bei Horaz*, «Philol. Woch.» 49, 1929, coll. 229-238; D. Bo (vd. n. 46); H.L. Tracy, *The Epithet in Horace*, «Class. Journ.» 70, 1975, pp. 44-48; sui composti negativi F. Vollmer, *Lexikalisches aus Horaz*, «Arch. lat. Lex.» 15, 1908, pp. 30-33; sull'uso, parchissimo, del superlativo K. Büchner, *Der Superlativ bei Horaz*, in *Horaz*, Wiesbaden 1962, pp. 23-37 (data originale 1944); sulla ripetizione delle parole G. Huber, *Wortwiederholung in den Oden des Horaz*,

Zürich 1970 (altra bibliografia in C. Facchini Tosi, *La ripetizione lessicale nei poeti latini. Vent'anni di studi*, Bologna 1983, pp. 96-101); della collocazione delle parole parlano un po' tutti gli studiosi dello stile oraziano (aggiungi J.M. Mir, *Horatius verborum praestantiam praesertim ex collocatione perpetuo in carmine assequitur*, in *Atti IV Conv. stud. oraz.*, Roma s.d. [1972?], pp. 41-54). L'*enjambement* invece è stato studiato negli esametri dal Büchner, *op. cit.*, pp. 38-51 e tra strofa e strofa dal Cupaiuolo, *op.cit.* (vd. § 1), pp. 143 sgg. Buona panoramica sui procedimenti ritmici di Orazio in J. Hellegouarc'h, *Observations stylistiques et métriques sur les vers lyriques d'Horace*, «L'information littéraire» 18, 1966, pp. 66-74.

ALFONSO TRAINA

ADDENDUM

§ **2**. Sulla fortuna di O. nel romanticismo B. Croce, *La poesia*, Bari 1966, pp. 239 sg.; anche M. Seita in «Paideia» 1986, p. 272. § **3**. Sul motivo simposiaco nella poesia di O. O. Murray in «Journ. Rom. Stud.» 1985, pp. 39-50. § **9**. Su *Il momento dionisiaco nella lirica oraziana* G. Aricò in «Nuovo Romanticismo» 3, 1985, pp. 7-19. § **10**. Su *poeta* di *c*. 4, 6, G. Calboli, *Wortstellung und Literarische Nachahmung im vierten Odenbuch des Horaz*, «Klio» 1985, p. 171. § **12**. Sulla *callida iunctura* V. Viparelli Santangelo, *La teoria del neologismo in Orazio* «Boll. stud. lat.» 1984, pp. 39-63 (part. 50); G. Calboli, *La zeppa mancata*, «Fabrica» 2, 1987, pp. 119-40. § **13**. L'uso discreto dell'allitterazione in O. era stato notato da P. Ferrarino nel 1938-39 (ora in *Scritti scelti*, cit., p. 115). BIBLIOGRAFIA. D. Gagliardi *Studi su Orazio*, Palermo 1986; M.C.J. Putnam, *Artifices of Eternity. Horace's Fourth Book of Odes*, Ithaca and London 1986; M. Citroni, *Occasione e piani di destinazione nella lirica di Orazio*, «Mat. e Disc.» 1983, pp. 133-214; A. Traglia, *Catullo e i poeti nuovi visti da Orazio*, in *Studi Paratore*, Bologna 1981, II, pp. 467-86; E. Radke, *Presenza di Virgilio nella poesia di Orazio*, in AA. VV., *Orazio da Venosa*, Venosa 1983, pp. 81-95; F. Della Corte, voce *Orazio* dell'*Enciclopedia Virgiliana*, III, Roma 1987, pp. 872-76; E. Degani, *Studi su Ipponatte*, Bari 1984, pp. 57-70; D.R. Campbell, *Horace and Anacreon*, «Acta Class.» 1985, pp. 35-38; F. Cairns, *Horace Odes 3,22: Genre and Source*, «Philol.» 1982, pp. 227-46 (mescolanza di arcaico e ellenistico).

NOTA SUL TESTO

Orazio divenne presto un classico, letto anche nelle scuole come aveva temuto (*Epistole*, I, 20, 11) non senza onore di commenti da parte di grammatici rispettabili: Modesto e Clarano del I secolo, Terenzio Scauro del II, Elenio Acrone dell'inizio del III, tutti perduti, ma in parte confluiti in quello di Porfirione (secolo III), pervenuto, sia pure con correzioni e corruzioni, insieme a un'altra messe di scolii anonima, il cosiddetto «pseudo-Acrone»; questa e quello modestissimi ma preziosi, anche per la nozione del testo come fu nell'antichità, criticamente curato nel I secolo da Valerio Probo.

La nostra «tradizione» non va oltre il IX sec.; anche l'illustre assente, il *Blandinius vetustissimus*, custodito nel monastero di Saint Pierre du Mont Blandin presso Gand, perduto in un incendio nel 1566 (ma utilizzato *in extremis* da Jacob van Cruucke nelle sue edizioni del 1566 e seguenti), non dovette essere molto anteriore; l'imponente lavorio filologico del secolo scorso e del nostro ha individuato tre classi di codici — con i primi benemeriti, O. Keller e A. Holder, edd. 1864-70 —, poi solo due (F. Leo, 1904), e ha ancora più semplificato con F. Vollmer, ma non ha potuto ricostruire l'albero genealogico; l'archetipo antichissimo, risalente al secondo secolo e tale perciò da colmare lo iato secolare, non ha avuto sufficiente dimostrazione. Un certo eclettismo è inevitabile, ciò che forse favorisce più libere intuizioni particolari; e fortunatamente, per il semplice lettore di poesia, tanta fatica e dottrina potrebbero sembrare superiori non tanto ai risultati quanto alla necessità. Orazio resta un privilegiato tra gli antichi, non solo per la quantità ma per la qualità del testo.

Tra i codici della copiosa tradizione (quasi 300) si possono indicare il *Parisinus* 7900 a, per qualche foglio ad Amburgo (X sec.), il *Bernensis* 363 (IX sec.) e il *Monacensis* lat. 14685, della prima classe; per la seconda i *Parisini* 7974, 7971 e 7972 (sec. X), il *Leidensis* lat. 28 (sec. IX e X). F. Villeneuve ha opportunamente rilevato l'importanza di un bel codice del XII sec. di Troyes (oggi conservato nella facoltà di Medicina di Montpellier, e detto perciò *Montepessulanus*, H 425). Per quanto pericolosamente usato da amatori raffinati, certo dipende da fonti perdute e in parte indipendenti (a volte migliori di quelle utilizzate da Porfirione). Per tutta la questione, vd. M. Lenchantin de Gubernatis, *Sulla tradizione manoscritta di Orazio*, Athenaeum XV, 1937.

Per le edizioni, vd. la *Bibliografia* a p. 52. La presente è quella curata da F. Villeneuve per *Les Belles Lettres* (1929[11]), con le seguenti eccezioni: I 2, 39 *Marsi* invece di *Mauri*; I 4, 8 *urit* invece di *visit* e I 28, 3 *litus* invece di *latum* (entrambe confortate proprio dal *Montepessulanus*); I 34, 16 *hinc* invece di *hic*; II 20, 13 *tutior* (congetturale) invece di *ocior*; III 4, 10 *Apuliae* invece di *Pulliae*, è nel *Montepessulanus* e nello pseudo-Acrone; III 4, 37, tolta l'interpunzione dopo *altum; Carmen saeculare* 27, *servat* invece di *servet*; ibid. 65 *aras* invece di *arces* (*arces* è pure nel *Montepessulanus*, mentre Porfirione leggeva *aras*).

La traduzione ha ripreso, con numerosi ritocchi e rifusioni, e completato, l'ampia antologia del mio *Orazio lirico, interpretazione e saggio,* pubblicato dalla Liviana ed. (Padova 1959), che qui si ringrazia.

ENZO MANDRUZZATO

Orazio in un medaglione bronzeo celebrativo emesso dalla città di Roma in epoca tardiva (IV-V sec.?) come mostra l'ortografia inesatta.

Testa di Marco Vipsanio Agrippa, da una moneta bronzea celebrante il suo terzo consolato (27 a.C.), ornata di corona «classica». Roma, Museo Nazionale Romano, Cfr. I, 6, vv. 3-7: «... Eroe, / vincitore di nemici, / guida dovunque superbi soldati / portarono guerra, / su navi, su cavalli».

Testa dell'Augusto di Via Labicana, in veste e atto di *Pontifex Maximus*, Roma, Museo Nazionale Romano. Cfr. *Carmen Saeculare*, vv. 49-52: «e Chi immola a voi i tori bianchi, / sangue puro di Venere ed Anchise, / esauditelo, forte a chi contende, / mite al nemico / che cade...».

Testa di Mecenate, particolare di un rilievo dell'*Ara Pacis*, dedicata dall'Augusto nel 9 a.C., Roma. Cfr. II, 17, vv. 2-10: «... Gli Dei non vogliono, / io non voglio / che tu prima di me lasci la terra, / Mecenate, mia gloria grande, sostegno della mia vita. / Se un destino più veloce / mi ruba chi è parte del mio essere, / il mio restare è vano, / la mia salvezza trista, mutilata».

Fauno con il flauto, copia da originale ellenistico, Roma, Museo Capitolino. Cfr. I, 17, vv. 1-16: «E spesso il Fauno veloce / lasciando il monte Liceo / viene sul Lucretile / e salva le mie piccole capre / dal fuoco dell'estate, dal vento piovorno. / Allora le femmine del capro / vengono sicure e sole / in cerca di timo nel bosco, / di cespugli segreti, / e le più minute capre / quando le valli e le rocce levigate / di Ustica supina / suonano del dolce flauto / non temono i verdi serpi / né i guerrieri lupi».

Licenza (Roma). Scavi della «Villa Sabina» di Orazio, dono di Mecenate nel 34 a.C. Cfr. III, 18, vv. 8-15: «C'è candore, da me; e una benevola / vena di fantasia. L'uomo ricco / viene a cercare il povero. / Non reclamo altro dagli Dei, non chiedo / a un Amico potente ancora doni. / Mi basta la ricchezza / di questa mia unica Sabina».

LE ODI
[CARMINA]

LIBER PRIMUS

1.

Maecenas atavis edite regibus,
o et praesidium et dulce decus meum,
sunt quos curriculo pulverem Olympicum
collegisse iuvat metaque fervidis
evitata rotis palmaque nobilis   5
terrarum dominos evehit ad deos;
hunc, si mobilium turba Quiritium
certat tergeminis tollere honoribus;
illum, si proprio condidit horreo
quicquid de Libycis verritur areis.   10
Gaudentem patrios findere sarculo
agros Attalicis condicionibus
numquam demoveas, ut trabe Cypria
Myrtoum pavidus nauta secet mare.
Luctantem Icariis fluctibus Africum   15
mercator metuens otium et oppidi
laudat rura sui; mox reficit rates
quassas, indocilis pauperiem pati.
Est qui nec veteris pocula Massici

LIBRO PRIMO

1.

Dono a Mecenate

Mecenate, venuto da re antichi,
o mia difesa, dolce gloria mia:
amano alcuni il carro della gara
che accoglie tanta polvere d'Olimpia
e la meta girata dalle ruote   5
vorticose e la palma
famosa che li innalza
verso gli Dei signori della terra;
altri gareggia tra una folla
di malfermi Quiriti per le tre   10
cariche: e altri aduna nel granaio
tutta la mietitura della Libia:
e uno, che con l'erpice frantuma
la terra sua paterna, non lo smuove
il tesoro di Attalo, perché   15
così è felice; sopra un legno
di Cipro, nel vasto mare,
tremerebbe. E il mercante
che lotta nel terrore contro il vento
tra le onde del mare sacro a Icaro   20
glorifica il riposo
del suo villaggio, quella sua campagna:
poi rifà la nave
stanca: non impara
la povertà, la sua pazienza. E altri   25
elogia il vecchio vino,

nec partem solido demere de die   20
spernit, nunc viridi membra sub arbuto
stratus, nunc ad aquae lene caput sacrae.
Multos castra iuvant et lituo tubae
permixtus sonitus bellaque matribus
detestata. Manet sub Iove frigido   25
venator tenerae coniugis inmemor,
seu visa est catulis cerva fidelibus,
seu rupit teretis Marsus aper plagas.
Me doctarum hederae praemia frontium
dis miscent superis, me gelidum nemus   30
Nympharumque leves cum Satyris chori
secernunt populo, si neque tibias
Euterpe cohibet nec Polyhymnia
Lesboum refugit tendere barbiton.
Quod si me lyricis vatibus inseres,   35
sublimi feriam sidera vertice.

dona alla coppa tutta la giornata,
supino in cuore al verde o presso il capo
lene d'un'acqua sacra. Molti
hanno care le armi, lo strepito 30
misto di trombe e flauti, la guerra
che maledicono le madri. E il cacciatore
dimenticando la sua dolce donna
aspetta sotto il freddo cielo, quando
i cani fidi gli hanno stanato 35
la cerva o il cinghiale ha strappato
l'accurato tessuto delle reti —

ma l'edera che premia la fronte dei sapienti
mi porta tra i Celesti; un fresco bosco,
un coro di spiriti lievi del bosco, 40
se Euterpe scioglie il flauto
e la Musa dell'inno tocca corde lesbie,
mi portano lontano
dalla mia gente. Mecenate,
se mi comprenderai 45
tra i poeti che hanno nome dalla lira
con una mano toccherò le stelle.

2.

Iam satis terris nivis atque dirae
grandinis misit Pater et rubente
dextera sacras iaculatus arces
    terruit urbem,

terruit gentis, grave ne rediret
saeculum Pyrrhae nova monstra questae,
omne cum Proteus pecus egit altos
    visere montis,

piscium et summa genus haesit ulmo,
nota quae sedes fuerat columbis,
et superiecto pavidae natarunt
    aequore dammae.

Vidimus flavom Tiberim retortis
litore Etrusco violenter undis
ire deiectum monumenta regis
    templaque Vestae,

Iliae dum se nimium querenti
iactat ultorem, vagus et sinistra
labitur ripa Iove non probante u-
    xorius amnis.

Audiet civis acuisse ferrum,
quo graves Persae melius perirent,
audiet pugnas vitio parentum
    rara iuventus.

Quem vocet divum populus ruentis
imperi rebus? prece qua fatigent
virgines sanctae minus audientem
    carmina Vestam?

2.

Il Giovane

Troppe tempeste atroci e nevi il Padre
gettò sul mondo e la mano di fiamma
vibrò saette sulle rocche sacre,
atterrì la Città

e i popoli, che non tornasse l'ora grave   5
di Pirra, il suo lamento di prodigi
senza memoria, quando Proteo spinse
mandre marine sopra gli ardui monti

e pesci erano immoti sulla cima
dell'olmo dove usavano posarsi   10
colombe, e sulla stesa delle acque
nuotarono cerbiatte spaventate.

Vedemmo il giallo Tevere piegare
violentemente dalla riva etrusca
e abbattere il ricordo di re Numa   15
ed il tempio di Vesta:

fu la vendetta dell'immenso pianto
di Ilia. Sgorgò alla sinistra riva,
vagò, contro il consenso di Giove,
il fedele fiume.   20

La giovinezza che il delitto nostro
ha sfoltito, saprà che si affilò
il ferro con cui meglio cadevano i Persiani:
saprà queste battaglie.

Che Dio invocare nella distruzione?   25
Quale preghiera delle sante vergini
smuoverà Vesta che non ode più
i canti sacri?

cui dabit partis scelus expiandi
Iuppiter? tandem venias precamur, 30
nube candentis umeros amictus,
    augur Apollo,

sive tu mavis, Erycina ridens,
quam Iocus circumvolat et Cupido,
sive neglectum genus et nepotes 35
    respicis, auctor,

heu nimis longo satiate ludo,
quem iuvat clamor galeaeque leves,
acer et Marsi peditis cruentum
    voltus in hostem, 40

sive mutata iuvenem figura
ales in terris imitaris, almae
filius Maiae, patiens vocari
    Caesaris ultor.

Serus in caelum redeas diuque 45
laetus intersis populo Quirini,
neve te nostris vitiis iniquum
    ocior aura

tollat; hic magnos potius triumphos,
hic ames dici pater atque princeps, 50
neu sinas Medos equitare inultos
    te duce, Caesar.

Chi avrà da Giove Padre la missione
di lavare il delitto? Vieni, vieni, avvolte 30
nella nube le tue spalle di luce,
profeta, Apollo!

E tu, Ericina, se vorrai, radiosa,
tra i voli del sorriso e della gioia.
E tu, Patrono nostro, se ci guardi, 35
che ci hai sdegnati, figli del tuo Figlio,

stanco di prove troppo lunghe. Tu
ami il clangore degli elmetti lisci,
la faccia densa del soldato marso
sul nemico piagato: 40

e tu, alato, che hai l'aspetto in terra
d'un Giovane, e accetti d'esser detto
colui che viene a vendicare Cesare
figlio di Maia grande:

e molto tardi torna al cielo, a lungo 45
lieto resta tra i popoli di Romolo.
Non ti rubi, severo a queste colpe,
l'aria veloce:

ti siano grati qui i tuoi trionfi,
il tuo nome di Padre e Primo Cittadino. 50
E non lasciare i Medi cavalcare
impuniti. Tu sei la guida, Cesare.

3.

    Sic te diva potens Cypri,
sic fratres Helenae, lucida sidera,
    ventorumque regat pater
obstrictis aliis praeter Iapyga,
    navis, quae tibi creditum 5
debes Vergilium; finibus Atticis
    reddas incolumem precor
et serves animae dimidium meae.
    Illi robur et aes triplex
circa pectus erat, qui fragilem truci 10
    commisit pelago ratem
primus, nec timuit praecipitem Africum
    decertantem Aquilonibus
nec tristis Hyadas nec rabiem Noti,
    quo non arbiter Hadriae 15
maior, tollere seu ponere volt freta.
    Quem mortis timuit gradum
qui siccis oculis monstra natantia,
    qui vidit mare turbidum et
infamis scopulos Acroceraunia? 20
    Nequicquam deus abscidit
prudens Oceano dissociabili
    terras, si tamen impiae
non tangenda rates transiliunt vada.

3.

Le navi

Ti protegga la Dea
signora di Cipro, e i fratelli di Elena,
stelle lucenti,
e il Padre dei venti ti governi,
tutti meno il favonio incatenandoli —   5
t'hanno affidato Virgilio,
rendilo intatto alla terra d'Atene,
salvami, nave,
metà della mia vita.

Ebbe cuore di quercia e di ferro   10
il primo che affidò
il suo fragile legno al torvo mare,
e non lo spaurì l'Africo che cala
e lotta con la buia tramontana,
e le lugubri Ìadi,   15
e la rabbia di Noto
padrone dell'Adriatico
che irrita, che spiana.
Chi vide senza lacrime
i vortici e i mostri del mare,   20
e le scogliere Acroceraunie
dal tristo nome,
non seppe più temere
il passo della morte.
Invano una sapiente   25
potenza divina
sparse le terre
per l'Oceano che divide:
navi empie valicano
le acque vietate.   30

  Audax omnia perpeti 25
gens humana ruit per vetitum nefas;
  audax Iapeti genus
ignem fraude mala gentibus intulit;
  post ignem aetheria domo
subductum macies et nova febrium 30
  terris incubuit cohors
semotique prius tarda necessitas
  leti corripuit gradum.
Expertus vacuum Daedalus aera
  pennis non homini datis; 35
perrupit Acheronta Herculeus labor.
  Nil mortalibus ardui est;
caelum ipsum petimus stultitia neque
  per nostrum patimur scelus
iracunda Iovem ponere fulmina. 40

Osa il seme degli uomini
l'infinita esperienza
e nel male rovina, oltre il divieto.
Osò il seme di Iàpeto
portare alle genti il fuoco 35
della colpa. E poi che fu sottratto
alle case del cielo
sulla terra s'adagiò
la desolazione e la schiera ignota
delle febbri umane, 40
e l'Inevitabile affrettò
l'antico passo calmo della morte.
Dedalo su ali più che umane
conobbe il cielo deserto,
infranse lo sforzo d'Ercole 45
l'Acheronte. L'uomo che muore
non ebbe più limite.
E la nostra stoltezza tenta il cielo,
la colpa non consente
che Giove plachi le saette irose. 50

4.

Solvitur acris hiems grata vice veris et Favoni
    trahuntque siccas machinae carinas,
ac neque iam stabulis gaudet pecus aut arator igni
    nec prata canis albicant pruinis.
Iam Cytherea choros ducit Venus imminente luna   5
    iunctaeque Nymphis Gratiae decentes
alterno terram quatiunt pede, dum gravis Cyclopum
    Volcanus ardens urit officinas.
Nunc decet aut viridi nitidum caput impedire myrto
    aut flore, terrae quem ferunt solutae;   10
nunc et in umbrosis Fauno decet immolare lucis,
    seu poscat agna sive malit haedo.
Pallida Mors aequo pulsat pede pauperum tabernas
    regumque turris. O beate Sesti,
vitae summa brevis spem nos vetat inchoare longam.   15
    Iam te premet nox fabulaeque Manes
et domus exilis Plutonia, quo simul mearis,
    nec regna vini sortiere talis
nec tenerum Lycidan mirabere, quo calet iuventus
    nunc omnis et mox virgines tepebunt.   20

4.

Le primavere

Si scioglie l'inverno acuto nel dolce ritorno
di primavera e di favonio:
macchine traggono asciutte carene.
Non è più la gioia dei bovi alle greppie,
dell'aratore al fuoco: 5
e non sui prati bianco di brinate.
Venere di Citera conduce il suo coro lunare:
le Ninfe e le belle Grazie
annodano danze alterne. Le premute
fucine dei Ciclopi Vulcano rosso affoca.   10
È bello ora cingere il capo lucente di verde mirto,
dei molti fiori della terra sciolta:
è bello ora nelle ombre del bosco il rito del Fauno,
se domanda l'agnella, se sceglie il capretto.
La Morte bianca batte alle porte la mano eguale,   15
a povere capanne, alle torri dei re. O Sestio
felice, breve è il cerchio della vita, non vuole
che si tentino lunghe speranze. La notte
ormai ti spegnerà e l'antico racconto dei Morti:
la dimora minuta di Plutone. Laggiù, lontano,   20
non giocherai le sorti del convito,
non avrai da ammirare il morbido Lìcida. Tutti
i giovani s'accendono di Lìcida. Presto
le vergini, per lui, si scrudiranno.

5.

Quis multa gracilis te puer in rosa
perfusus liquidis urget odoribus
    grato, Pyrrha, sub antro?
  cui flavam religas comam,

simplex munditiis? heu quotiens fidem   5
mutatosque deos flebit et aspera
    nigris aequora ventis
  emirabitur insolens,

qui nunc te fruitur credulus aurea,
qui semper vacuam, semper amabilem   10
    sperat, nescius aurae
  fallacis. Miseri, quibus

intemptata nites. Me tabula sacer
votiva paries indicat uvida
    suspendisse potenti   15
  vestimenta maris deo.

5.

Pirra

Quale giovane agile ti chiama
tra molte rose e puri aromi, Pirra,
nella grotta felice? per chi annodi
la chioma bionda in eleganza pura?

E molte volte piangerà l'inganno 5
e la grazia perduta degli Dei,
contemplerà incredulo, inesperto,
l'acqua inasprita sotto il vento nero:

ora egli ha fede, gode del tuo oro,
e pensa che tu sia la sua di sempre, 10
sempre degna d'amore. Il vento muta.
Infelice chi vede la tua luce

e non ti sa. L'ex voto alla parete
del tempio dice come io
appesi le mie vesti. 15
umide di naufragio al Dio del mare.

6.

Scriberis Vario fortis et hostium
victor, Maeonii carminis alite,
quam rem cumque ferox navibus aut equis
    miles te duce gesserit.

Nos, Agrippa, neque haec dicere nec gravem   5
Pelidae stomachum cedere nescii,
nec cursus duplicis per mare Ulixei
    nec saevam Pelopis domum

conamur, tenues grandia, dum pudor
inbellisque lyrae Musa potens vetat   10
laudes egregii Caesaris et tuas
    culpa deterere ingeni.

Quis Martem tunica tectum adamantina
digne scripserit aut pulvere Troico
nigrum Merionen aut ope Palladis   15
    Tydiden superis parem?

Nos convivia, nos proelia virginum
sectis in iuvenes unguibus acrium
cantamus, vacui sive quid urimur
    non praeter solitum leves.   20

6.

Ad Agrippa

E scriverà di te
l'opera di Vario ove batte
l'ala d'Omero: Eroe,
vincitore di nemici,
guida dovunque superbi soldati   5
portarono guerra,
su navi, su cavalli.

Agrippa, non tento io
il tuo racconto.
Né quello della cupa   10
rabbia d'Achille, che non sa ritorno,
né il volo sul mare
di Ulisse dal duplice cuore
né la crudele casa di Pelope,
arduo canto alla mia lieve   15
anima. E il pudore, e l'arte
mia senza guerra
non vogliono che la tua gloria
e quella di Cesare l'unico
colpa di fantasia sciupi.   20
Non vi è canto degno di Marte
avvolto nella tunica di diamante,
di Merìone nero della polvere di Troia,
del figlio di Tideo che gli Dei
eguaglia per grazia di Pallade.   25

Io canto conviti
e battaglie di vergini
dalle curate unghie
con i giovani aspre,
da tutto sciolto, lieve   30
anche nella fiamma.

7.

Laudabunt alii claram Rhodon aut Mytilenen
    aut Ephesum bimarisve Corinthi
moenia vel Baccho Thebas vel Apolline Delphos
    insignis aut Thessala Tempe;
sunt quibus unum opus est intactae Palladis urbem   5
    carmine perpetuo celebrare et
undique decerptam fronti praeponere olivam;
    plurimus in Iunonis honorem
aptum dicet equis Argos ditesque Mycenas:
    me nec tam patiens Lacedaemon   10
nec tam Larisae percussit campus opimae
    quam domus Albuneae resonantis
et praeceps Anio ac Tiburni lucus et uda
    mobilibus pomaria rivis.
Albus ut obscuro deterget nubila caelo   15
    saepe Notus neque parturit imbris
perpetuo, sic tu sapiens finire memento
    tristitiam vitaeque labores
molli, Plance, mero, seu te fulgentia signis
    castra tenent seu densa tenebit   20
Tiburis umbra tui. Teucer Salamina patremque
    cum fugeret, tamen uda Lyaeo

7.

Il canto di Teucro

E canti elogeranno Rodi luminosa,
Mitilene, Efeso,
le mura di Corinto tra i due mari,
Tebe di Dioniso, Delfi di Apollo,
la vallata di Tempe. E qualcuno   5
celebrerà la città di Pallade pura,
in un suo canto unico, perenne
e da tutti gli olivi
coglierà fronda per la sua corona.
E molti canteranno il paese   10
dei cavalli, Argo, e la città opima, Micene,
per gloria di Giunone. E me commosse
un giorno,
più di Lacèdemone città dei forti,
più della campagna pingue di Làrissa   15
una casa,
la casa di Albunea sonora,
l'Aniene che precipitava,
il bosco sacro di Tiburno,
i pomari freschi tra gli agili rivi.   20
Il vento, il bianco scirocco,
più volte sperse il buio delle nubi
(non porta piogge eterne)
e illuminava il cielo — e tu sii saggio
Planco, il vino arreso   25
rompa il tetro lottare della vita,
ora nel campo lucido d'insegne,
domani tra le folte ombre
della tua Tivoli. E Teucro
fuggendo da Salamina e da suo padre,   30
le tempie nitide di convito

tempora populea fertur vinxisse corona,
>sic tristis affatus amicos:
«Quo nos cumque feret melior fortuna parente, 25
>ibimus, o socii comitesque.
Nil desperandum Teucro duce et auspice Teucro:
>certus enim promisit Apollo
ambiguam tellure nova Salamina futuram.
>O fortes peioraque passi 30
mecum saepe viri, nunc vino pellite curas;
>cras ingens iterabimus aequor».

velò di pioppo; e disse, si tramanda,
ai suoi compagni torvi: «Andremo
dovunque la fortuna ci vorrà,
più benigna di un padre, o alleati e compagni.   35
Teucro sarà la guida e il sacerdote, voi
non dispererete: Apollo
infallibile ha promesso
che apparirà per noi sul mare un giorno
il volto incerto della patria: forti,   40
di maggiori mali
esperti, uomini! ora il vino
sperda le angosce, domani
il viaggio senza fine ricomincia».

8.

    Lydia, dic, per omnis
te deos oro, Sybarin cur properes amando
    perdere, cur apricum
oderit Campum, patiens pulveris atque solis,
    cur neque militaris 5
inter aequalis equitet, Gallica nec lupatis
    temperet ora frenis.
Cur timet flavum Tiberim tangere? cur olivum
    sanguine viperino
cautius vitat neque iam livida gestat armis 10
    bracchia, saepe disco
saepe trans finem iaculo nobilis expedito?
    quid latet, ut marinae
filium dicunt Thetidis sub lacrimosa Troiae
    funera, ne virilis 15
cultus in caedem et Lycias proriperet catervas?

8.

Sibari

Dimmi davvero Lidia
per gli Dei tutti quanti,
perché tanto t'adoperi a distruggere
ma per amore, Sibari?
Polvere e sole non lo spaventavano: 5
perché odia il Campo proprio col bel tempo?
Coi coetanei in servizio non cavalca,
morsi da lupo non li regge più,
ha paura a toccare il giallo Tevere
e dall'olio si guarda 10
più che se fosse il sangue della vipera,
le armi che illividiscono le braccia
non le porta: perché? famoso era
il suo lancio del disco, il giavellotto
lanciato molte volte oltre la riga. 15
Perché è scomparso, come si racconta
del ragazzo di Tetide marina
presso la fine tragica di Troia,
che una vita maschile
non lo portasse via 20
dove si muore, tra le orde licie?

9.

Vides ut alta stet nive candidum
Soracte nec iam sustineant onus
 silvae laborantes geluque
flumina constiterint acuto?

Dissolve frigus ligna super foco 5
large reponens atque benignius
 deprome quadrimum Sabina,
o Thaliarche, merum diota.

Permitte divis cetera, qui simul
stravere ventos aequore fervido 10
 deproeliantis, nec cupressi
nec veteres agitantur orni.

Quid sit futurum cras, fuge quaerere, et
quem fors dierum cumque dabit, lucro
 adpone nec dulcis amores 15
sperne, puer, neque tu choreas,

donec virenti canities abest
morosa. Nunc et Campus et areae
 lenesque sub noctem susurri
composita repetantur hora, 20

nunc et latentis proditor intumo
gratus puellae risus ab angulo
 pignusque dereptum lacertis
aut digito male pertinaci.

9.

Vedi il Soratte

Vedi il Soratte splendere di nevi
profonde. Ogni boscaglia, affaticata,
non regge il peso. Ogni corso d'acqua
s'indurisce nel gelo penetrante.

Dissipa il freddo con copiosa legna
nel focolare, e generosamente
cola il vino del coccio a doppia ansa,
sabino, di quattr'anni, o mio Taliarco.

E tutto il resto affidalo agli Dei.
Come abbattono i venti in grande guerra
sulle acque che smaniano di febbre,
torna pace ai cipressi e ai vecchi frassini.

Sàlvati dal sapere il tuo domani.
Ogni giornata che la sorte aggiunge
abbila come un dono. Non sdegnare
ragazzo, il dolce amore e danze e musiche,

finché manca al tuo fiore la vecchiezza
lamentosa. E ora tutto si ripeta,
il Campo, le piazzette, e quando annotta
il bisbigliare degli appuntamenti,

e la ragazza che l'amato riso
tradisce nel segreto nascondiglio,
un pegno che le strappi dalle braccia,
dalle dita che lottano per perdere.

10.

Mercuri, facunde nepos Atlantis,
qui feros cultus hominum recentum
voce formasti catus et decorae
    more palaestrae,

te canam, magni Iovis et deorum   5
nuntium curvaeque lyrae parentem,
callidum quicquid placuit iocoso
    condere furto.

Te, boves olim nisi reddidisses
per dolum amotas, puerum minaci   10
voce dum terret, viduus pharetra
    risit Apollo.

Quin et Atridas duce te superbos
Ilio dives Priamus relicto
Thessalosque ignis et iniqua Troiae   15
    castra fefellit.

Tu pias laetis animas reponis
sedibus virgaque levem coerces
aurea turbam, superis deorum
    gratus et imis.   20

10.

Mercurio

Mercurio, Dio della parola, nipote di Atlante,
tu hai forgiato con la voce accorta
e l'arte della bella lotta ignuda
la fresca e la selvaggia vita umana:
messaggero di Giove grande   5
e degli Dei, padre della cetra curva,
canterò la tua divina
astuzia, che nascose
la lieta frode,
e fu gioco. Apollo minacciava   10
terribile il fanciullo, che rendesse
le vacche tolte con l'inganno: invano
si cercò la faretra. E molto rise.
Ma tu eri la guida quando il ricco
Priamo lasciò Ilio,   15
eluse i superbi
figli di Atreo, i bivacchi dei Tèssali,
gli accampamenti ingiusti alla sua terra.
E tu riponi
i cuori religiosi nella sede   20
della pace e raccogli
la folla lieve delle ombre
con la tua verga d'oro. Ti amano
gli Dei del cielo
e quelli della terra più profonda.   25

11.

Tu ne quaesieris (scire nefas) quem mihi, quem tibi
finem di dederint, Leuconoe, nec Babylonios
temptaris numeros. Ut melius quicquid erit pati!
Seu pluris hiemes seu tribuit Iuppiter ultimam,
quae nunc oppositis debilitat pumicibus mare   5
Tyrrhenum, sapias, vina liques et spatio brevi
spem longam reseces. Dum loquimur, fugerit invida
aetas: carpe diem, quam minimum credula postero.

11.

La giornata

Non domandare tu mai
quando si chiuderà la tua
vita, la mia vita,
non tentare gli oroscopi d'oriente:
male è sapere, Leucònoe.   5
Meglio accettare quello che verrà,
gli altri inverni che Giove donerà
o se è l'ultimo, questo
che stanca il mare etrusco
e gli scogli di pomice leggera.   10
Ma sii saggia: e filtra vino,
e recidi la speranza
lontana, perché breve è il nostro
cammino, e ora, mentre
si parla, il tempo   15
è già in fuga, come se ci odiasse!
così cogli
la giornata, non credere al domani.

12.

Quem virum aut heroa lyra vel acri
tibia sumis celebrare, Clio?
quem deum? cuius recinet iocosa
    nomen imago

aut in umbrosis Heliconis oris 5
aut super Pindo gelidove in Haemo?
unde vocalem temere insecutae
    Orphea silvae

arte materna rapidos morantem
fluminum lapsus celerisque ventos, 10
blandum et auritas fidibus canoris
    ducere quercus.

Quid prius dicam solitis parentis
laudibus, qui res hominum ac deorum,
qui mare ac terras variisque mundum 15
    temperat horis?

unde nil maius generatur ipso
nec viget quicquam simile aut secundum;
proximos illi tamen occupabit
    Pallas honores. 20

Proeliis audax, neque te silebo,
Liber, et saevis inimica virgo
belvis, nec te, metuende certa
    Phoebe sagitta.

Dicam et Alciden puerosque Ledae, 25

12.

L'inno degli Dei e degli uomini

Quale uomo o quale Eroe del mito, Clio,
ti prepari a esaltare
con la lira o il flauto acuto?
O un Dio? quale nome
porterà l'eco festosa 5
sull'Elicona, lungo rive e ombre,
sul Pindo, sul gelido Emo?
Dall'Emo le selve
scendevano ebbre inseguendo
il canto di Orfeo, 10
che con l'arte insegnata dalla Madre
rallentava lo scorrere dei fiumi
e la corsa dei venti
e dolce con il suono della lira
conduceva le querce che l'udivano. 15
Che dirò prima delle antiche lodi
per il Padre, che ordina
la vita degli Dei e degli uomini,
le stagioni del mare,
delle terre, del tutto, 20
e nulla nascerà di Lui solo
più grande, e nulla gli somiglia
né lo imita? Ma il primo onore
sarà poi a Pallade
temeraria guerriera, 25
e non avranno silenzio
Libero, la Vergine nemica
delle belve crudeli,
il Dio del sole, dall'arco
temuto, senza errore. 30
E dirò dell'Alcide e dei ragazzi

hunc equis, illum superare pugnis
nobilem; quorum simul alba nautis
    stella refulsit,

defluit saxis agitatus umor,
concidunt venti fugiuntque nubes   30
et minax, quod sic voluere, ponto
    unda recumbit.

Romulum post hos prius an quietum
Pompili regnum memorem, an superbos
Tarquini fasces, dubito, an Catonis   35
    nobile letum.

Regulum et Scauros animaeque magnae
prodigum Paulum superante Poeno
gratus insigni referam Camena
    Fabriciumque.   40

Hunc et incomptis Curium capillis
utilem bello tulit et Camillum
saeva paupertas et avitus apto
    cum lare fundus.

Crescit occulto velut arbor aevo   45
fama Marcelli; micat inter omnis
Iulium sidus, velut inter ignis
    luna minores.

Gentis humanae pater atque custos,
orte Saturno, tibi cura magni   50
Caesaris fatis data: tu secundo
    Caesare regnes.

di Leda, il glorioso
cavaliere ed il pugilatore:
e quando s'accendono
stelle bianche sul mare 35
l'acqua turbata
rifluisce dagli scogli
il vento s'abbatte dilegua la nube
e l'onda torva, come loro vogliono,
s'addormenta sul mare. 40
E poi non so chi primo
evocare, Romolo, il reame
sereno di Numa,
Tarquinio dai fasci superbi,
Catone dalla bella morte; 45
e dirò di Regolo, degli Scauri,
di Paolo che quando
i Fenici ebbero il campo
gettò la grande vita,
e Fabrizio, inno raro 50
benvenuto tra gli uomini.
Buono alla guerra
lo fece, e fece Camillo e Curio
dalla chioma confusa,
la povertà crudele, il campo 55
dei padri, la breve casa.
Il nome di Marcello
cresce come un albero
nel mistero del tempo:
brilla la stella della Gente Giulia 60
come la luna
tra i fuochi del cielo.
Nato da Saturno, padre
e custode degli uomini,
il Fato t'affidò la cura 65
di Cesare il grande, e al tuo Regno
secondo sia Cesare. Se mai

Ille seu Parthos Latio imminentis
egerit iusto domitos triumpho
sive subiectos Orientis orae 55
    Seras et Indos,

te minor laetum reget aequus orbem:
tu gravi curru quaties Olympum,
tu parum castis inimica mittes
    fulmina lucis. 60

avrà vittoria e trionfo giusto
dei Parti che minacciano
la terra latina, o Seri e Indi 70
delle rive del sole,
equo regnerà il sereno
cerchio del mondo
sotto il tuo Regno. Correrà
il cielo il carro tuo grave, 75
nemiche folgori batteranno
foreste impure.

13.

Cum tu, Lydia, Telephi
cervicem roseam, cerea Telephi
    laudas bracchia, vae, meum
fervens difficili bile tumet iecur.
    Tunc nec mens mihi nec color   5
certa sede manet, umor et in genas
    furtim labitur, arguens
quam lentis penitus macerer ignibus.
    Uror, seu tibi candidos
turparunt umeros inmodicae mero   10
    rixae, sive puer furens
inpressit memorem dente labris notam.
    Non, si me satis audias,
speres perpetuum dulcia barbare
    laedentem oscula, quae Venus   15
quinta parte sui nectaris imbuit.
    Felices ter et amplius
quos inrupta tenet copula nec malis
    divolsus querimoniis
suprema citius solvet amor die.   20

13.

Lidia

Lidia, quando mi elogi
Tèlefo per il collo «che è di rose»,
quelle braccia di Tèlefo «di cera»,
a me una brutta bile gonfia il fegato,
mente e sangue si perdono e le lacrime   5
rigano il viso senza che mi accorga
e denunciano il fuoco
lento che mi consuma. Brucio
se un litigio brutale e il troppo vino
hanno offeso le spalle luminose,   10
quando i morsi furiosi del ragazzo
hanno lasciato il segno sulle labbra.
No, non pensare mai – credimi un poco –
che sia di sempre l'uomo che ferisce
selvaggio i dolci baci che Afrodite   15
intrise della sua più pura ambrosia.
Felici mille volte
quelli che unisce un nodo mai reciso
e il loro amore, mai
lacerato da nostalgie maligne,   20
è sciolto solo dall'estremo giorno.

14.

O navis, referent in mare te novi
fluctus. O quid agis? fortiter occupa
    portum. Nonne vides ut
  nudum remigio latus,

et malus celeri saucius Africo   5
antemnaeque gemant ac sine funibus
    vix durare carinae
  possint imperiosius

aequor? non tibi sunt integra lintea,
non di, quos iterum pressa voces malo.   10
    Quamvis Pontica pinus,
  silvae filia nobilis,

iactes et genus et nomen inutile:
nil pictis timidus navita puppibus
    fidit. Tu, nisi ventis   15
  debes ludibrium, cave.

Nuper sollicitum quae mihi taedium,
nunc desiderium curaque non levis,
    interfusa nitentis
  vites aequora Cycladas.   20

14.

La nave

Nave, che nuove onde porteranno
ancora al largo: come manovri? Attracca
con forza: la fiancata
è nuda di remeggio,
l'albero è leso dal libeccio forte,   5
la carena non ha più cavi,
non terrà a lungo un mare che comanda.
Non hai più vele intatte.
Non hai più gli Dei
per invocarli nelle brutte ore,   10
un'altra volta ancora.
Sei di buon legno pontico,
sei la figlia gloriosa della selva,
ostenti nome vano e vana origine:
il pilota ha paura,   15
non crede nelle immagini
dipinte sulla poppa. Tu
devi guardarti, perché i venti
non ti portino via nel loro gioco.
Mi fosti noia un giorno ed inquietudine,   20
ora sei la mia angoscia e il mio richiamo:
rimanessi lontana dalle acque
che avvolgono le Cicladi lucenti.

15.

Pastor cum traheret per freta navibus
Idaeis Helenen perfidus hospitam,
ingrato celeris obruit otio
    ventos ut caneret fera

Nereus fata: «Mala ducis avi domum   5
quam multo repetet Graecia milite,
coniurata tuas rumpere nuptias
    et regnum Priami vetus.

Heu, heu, quantus equis, quantus adest viris
sudor! quanta moves funera Dardanae   10
genti! iam galeam Pallas et aegida
    currusque et rabiem parat.

Nequicquam Veneris praesidio ferox
pectes caesariem grataque feminis
inbelli cithara carmina divides;   15
    nequicquam thalamo gravis

hastas et calami spicula Cnosii
vitabis strepitumque et celerem sequi
Aiacem: tamen, heu serus, adulteros
    crines pulvere collines.   20

Non Laertiaden, exitium tuae
gentis, non Pylium Nestora respicis?
Urgent inpavidi te Salaminius
    Teucer, te Sthenelus sciens

pugnae, sive opus est imperitare equis,   25
non auriga piger; Merionen quoque
nosces. Ecce furit te reperire atrox
    Tydides melior patre,

15.

La profezia di Nereo

Il pastore malfido rapiva per i mari
sulle navi dell'Ida la sua ospite, Elena,
quando una pace lugubre oppresse i venti rapidi
e Nereo profetò le loro amare sorti:

«Con triste augurio rechi la donna alla tua casa.   5
Verrà tutta la Grecia con grandi schiere a chiederla,
e tutta giurerà di spezzare per te
queste nozze ed il regno venerando di Priamo.

Grandi pene vi attendono di uomini e cavalli,
grandi esequie tu muovi per la gente di Dàrdano: 10
Pallade ormai ha pronti l'elmo e l'eterno scudo,
il suo carro di guerra e il suo furore.

Fatto superbo dalla protezione di Venere
pettinerai la chioma, scambierai con le donne
i deliziosi canti sulla cetra di pace   15
invano: e invano scanserai nelle stanze

lance pesanti e acute punte di frecce cnossie
e il fragore d'Aiace veloce ad inseguire,
ma tristamente tardi la tua chioma curata,
la tua chioma d'adultero, s'intriderà di polvere.   20

Non vedi dietro a te il figlio di Laerte,
rovina del tuo popolo, e Nestore di Pilo?
T'inseguono, ti prendono quelli senza paura,
Teucro di Salamina, Stenelo che sa bene

battersi e quando occorre comandare i cavalli,   25
instancabile auriga! Conoscerai Merìone,
e il figlio di Tideo più valente del padre
lo vedo, atroce, selvaggio di trovarti:

quem tu, cervus uti vallis in altera
visum parte lupum graminis inmemor, 30
sublimi fugies mollis anhelitu,
    non hoc pollicitus tuae.

Iracunda diem proferet Ilio
matronisque Phrygum classis Achillei;
post certas hiemes uret Achaicus 35
    ignis Iliacas domos».

fuggirai come il cervo che sull'altro versante
ha visto il lupo e scorda la pastura 30
ansimando profondo, esausto, tu
che altro avevi promesso alla tua donna.

La flottiglia sdegnata d'Achille tarderà
quel giorno, per Ilio e per le madri frigie.
Passeranno contati inverni, poi le fiamme 35
degli Achei arderanno tutte le case d'Ilio».

16.

O matre pulchra filia pulchrior,
quem criminosis cumque voles modum
    pones iambis, sive flamma
sive mari libet Hadriano.

Non Dindymene, non adytis quatit   5
mentem sacerdotum incola Pythius,
    non Liber aeque, non acuta
sic geminant Corybantes aera,

tristes ut irae, quas neque Noricus
deterret ensis nec mare naufragum   10
    nec saevus ignis nec tremendo
Iuppiter ipse ruens tumultu.

Fertur Prometheus addere principi
limo coactus particulam undique
    desectam et insani leonis   15
vim stomacho apposuisse nostro.

Irae Thyesten exitio gravi
stravere et altis urbibus ultimae
    stetere causae, cur perirent
funditus inprimeretque muris   20

hostile aratrum exercitus insolens.
Conpesce mentem: me quoque pectoris
    temptavit in dulci iuventa
fervor et in celeres iambos

misit furentem. Nunc ego mitibus   25

16.

A Tindaride

1.

Figlia più bella della bella madre,
i versi dell'infamia gettali
dove hai voglia, alle fiamme, all'Adriatico.
La Dindimene, l'Abitatore di Pito
non così sconvolgono la mente   5
della sacerdotessa nel penetrale,
o Dioniso, o il bronzo acuto, ripercosso
dai Coribanti, come l'ira mia cupa:
allora non temo spada,
mare, naufragio, fuoco   10
spietato, Giove stesso
che atterrisce il cielo e lo travolge.
Raccontano che Prometeo
nel fango dell'origine dovette
mischiare tutti i semi   15
e nel cuore dell'uomo fu
la rabbia buia del leone. L'ira
travolse Tieste nella fonda
rovina: morirono città
fino alle prime pietre,   20
eserciti superbi
passarono l'aratro
dell'odio sulle mura.
E sia pace, Tindaride. Anche
il mio cuore tentò   25
la febbre della dolce
giovinezza, la follia
scrisse i giambi veloci.
Ora quella cupezza
matura, e questo cerco, e il canto   30

mutare quaero tristia, dum mihi
 fias recantatis amica
  opprobriis animumque reddas.

è mutato, l'ingiuria
è finita; puoi
essermi amica, donarmi
l'anima tua.

17.

Velox amoenum saepe Lucretilem
mutat Lycaeo Faunus et igneam
    defendit aestatem capellis
usque meis pluviosque ventos.

Inpune tutum per nemus arbutos   5
quaerunt latentis et thyma deviae
    olentis uxores mariti
nec viridis metuunt colubras

nec Martialis haediliae lupos,
utcumque dulci, Tyndari, fistula   10
    valles et Usticae cubantis
levia personuere saxa.

Di me tuentur, dis pietas mea
et Musa cordi est. Hic tibi copia
    manabit ad plenum benigno   15
ruris honorum opulenta cornu;

hic in reducta valle Caniculae
vitabis aestus et fide Teia
    dices laborantis in uno
Penelopen vitreamque Circen;   20

hic innocentis pocula Lesbii
duces sub umbra nec Semeleius
    cum Marte confundet Thyoneus
proelia nec metues protervum

17.

A Tindaride

2.

E spesso il Fauno veloce
lasciando il monte Liceo
viene sul Lucretile
e salva le mie piccole capre
dal fuoco dell'estate,
dal vento piovorno.
Allora le femmine del capro
vengono sicure e sole
in cerca di timo nel bosco,
di cespugli segreti,
e le più minute capre
quando le valli e le rocce levigate
di Ustica supina
suonano del dolce flauto
non temono i verdi serpi
né i guerrieri lupi.
Gli Dei mi proteggono,
la mia fede e arte amano.
L'Opulenza buona del campo
traboccherà sazia.
Una valle solitaria
ti salverà dall'ardenza
della Canicola, e sulla cetra
del poeta di Teo
racconterai di Penelope
e di Circe cristallina
dolenti per quel solo.
E porterai nell'ombra
coppe d'innocente vino.
Dioniso non farà guerra.

suspecta Cyrum, ne male dispari 25
incontinentis iniciat manus
    et scindat haerentem coronam
 crinibus inmeritamque vestem.

Non avrai sospetto e spavento
dell'irruente Ciro,
non getterà le sue inattente mani
(sfortunata è la tua disparità)
strappando la corona 35
confusa alle tue chiome, la tua veste
che vuole cura.

18.

Nullam, Vare, sacra vite prius severis arborem
circa mite solum Tiburis et moenia Catili;
siccis omnia nam dura deus proposuit neque
mordaces aliter diffugiunt sollicitudines.
Quis post vina gravem militiam aut pauperiem crepat? 5
Quis non te potius, Bacche pater, teque, decens Venus?
Ac ne quis modici transiliat munera Liberi,
Centaurea monet cum Lapithis rixa super mero
debellata, monet Sithoniis non levis Euhius,
cum fas atque nefas exiguo fine libidinum 10
discernunt avidi. Non ego te, candide Bassareu,
invitum quatiam nec variis obsita frondibus
sub divum rapiam. Saeva tene cum Berecyntio
cornu tympana, quae subsequitur caecus amor sui
et tollens vacuum plus nimio gloria verticem 15
arcanique fides prodiga, perlucidior vitro.

18.

La vite dell'Occidente

La vite santa tu seminerai
la prima, Varo, intorno
la tua terra di Tivoli matura
e le mura di Càtilo.
C'è un Dio che aspra vuole
la vita a chi non beve:
solo con lei l'angoscia si disperde.
Nel vino non è grido
duro di armi e di miseria, è voce
di Dioniso padre e amore
di bellezza. Non oltrepassare
il dono di quel sobrio affrancatore.
Lo ammonisce la rissa dei Centauri
e dei Làpiti, guerra sopra tanto
vino, e i Sitonii dannati nella brama
quando l'orgia confonde il bene e il male.
Tu non lo vuoi, Dioniso luminoso,
io non ti agiterò, ciò che si cela
tra il fogliame diverso io non vorrò
rapirlo nella luce. E tu ferma
il suono del corno berecinzio, ferma
le nacchere che battono crudeli.
C'è passione di sé ardua, accecata,
luce di sé superba verso il vuoto
e nella trasparenza del cristallo
c'è troppo tradimento di segreti.

19.

    Mater saeva Cupidinum
Thebanaeque iubet me Semelae puer
    et lasciva Licentia
finitis animum reddere amoribus.
    Urit me Glycerae nitor 5
splendentis Pario marmore purius;
    urit grata protervitas
et voltus nimium lubricus aspici.
    In me tota ruens Venus
Cyprum deseruit, nec patitur Scythas 10
    aut versis animosum equis
Parthum dicere nec quae nihil attinent.
    Hic vivum mihi caespitem, hic
verbenas, pueri, ponite turaque
    bimi cum patera meri: 15
mactata veniet lenior hostia.

19.

La Madre d'ogni brama

La Madre d'ogni brama,
la crudele, il figlio
di Sèmele tebana,
la tentazione
viva, vogliono ridarmi   5
all'amore, che fu chiuso.
La luce di Glìcera mi arde,
che splende pura più del marmo pario,
e amo il suo corruccio,
il suo volto lambito dagli sguardi.   10
Venere grande viene
da Cipro ad assalirmi,
non accetta che parli
di Sciti, di Parti
pronti volteggiatori,   15
e di tutto che è da lei lontano.
E faccio sacrificio: la zolla viva,
le verbene, l'incenso,
la pàtera, il vino
dell'altra annata,   20
perché mi dia più pace.

20.

Vile potabis modicis Sabinum
cantharis, Graeca quod ego ipse testa
conditum levi, datus in theatro
    cum tibi plausus,

care Maecenas eques, ut paterni 5
fluminis ripae simul et iocosa
redderet laudes tibi Vaticani
    montis imago.

Caecubum et prelo domitam Caleno
tu bibes uvam; mea nec Falernae 10
temperant vites neque Formiani
    pocula colles.

20.

Il vino di Sabina

Ti offrirò vino povero di Sabina,
in piccoli bicchieri,
d'anfora greca, che io con queste mani
intinsi nella pece
e ripósi il giorno che il teatro   5
t'applaudì, Mecenate,
amato cavaliere,
e il gioco lieve dell'eco
lungo le rive del fiume padre
dal monte Vaticano   10
ripeté la tua gloria.
Il tuo vino è il cècubo,
è quello dei torchi di Cales.
Nulla dei vigneti di Falerno
e dei colli di Formia   15
brilla nelle mie coppe.

21.

Dianam tenerae dicite virgines,
intonsum, pueri, dicite Cynthium
      Latonamque supremo
  dilectam penitus Iovi;

vos laetam fluviis et nemorum coma,   5
quaecumque aut gelido prominet Algido,
      nigris aut Erymanthi
  silvis aut viridis Gragi;

vos Tempe totidem tollite laudibus
natalemque, mares, Delon Apollinis   10
      insignemque pharetra
  fraternaque umerum lyra.

Hic bellum lacrimosum, hic miseram famem
pestemque a populo et principe Caesare in
      Persas atque Britannos   15
  vestra motus aget prece.

21.

La preghiera degli innocenti

Cantate miti vergini
Diana lunare, cantate fanciulli
al Dio del Cinto chiomato, a Latona
l'amata nel cuore di Giove l'altissimo:
e la letizia   5
d'acque correnti, di chiome di boschi,
ovunque ascenda, la luna,
sul gelo dell'Algido
sul bosco di Erimanto
cupo o sul Grago verde: 10
e cantate la lode, fanciulli,
della valle di Tempe
e di Delo ove nacque
Apollo, che porta la bella
faretra e sull'omero la lira   15
del divino Fratello:
cantate voi! E Lui
la guerra che piange, la fame
mendica e il malanno
rimuoverà dal popolo   20
e da Cesare il primo del popolo
su Britanni e Persiani:
lo tocca una preghiera vostra.

22.

Integer vitae scelerisque purus
non eget Mauris iaculis neque arcu
nec venenatis gravida sagittis,
    Fusce, pharetra,

sive per Syrtis iter aestuosas
sive facturus per inhospitalem
Caucasum vel quae loca fabulosus
    lambit Hydaspes.

Namque me silva lupus in Sabina,
dum meam canto Lalagen et ultra
terminum curis vagor expeditis,
    fugit inermem,

Quale portentum neque militaris
Daunias latis alit aesculetis
nec Iubae tellus generat, leonum
    arida nutrix.

Pone me pigris ubi nulla campis
arbor aestiva recreatur aura,
quod latus mundi nebulae malusque
    Iuppiter urget;

pone sub curru nimium propinqui
solis in terra domibus negata:
dulce ridentem Lalagen amabo,
    dulce loquentem.

22.

Il lupo della Sabina

Questa limpida vita, senza colpa,
non ha bisogno di lanciotti mauri
e d'arco e di faretra
gonfia di frecce avvelenate, Fusco:
neppure se dovessi fare viaggio   5
in mezzo alle burrasche delle Sirti
o nel Caucaso avverso agli stranieri
o sulle rive del fiabesco Idaspe.
Vedi: un lupo, in una macchia
della Sabina, mentre nel provare   10
un canto alla mia Lalage mi svio
vagabondo e slegato da pensieri,
fuggì: e non avevo armi.
Un mostro, era. Non ne nutre uguali
la forte Dàunia tra i querceti vasti   15
né l'Africa, l'arida madre dei leoni.
Mettimi in terre inerti, dove mai
rinascano alberi al soffio dell'estate,
la faccia della terra che la nebbia
e l'odio del cielo angustia: 20
mettimi nella terra più vicina
alla corsa del sole, senza case:
Làlage saprò amare, perché dolce
è come ride, dolce come parla.

23.

Vitas inuleo me similis, Chloe,
quaerenti pavidam montibus aviis
    matrem non sine vano
aurarum et silvae metu.

Nam seu mobilibus veris inhorruit   5
adventus foliis, seu virides rubum
    dimovere lacertae,
et corde et genibus tremit.

Atqui non ego te, tigris ut aspera
Gaetulusve leo, frangere persequor: 10
    tandem desine matrem
tempestiva sequi viro.

23.

Alla fanciulla Cloe

Mi sfuggi, Cloe: sei come un cerbiatto
che cerca alla montagna senza vie
la madre spaventata, e porta in cuore
timore vago di vento e di selva:
e se al venire della primavera   5
abbrivida la frasca, se il ramarro
sfruscia tra il rovo, tremi
nel cuore e nei ginocchi.
Ma non t'inseguo io come una tigre
feroce, un leone d'Africa, non voglio   10
infrangerti. Allora
lascia la madre, è tempo di marito.

24.

Quis desiderio sit pudor aut modus
tam cari capitis? praecipe lugubris
cantus, Melpomene, cui liquidam pater
    vocem cum cithara dedit.

Ergo Quintilium perpetuus sopor   5
urget? cui Pudor et Iustitiae soror,
incorrupta Fides, nudaque Veritas
    quando ullum inveniet parem?

Multis ille bonis flebilis occidit,
nulli flebilior quam tibi, Vergili.   10
Tu frustra pius, heu, non ita creditum
    poscis Quintilium deos.

Quid si Threicio blandius Orpheo
auditam moderere arboribus fidem?
num vanae redeat sanguis imagini,   15
    quam virga semel horrida,

non lenis precibus fata recludere,
nigro compulerit Mercurius gregi?
durum: sed levius fit patientia
    quicquid corrigere est nefas.   20

24.

Per la morte di Quintilio Varo

E non avrà confine né vergogna
la nostalgia di lui, del capo amato.
Dimmi un canto di pianto tu, Melpomene,
a cui il Padre donò la voce pura
nel suono della cetra! Dunque Quintilio   5
dormirà un sonno senza più risveglio.
E come lui non troveremo altri:
verecondia, e giustizia, sua sorella,
e la lealtà nel cuore, e il vero puro.
Per molti buoni è pianto questa fine: 10
ma per te soprattutto,
Virgilio. Povera fede mite,
che ora ne domanda
agli Dei: era un'altra la preghiera.
Tu pensi un canto forse tanto dolce   15
come quello, raccontano, d'Orfeo,
che udirono le piante: ma ora è un'ombra
e il sangue non gli torna. Il Dio dei morti
già l'ha sospinto nel suo nero gregge
con la squallida verga. Non si piega   20
alla disperazione, il fato è chiuso.
È duro. Ma un poco
solleva sopportare
ciò che è sacro divieto non volere.

25.

Parcius iunctas quatiunt fenestras
iactibus crebris iuvenes protervi
nec tibi somnos adimunt amatque
    ianua limen,

quae prius multum facilis movebat   5
cardines. Audis minus et minus iam:
«Me tuo longas pereunte noctes,
    Lydia, dormis?»

Invicem moechos anus arrogantis
flebis in solo levis angiportu   10
Thracio bacchante magis sub inter-
    lunia vento,

cum tibi flagrans amor et libido,
quae solet matres furiare equorum,
saeviet circa iecur ulcerosum   15
    non sine questu,

laeta quod pubes hedera virenti
gaudeat pulla magis atque myrto,
aridas frondes hiemis sodali
    dedicet Euro.   20

25.

Una vecchia da nulla

Picchiano meno i giovani protervi
le imposte chiuse. Rispettano i tuoi sonni.
La porta che correva disinvolta
sui cardini, ora

si mostra affezionata alla sua soglia.   5
Sempre meno ti viene un canto antico:
«La notte è lunga, lunga, e sto morendo,
Lidia, e tu dormi» —

Toccherà a te. Una vecchia da nulla
che singhiozza in un vicolo deserto.   10
Adùlteri sprezzanti. Il vento gelido
fa carnevale. C'è la luna nuova.

E la tua voglia matta da cavalla
quand'è stagione del concepimento,
il fegato piagato che ti brucia,   15
il tuo lamento

perché la gioventù fa festa, è allegra,
la sua edera è verde e il mirto è scuro,
e regala le foglie morte ai venti
che vanno con l'inverno.   20

26.

Musis amicus tristitiam et metus
tradam protervis in mare Creticum
    portare ventis, quis sub Arcto
 rex gelidae metuatur orae,

quid Tiridaten terreat, unice 5
securus. O quae fontibus integris
    gaudes, apricos necte flores,
 necte meo Lamiae coronam,

Piplea dulcis. Nil sine te mei
prosunt honores; hunc fidibus novis, 10
    hunc Lesbio sacrare plectro
 teque tuasque decet sorores.

26.

Per Lamia

Caro alle Muse, voglio dare ai venti
più ribelli le ombre e le paure,
che le portino via sul mare crètico —
forse ora, su fredde rive, sotto l'Orsa,
un re è temuto, o Tiridate trema: 5
io sono in questa mia unica pace.
Ma tu gioisci delle fonti pure,
dolce Pimplea: e intreccia
fiori caldi di sole,
intreccia la corona del mio Lamia: 10
ogni mio omaggio è vano senza te.
Su corde nuove batte il plettro lesbio
ma voi dovete consacrare lui,
tu con le tue Sorelle.

27.

Natis in usum laetitiae scyphis
pugnare Thracum est; tollite barbarum
    morem verecundumque Bacchum
  sanguineis prohibete rixis.

Vino et lucernis Medus acinaces 5
immane quantum discrepat; impium
    lenite clamorem, sodales,
  et cubito remanete presso.

Voltis severi me quoque sumere
partem Falerni? dicat Opuntiae 10
    frater Megyllae quo beatus
  volnere, qua pereat sagitta.

Cessat voluntas? non alia bibam
mercede. Quae te cumque domat Venus
    non erubescendis adurit 15
  ignibus ingenuoque semper

amore peccas. Quicquid habes, age,
depone tutis auribus. A! miser,
    quanta laborabas Charybdi,
  digne puer meliore flamma. 20

Quae saga, quis te solvere Thessalis
magus venenis, quis poterit deus?
    vix inligatum te triformi
  Pegasus expediet Chimaera.

27.

Il fratello di Megilla

«Fare battaglia con le coppe, nate
per la gioia, è da traci. Eliminate
questa usanza selvaggia. Niente risse
e niente sangue: Dioniso è purezza.
Tra il vino e le lucerne, l'akinake   5
dei Medi è dissonanza mostruosa.
Basta grida sacrileghe, compagni,
e restate col gomito appoggiato.
Chiedete che anch'io beva la mia parte
di falerno severo? E sia. Il fratello   10
di Megilla da Opunte ci dirà
della ferita che lo fa felice,
della saetta che lo fa perire.

— Non ne ha più voglia? Eppure io
soltanto a questo patto voglio bere.   15
Venere, sempre, come che ci vinca,
non arde mai di fiamme vergognose.
Il peccato d'amore è sempre puro.
Ciò che hai nel cuore dillo a chi è fidato.

Infelice ragazzo,   20
che maligna tempesta ti agitava.
Meritavi passione più felice.
Chi ti libera ora? quale maga,
o incantatore dai veleni tessali,
che potenza divina? Forse Pègaso   25
ti potrà liberare dalla trina
Chimera che ti tiene incatenato.»

28.

Te maris et terrae numeroque carentis harenae
    mensorem cohibent, Archyta,
pulveris exigui prope litus parva Matinum
    munera nec quicquam tibi prodest
aerias temptasse domos animoque rotundum   5
    percurrisse polum morituro.
Occidit et Pelopis genitor, conviva deorum,
    Tithonusque remotus in auras
et Iovis arcanis Minos admissus habentque
    Tartara Panthoiden iterum Orco   10
demissum, quamvis clipeo Troiana refixo
    tempora testatus nihil ultra
nervos atque cutem morti concesserat atrae,
    iudice te non sordidus auctor
naturae verique. Sed omnis una manet nox   15
    et calcanda semel via leti.
Dant alios Furiae torvo spectacula Marti,
    exitio est avidum mare nautis;
mixta senum ac iuvenum densentur funera, nullum
    saeva caput Proserpina fugit.   20
Me quoque devexi rapidus comes Orionis
    Illyricis Notus obruit undis.
At tu, nauta, vagae ne parce malignus harenae
    ossibus et capiti inhumato
particulam dare: sic, quodcumque minabitur Eurus 25
    fluctibus Hesperiis, Venusinae
plectantur silvae te sospite multaque merces,
    unde potest, tibi defluat aequo
ab Iove Neptunoque sacri custode Tarenti.

28.

La ballata di Archita

«Tu, Archita, che misurasti la terra
e il mare e la rena infinita,
ti copre ora sulla riva sotto il Matino
una piccola offerta di lieve sabbia,
e invano tentasti le case del cielo,　　　　　　　　5
percorresti gli spazi col cuore mortale!»

«Anche il padre di Pelope cadde, l'ospite degli Dei,
e Titone remoto nei cieli
e Minosse che seppe i segreti di Zeus,
e rimase tra i morti il figlio di Pàntoo　　　　　　　10
che vi era già disceso e riconobbe
sullo scudo sganciato il suo tempo troiano,
e al buio della morte aveva concesso soltanto
le sue fibre mortali, ed era, tu lo sai,
alto maestro di scienza e di verità.　　　　　　　　15
Ma tutti attende un'eguale notte,
tutti batteremo la via della morte.
Le Erinni folli spingono molti alla guerra,
la fosca ribalta, molti annienta il mare avido,
e sono esequie infinite di giovani e vecchi,　　　　20
nessuno sfugge alla spietata Proserpina!
e me travolse il Noto tra le onde d'Illiria
sotto la rabbia d'Orione basso sul mare.
Dunque tu marinaio non essermi maligno,
dona al mio capo, alle ossa insepolte　　　　　　　25
la tua manciata di rena infedele!
e se Euro minaccia il mare dell'Esperia
un giorno per te salvo batterà
le selve di Venosa, e immensa ricchezza
verrà da ovunque, dal cielo giusto, da Nettuno　　30
protettore di Taranto la santa. La trascurata

    Neglegis inmeritis nocituram 30
postmodo te natis fraudem committere? fors et
    debita iura vicesque superbae
te maneant ipsum: precibus non linquar inultis
    teque piacula nulla resolvent.
Quamquam festinas, non est mora longa; licebit 35
    iniecto ter pulvere curras.

colpa ricadrebbe sugl'innocenti figli!
eguale sorte anche te potrebbe attendere,
e le mie imprecazioni sarebbero udite,
mai nessun sacro rito saprebbe assolverti.   35
Se hai fretta, breve è la sosta, getta
le tre manciate di polvere, e salpa.»

29.

Icci, beatis nunc Arabum invides
gazis et acrem militiam paras
      non ante devictis Sabaeae
regibus horribilique Medo

nectis catenas? quae tibi virginum   5
sponso necato barbara serviet?
      puer quis ex aula capillis
ad cyathum statuetur unctis,

doctus sagittas tendere Sericas
arcu paterno? Quis neget arduis   10
      pronos relabi posse rivos
montibus et Tiberim reverti,

cum tu coemptos undique nobilis
libros Panaeti Socraticam et domum
      mutare loricis Hiberis,   15
pollicitus meliora, tendis?

29.

Per Iccio, stoico

Iccio, ecco che i tesori
dell'Arabia felice
ti fanno male. E muovi dura guerra
a re di Saba non ancora vinti,
forgi catene   5
per i selvaggi Medi.
Avrai la tua schiava
scelta tra le vergini barbare
orbate del promesso?
o il paggio dalla chioma profumata,   10
ammesso alla tua coppa,
bravo a vibrare sull'arco del padre
esotiche saette?
Si dirà ancora
che «i ruscelli supini   15
non risalgono mai gli alti monti,
e il Tevere non torna alla sorgente»,
se vuoi scambiare i libri di Panezio
cercati in ogni luogo, a tutti noti,
e il nostro cenacolo socratico   20
con la corazza del soldato?

un'altra fu la tua promessa, Iccio.

30.

O Venus regina Cnidi Paphique,
sperne dilectam Cypron et vocantis
ture te multo Glycerae decoram
    transfer in aedem.

Fervidus tecum puer et solutis   5
Gratiae zonis properentque Nymphae
et parum comis sine te Iuventas
    Mercuriusque.

30.

Preghiera per un convegno d'amore

Venere, Venere,
che regni a Cnido e a Pafo,
trascura l'amata Cipro
e vieni nella bella
casa di Glìcera, 5
che ti chiama con molte onde d'incenso.

Febbre d'amore
voli con te, e le Grazie dai veli sciolti
e le Ninfe: e quella cui dai eleganza,
la giovinezza. Quella di Mercurio. 10

31.

Quid dedicatum poscit Apollinem
vates? quid orat, de patera novum
    fundens liquorem? non opimae
  Sardiniae segetes feraces,

non aestuosae grata Calabriae 5
armenta, non aurum aut ebur Indicum,
    non rura, quae Liris quieta
  mordet aqua taciturnus amnis.

Premant Calena falce quibus dedit
Fortuna vitem, dives et aureis 10
    mercator exsiccet culillis
  vina Syra reparata merce,

dis carus ipsis, quippe ter et quater
anno revisens aequor Atlanticum
    inpune: me pascunt olivae, 15
  me cichorea levesque malvae.

Frui paratis et valido mihi,
Latoe, dones, at, precor, integra
    cum mente, nec turpem senectam
  degere nec cithara carentem. 20

31.

Preghiera ad Apollo

Apollo, nel nuovo tempio,
versando vino nuovo dalla pàtera,
non domanda il poeta
floride biade di Sardegna,
armenti del Salento arso, gioia 5
a vederli, oro, avorio
dell'India, la campagna che il Liri
consuma nella pace e nel silenzio.

Dómino con le falci le viti di Cales
donate dalla sorte, 10
bevano in calici d'oro
quel vino che il mercato della Siria
restituisce — li amano gli Dei,
se più volte nell'anno hanno guardato
impuniti la stesa dell'Atlantico. 15
— Mi nutre l'oliva,
la verdura, la tenue malva.
Dammi, figlio di Latona,
la gioia della mia ricchezza,
la sanità mia, il limpido 20
pensiero, questo invoco. E vecchiaia
viva ancora di canto e di bellezza.

32.

Poscimur. Si quid vacui sub umbra
lusimus tecum, quod et hunc in annum
vivat et pluris, age, dic Latinum,
    barbite, carmen,

Lesbio primum modulate civi, 5
qui, ferox bello, tamen inter arma,
sive iactatam religarat udo
    litore navem,

Liberum et Musas Veneremque et illi
semper haerentem puerum canebat 10
et Lycum nigris oculis nigroque
    crine decorum.

O decus Phoebi et dapibus supremi
grata testudo Iovis, o laborum
dulce lenimen, mihi cumque salve 15
    rite vocanti.

32.

Come in preghiera

M'ascoltano. — Mia cetra,
con te suonavo, libero, nell'ombra.
Dimmi il canto romano,
che tutto l'anno e altri anni viva!
Fu un cittadino di Lesbo   5
il primo che ti diede il suono,
uomo di armi aspro: e tra le armi,
e se ormeggiava la percossa nave
al lido acquoso,
cantava Libero e le Muse e Venere   10
e il fanciullo che sempre l'accompagna,
e Lico, bello di occhi
neri, di chiome nere.

Gloria di Febo, guscio di testuggine
grata a Giove l'altissimo alla mensa,   15
dolce consolazione delle pene,
sii sempre benvenuta se ti chiamo
come in un rito.

33.

Albi, ne doleas plus nimio memor
inmitis Glycerae neu miserabilis
decantes elegos, cur tibi iunior
    laesa praeniteat fide.

Insignem tenui fronte Lycorida 5
Cyri torret amor, Cyrus in asperam
declinat Pholoen: sed prius Apulis
    iungentur capreae lupis

quam turpi Pholoe peccet adultero.
Sic visum Veneri, cui placet imparis 10
formas atque animos sub iuga aenea
    saevo mittere cum ioco.

Ipsum me melior cum peteret Venus,
grata detinuit compede Myrtale
libertina, fretis acrior Hadriae 15
    curvantis Calabros sinus.

33.

A Tibullo

Albio, tu non dimentichi
Glìcera, il male che fece,
l'amore che offese, l'altra
più splendida giovinezza.
Che tu troppo non soffra,   5
e non troppa tristezza abbia il tuo canto.
Licoride dalla folta fronte
consuma l'amore per Ciro,
e lui ripensa a Foloe risentita
che mai non peccherà   10
di tristo tradimento
fin che le capre
non ameranno lupi.
Così la Dea dell'amore volle.
Remoti aspetti, remote   15
anime avvince a una sola
catena di bronzo. È il gioco
della Dea, la sua sevizia.
Un amore più buono mi chiamava:
e Mirtale mi legò   20
ed amavo i miei ceppi;
era una liberta, più crudele
del mare che curva
la riviera di Puglia.

34.

Parcus deorum cultor et infrequens,
insanientis dum sapientiae
    consultus erro, nunc retrorsum
  vela dare atque iterare cursus

cogor relictos: namque Diespiter   5
igni corusco nubila dividens
    plerumque, per purum tonantis
  egit equos volucremque currum,

quo bruta tellus et vaga flumina,
quo Styx et invisi horrida Taenari   10
    sedes Atlanteusque finis
  concutitur. Valet ima summis

mutare et insignem attenuat deus,
obscura promens; hinc apicem rapax
    Fortuna cum stridore acuto   15
  sustulit, hinc posuisse gaudet.

34.

Il lampo nel cielo limpido

Avaro di preghiera
vagavo nella mia folle sapienza:
e ora s'impone
di spiegare le vele del ritorno,
di ripetere rotte abbandonate.   5
Giove Padre, che tante volte la nube
tagliò di rosso fuoco,
ha spinto il carro alato
e i cavalli del tuono
nel più limpido cielo!   10
e ne freme la terra greve, i fiumi
vagabondi, l'acqua
dei morti, il regno
odiato delle ombre,
il limite di Atlante.   15
E può scambiare
i primi e gli ultimi,
avvilire le glorie,
sollevare alla luce:
è Dio. La Fortuna è da Lui,   20
e con urlo acuto la Dea
abbatte una tiara di re,
gioisce ed incorona.

35.

O diva, gratum quae regis Antium,
praesens vel imo tollere de gradu
      mortale corpus vel superbos
  vertere funeribus triumphos,

te pauper ambit sollicita prece   5
ruris colonus, te dominam aequoris
      quicumque Bithyna lacessit
  Carpathium pelagus carina.

Te Dacus asper, te profugi Scythae,
urbesque gentesque et Latium ferox   10
      regumque matres barbarorum et
  purpurei metuunt tyranni,

iniurioso ne pede proruas
stantem columnam, neu populus frequens
      ad arma cessantis, ad arma   15
  concitet imperiumque frangat.

Te semper anteit serva Necessitas,
clavos trabalis et cuneos manu
      gestans aena nec severus
  uncus abest liquidumque plumbum;   20

te Spes et albo rara Fides colit
velata panno nec comitem abnegat,
      utcumque mutata potentis
  veste domos inimica linquis;

at volgus infidum et meretrix retro   25
periura cedit, diffugiunt cadis

35.

La fortuna divina

Divina sei, Regina
ad Anzio che tu ami; e ti riveli
quando levi un corpo mortale
dall'ultima caduta
e riversi nella morte 5
troppa vittoria umana.
Il povero nel campo leva a te
la sua preghiera ansiosa,
e t'invoca, signora delle acque,
chi sulla nave di Bitinia provoca 10
il mare alto; ti temono
Daci barbari, Sciti senza casa,
e città e genti, e l'orgoglioso Lazio;
e madri di re barbarici
e tiranni nel rosso delle porpore, 15
che il piede tuo iroso non abbatta
la colonna che hanno sollevato
e il popolo non s'addensi
e risvegli alle armi gli obbedienti,
cacci la signoria. 20
Viene innanzi, schiavo eterno,
l'Inevitabile, e ha mano di bronzo,
porta chiodi possenti, cunei,
l'uncino lugubre, il piombo fuso.
Quando ti veli di nero 25
e lasci ostile le potenti case
ti onorano e ti cercano compagna
il Domani e la Fede rara dal velo bianco:
poi che il volgo malfido
cede e la mercenaria, la spergiura, 30
e gli amici che eludono

        cum faece siccatis amici,
ferre iugum pariter dolosi.

Serves iturum Caesarem in ultimos
orbis Britannos et iuvenum recens 30
        examen Eois timendum
partibus Oceanoque rubro.

Heu heu, cicatricum et sceleris pudet
fratrumque. Quid nos dura refugimus
        aetas, quid intactum nefasti 35
liquimus? unde manum iuventus

metu deorum continuit? Quibus
pepercit aris? O utinam nova
        incude diffingas retusum in
Massagetas Arabasque ferrum! 40

la sorte eguale, si sperdono
vuotando le anfore.

E tu sii schiava al Cesare che andrà
verso i Britanni, gli ultimi del mondo, 35
al fresco sciame dei giovani
che siano temuti nelle terre dell'alba
lungo l'Oceano rosso!
Le piaghe, il delitto,
i fratelli sono vergogna. 40
Età di ferro, timori non avemmo.
Nulla lasciammo intatto,
timore di Dei non fermò
le nostre giovani mani,
non perdonammo altari. 45
La lama consunta
contro massàgeti o arabi
riaffila su incudine nuova!

36.

Et ture et fidibus iuvat
placare et vituli sanguine debito
    custodes Numidae deos,
qui nunc Hesperia sospes ab ultima
    caris multa sodalibus,   5
nulli plura tamen dividit oscula
    quam dulci Lamiae, memor
actae non alio rege pueritiae
    mutataeque simul togae.
Cressa ne careat pulchra dies nota   10
    neu promptae modus amphorae
neu morem in Salium sit requies pedum
    neu multi Damalis meri
Bassum Threicia vincat amystide
    neu desint epulis rosae   15
neu vivax apium neu breve lilium.
    Omnes in Damalin putres
deponent oculos nec Damalis novo
    divelletur adultero
lascivis hederis ambitiosior.   20

36.

Il festino

Ora è una gioia il rito degli Dei
che furono i custodi
di Numida, l'incenso, la musica,
il sangue rituale del vitello,
ora che è salvo, che è tornato   5
dall'occidente più lontano, e abbraccia
i buoni amici e li bacia,
e più di ognuno Lamia, che ricorda
un comune obbedire dell'infanzia,
un uguale mutare della toga: 10
è giorno bello e va segnato bianco.
E l'anfora non abbia parsimonia,
né quiete il ritmo
saliare, e Dàmali
la signora del vino   15
perda in gara con Basso,
e rose tra le coppe
e apio vitale e gigli fuggitivi
(più tardi gli occhi di tutti
poseranno su Damali morenti   20
di voglia. Ma chi la strapperà
all'amatore nuovo? lo circonda
come un'edera viva).

37.

Nunc est bibendum, nunc pede libero
pulsanda tellus, nunc Saliaribus
    ornare pulvinar deorum
  tempus erat dapibus, sodales.

Antehac nefas depromere Caecubum   5
cellis avitis, dum Capitolio
    regina dementis ruinas
  funus et imperio parabat

contaminato cum grege turpium
morbo virorum, quidlibet impotens   10
    sperare fortunaque dulci
  ebria. Sed minuit furorem

vix una sospes navis ab ignibus,
mentemque lymphatam Mareotico
    redegit in veros timores   15
  Caesar, ab Italia volantem

remis adurgens, accipiter velut
mollis columbas aut leporem citus
    venator in campis nivalis
  Haemoniae, daret ut catenis   20

fatale monstrum. Quae generosius
perire quaerens nec muliebriter
    expavit ensem nec latentis
  classe cita reparavit oras,

ausa et iacentem visere regiam   25
voltu sereno, fortis et asperas
    tractare serpentes, ut atrum
  corpore conbiberet venenum,

37.

Cleopatra

Questa è l'ora di bere,
battere il suolo senza ceppi al piede,
fratelli; d'onorare nel triclinio
gli Dei con le vivande più sontuose:

prima, versare il cecubo degli avi 5
fu sacrilegio mentre la Regina
tramava al Campidoglio distruzioni
di brutto sogno e la morte all'impero,

con una mandra contagiata d'uomini
impuri: smisurati 10
piani, nella lusinga della sorte,
nella follia. Ma spense la demenza

l'unica nave salva tra gl'incendi.
E il Cesare portò nella mente ebra
di vino mareotico realtà 15
e terrore, spiccandosi d'Italia

ad inseguire il volo dei remeggi,
sparviero dietro morbide colombe,
cacciatore sui campi e sulle nevi
di Tessaglia, per mettere in catene 20

il prodigio del Fato. E lei cercò
una morte più nobile. Non fu
donna. La spada non la spaventò.
Non riparò con la veloce flotta

tra rive ignote. Osò guardare 25
serena in viso la reggia abbattuta,
senza timore maneggiò atroci
serpenti, per intridersi di neri

deliberata morte ferocior:
saevis Liburnis scilicet invidens 30
    privata deduci superbo,
  non humilis mulier, triumpho.

veleni. Scelta la morte, divenne
più fiera. E si rubò alle crudeli
liburne, al più superbo dei trionfi:
non più regina, donna nella gloria.

30

38.

Persicos odi, puer, apparatus,
displicent nexae philyra coronae,
mitte sectari, rosa quo locorum
    sera moretur.

Simplici myrto nihil adlabores 5
sedulus, curo: neque te ministrum
dedecet myrtus neque me sub arta
    vite bibentem.

38.

Rosa e mirto

Odio lo sfarzo, stile dei Persiani.
Le corone intrecciate, non mi vanno.
Non inseguire più, in ogni luogo,
ragazzo, estreme rose che s'attardano.
Il mirto è schietto. Voglio   5
che non ti dia fatica in questa quiete.
Il mirto ti sta bene quando mesci.
Ed anche a me, se bevo
sotto la nostra pergola ben chiusa.

LIBER SECUNDUS

1.

Motum ex Metello consule civicum
bellique causas et vitia et modos
      ludumque Fortunae gravisque
  principum amicitias et arma

nondum expiatis uncta cruoribus,
periculosae plenum opus aleae,
      tractas et incedis per ignis
  suppositos cineri doloso.

Paulum severae Musa tragoediae
desit theatris; mox, ubi publicas
      res ordinaris, grande munus
  Cecropio repetes coturno,

insigne maestis praesidium reis
et consulenti, Pollio, curiae,
      cui laurus aeternos honores
  Delmatico peperit triumpho.

LIBRO SECONDO

1.

A Pollione

L'agitato cammino
della Città, dall'anno
del console Metello,
le ragioni della guerra, colpe,
stile d'uomini, e il gioco 5
della Sorte, e amicizie
fatali di uomini primi,
e armi intinte in un sangue
non ancora placato, opera
colma di pericolosa 10
incertezza racconti
Pollione, e cammini
su cenere traditrice
che nasconde faville.
L'arte della tragedia 15
austera lasci un poco
i teatri. Tornerai
più tardi, narrato l'ordine
delle opere di tutti,
alla tua scena attica, Pollione, 20
o vessillo e difesa di accusati
piangenti, di raccolti
parlamenti: l'alloro
del trionfo dalmatico
ti ha dato potere 25
senza tempo.

Iam nunc minaci murmure cornuum
perstringis auris, iam litui strepunt,
    iam fulgor armorum fugacis
  terret equos equitumque voltus. 20

Audire magnos iam videor duces
non indecoro pulvere sordidos
    et cuncta terrarum subacta
  praeter atrocem animum Catonis.

Iuno et deorum quisquis amicior 25
Afris inulta cesserat impotens
    tellure, victorum nepotes
  rettulit inferias Iugurthae.

Quis non Latino sanguine pinguior
campus sepulcris impia proelia 30
    testatur auditumque Medis
  Hesperiae sonitum ruinae?

Qui gurges aut quae flumina lugubris
ignara belli? quod mare Dauniae
    non decoloravere caedes? 35
  quae caret ora cruore nostro?

Sed ne relictis, Musa procax, iocis
Ceae retractes munera Neniae,
    mecum Dionaeo sub antro
  quaere modos leviore plectro. 40

E già afferri l'udito. Gridi
di corni minacciosi, strepito
di trombe, lampo di armi
spaventa cavalli 30
in fuga, visi
di cavalieri. E sento
i generali sporchi
di polvere bella, le terre
del mondo sottomesse, 35
e non il cuore torvo
di Catone. Giunone
o altro Dio amico
all'Africa che ebbe ceduto
per poca potenza la terra 40
invendicata vi riporta
come vittime alla tomba
di Giugurta gli ultimi
figli dei vincitori. Ogni campo
nutrito del sangue latino 45
ha tombe che testimoniano
la guerra ingiusta, l'eco
della rovina d'Occidente
giunto ai Medi. Ogni gorgo
e fiumana conosce 50
il pianto della guerra, ogni mare
ebbe il rosso sangue
d'Italia, ogni lido
il sangue delle nostre
ferite. Ma questa arte mia 55
non tenti oltre, non lasci
il suo gioco, non ripeta
il lungo pianto
del poeta di Ceo.
Nella grotta amorosa 60
cerchi più tenui accordi.

2.

Nullus argento color est avaris
abdito terris, inimice lamnae
Crispe Sallusti, nisi temperato
    splendeat usu.

Vivet extento Proculeius aevo,   5
notus in fratres animi paterni;
illum aget pinna metuente solvi
    Fama superstes.

Latius regnes avidum domando
spiritum quam si Libyam remotis   10
Gadibus iungas et uterque Poenus
    serviat uni.

Crescit indulgens sibi dirus hydrops
nec sitim pellit, nisi causa morbi
fugerit venis et aquosus albo   15
    corpore languor.

Redditum Cyri solio Prahaten
dissidens plebi numero beatorum
eximit Virtus populumque falsis
    dedocet uti   20

vocibus, regnum et diadema tutum
deferens uni propriamque laurum
quisquis ingentis oculo inretorto
    spectat acervos.

2.

Il Regno

L'argento che la terra cela avara,
Crispo Sallustio, ostile a quelle lamine,
è opaco, se non gli rende luce l'uso,
attento e parco.

Proculeio vivrà, forzerà il tempo, 5
per l'anima di padre che si seppe
verso i fratelli. Ali di memoria
lo porteranno, attente a non perire.

Avrai regno più vasto, dominando
il desiderio, anche se unissi l'Africa 10
a Cadice remota ed a te solo
servissero i fenici d'oriente e d'occidente.

L'idropico dannato che si indulge
ingrossa sempre e non scaccia la sete
se la causa del male non fugge dalle vene, 15
il torpore che imbianca il corpo acquoso.

Il Valore, in discordia con la folla,
toglie un Fraate, posto sopra il trono
d'un Ciro, dalle file dei felici,
ed al popolo insegna l'uso giusto 20

delle parole. Il regno, il diadema
sicuro, il lauro solo suo, li rende
a chi guardando mucchi immensi d'oro
non li segue con gli occhi.

3.

Aequam memento rebus in arduis
servare mentem, non secus in bonis
    ab insolenti temperatam
  laetitia, moriture Delli,

seu maestus omni tempore vixeris 5
seu te in remoto gramine per dies
    festos reclinatum bearis
  interiore nota Falerni.

Quo pinus ingens albaque populus
umbram hospitalem consociare amant 10
    ramis? quid obliquo laborat
  lympha fugax trepidare rivo?

Huc vina et unguenta et nimium brevis
flores amoenae ferre iube rosae,
    dum res et aetas et Sororum 15
  fila trium patiuntur atra.

Cedes coemptis saltibus et domo
villaque, flavus quam Tiberis lavit,
    cedes, et exstructis in altum
  divitiis potietur heres. 20

Divesne prisco natus ab Inacho
nil interest an pauper et infima

3.

A Dellio

Ricordati, Dellio,
nato a morire; sia la tua anima
eguale sempre,
nelle faticose cime,
nella buona sorte, 5
librata, senza gioia temeraria,
se triste sarà tutto il tuo tempo,
se saprai le tue feste
solo con il tuo più vecchio falerno
nella pace d'un prato. 10

E questo pino immenso,
e il pioppo bianco,
perché compongono le ombre,
ci accolgono, e l'acqua
fugge, frettolosa 15
e timida, lungo la sua curva?
fa' che portino il vino,
i profumi, le belle rose
così brevi, ora che le cose
consentono, e il Tempo, 20
e le lunghe fila
delle nere sorelle.
Poi te ne andrai
dai boschi che hai comprato, dalla casa,
dalla tua villa lungo il Tevere biondo, 25
lascerai all'erede
il cumulo del denaro.
Non importa alla Morte
se ricco, se nato dall'antico Ìnaco,
se povero, se figlio 30

> de gente sub divo moreris,
> victima nil miserantis Orci;

omnes eodem cogimur, omnium 25
versatur urna serius ocius
> sors exitura et nos in aeternum
> exilium impositura cumbae.

dell'ultima famiglia
sia chi aspetta nella luce,
e sacrifica, e non sente pena.
Tutti si va laggiù. L'Urna
volge tutte le sorti e a ciascuno 35
toccherà. Oggi, poi. Andremo,
su una piccola nave,
all'esilio di sempre.

4.

Ne sit ancillae tibi amor pudori,
Xanthia Phoceu: prius insolentem
serva Briseis niveo colore
    movit Achillem;

movit Aiacem Telamone natum   5
forma captivae dominum Tecmessae;
arsit Atrides medio in triumpho
    virgine rapta,

barbarae postquam cecidere turmae
Thessalo victore et ademptus Hector   10
tradidit fessis leviora tolli
    Pergama Grais.

Nescias an te generum beati
Phyllidis flavae decorent parentes;
regium certe genus et penatis   15
    maeret iniquos.

Crede non illam tibi de scelesta
plebe delectam, neque sic fidelem,
sic lucro aversam potuisse nasci
    matre pudenda.   20

Bracchia et voltum teretisque suras
integer laudo: fuge suspicari
cuius octavum trepidavit aetas
    claudere lustrum.

4.

A Xantia

Xantia focese, se ami una schiava
non averne vergogna.

Una schiava, prima
di te, Briseide
turbò col suo bianco   5
Achille temerario;
e la bella Tecmessa prigioniera
toccò il suo signore
Aiace Telamonio;
della vergine rapita   10
arse l'Atride in tutto il suo trionfo:
dopo che le folle barbare
erano tutte cadute,
il figlio di Tessaglia aveva vinto
e la morte di Ettore   15
aveva consegnato la fortezza,
facile preda per i Greci stanchi.
Tu non lo sai: forse
genitori felici ebbe la bionda
Fillide, che t'onorano. Piange   20
stirpe di re, la diseguale casa.
Devi aver fede: quella che tu ami
non è di un popolo colpevole,
la nemica dell'oro, la fedele
non ha da vergognarsi della madre,   25
e io, intatto
d'amore, glorifico le braccia
il volto le rotonde ginocchia
— Xantia, non mi guardare,
il tempo ha chiuso   30
la mia ottava festa
lustrale, con la fretta di chi fugge.

5.

Nondum subacta ferre iugum valet
cervice, nondum munia comparis
    aequare nec tauri ruentis
 in venerem tolerare pondus.

Circa virentis est animus tuae 5
campos iuvencae, nunc fluviis gravem
    solantis aestum, nunc in udo
 ludere cum vitulis salicto

praegestientis. Tolle cupidinem
immitis uvae: iam tibi lividos 10
    distinguet autumnus racemos
 purpureo varius colore;

iam te sequetur; currit enim ferox
aetas et illi quos tibi dempserit
    adponet annos; iam proterva 15
 fronte petet Lalage maritum,

dilecta, quantum non Pholoe fugax,
non Chloris albo sic umero nitens
    ut pura nocturno renidet
 luna mari Cnidiusve Gyges, 20

quem si puellarum insereres choro,
mire sagacis falleret hospites
    discrimen obscurum solutis
 crinibus ambiguoque voltu.

5.

La giovinetta Làlage

È come la giovenca
non ancora domata,
non sa accettare il giogo, vivere
l'eguale fatica del compagno,
patire il peso e la guerra dell'amore.   5
E l'anima sua è del verde dei campi,
il fiume la ristora nell'arsura,
provoca per l'umido saliceto
il balzo dei giovenchi.
Non bramare l'uva acerba!   10
L'autunno svarierà di porpora
i tralci illividiti.
Ti seguirà. L'età crudele
vola, l'annata
le darà il tempo che ti ruba: 15
e la tua Làlage
cercherà con fiero
piglio il suo sposo.
E tu l'ami più di Foloe fugace,
più di Cloride dalle spalle bianche   20
come la pura luna
sulla notte e sul mare.

E come Gige di Cnido
che confuso in un coro di fanciulle
ingannerebbe ospiti   25
mirabilmente attenti:
confine d'ombra. Chiome
disciolte, volto duplice.

6.

Septimi, Gadis aditure mecum et
Cantabrum indoctum iuga ferre nostra et
barbaras Syrtis, ubi Maura semper
    aestuat unda,

Tibur Argeo positum colono
sit meae sedes utinam senectae,
sit modus lasso maris et viarum
    militiaeque.

Unde si Parcae prohibent iniquae,
dulce pellitis ovibus Galaesi
flumen et regnata petam Laconi
    rura Phalantho.

Ille terrarum mihi praeter omnis
angulus ridet, ubi non Hymetto
mella decedunt viridique certat
    baca Venafro,

ver ubi longum tepidasque praebet
Iuppiter brumas et amicus Aulon
fertili Baccho minimum Falernis
    invidet uvis.

Ille te mecum locus et beatae
postulant arces; ibi tu calentem
debita sparges lacrima favillam
    vatis amici.

6.

La vigilia

Verrai a Cadice con me, Settimio;
tra i Cantabri, che non appresero
il nostro giogo ancora,
tra le Sirti straniere
dove bulica sempre l'onda maura: 5
— fosse Tivoli, che fondò un colono
venuto d'Argo, il luogo della mia
vecchiezza, il termine per me
stanco di mare, e di guerra, e di strade!

Ma se le ingiuste Parche non vorranno,   10
cercherò l'acqua del Galéso, dolce
alle pecore avvolte nelle pelli,
e la campagna che regnò Falanto.
È l'angolo del mondo che mi ride.
Il suo miele contende con l'Imetto,   15
l'oliva con Venafro tutta verde,
e offre Giove lunghe primavere
e tepori d'inverno: fecondo l'Aulon
invidia appena l'uva di Falerno.
Quei castelli felici e quella terra   20
vogliono te compagno.
Dovrai tu solo spargere il tuo pianto
sull'amico poeta fatto cenere.

7.

O saepe mecum tempus in ultimum
deducte Bruto militiae duce,
    quis te redonavit Quiritem
  dis patriis Italoque caelo,

Pompei, meorum prime sodalium,   5
cum quo morantem saepe diem mero
    fregi, coronatus nitentis
  malobathro Syrio capillos?

Tecum Philippos et celerem fugam
sensi relicta non bene parmula,   10
    cum fracta virtus et minaces
  turpe solum tetigere mento;

sed me per hostis Mercurius celer
denso paventem sustulit aere,
    te rursus in bellum resorbens   15
  unda fretis tulit aestuosis.

Ergo obligatam redde Iovi dapem
longaque fessum militia latus
    depone sub lauru mea, nec
  parce cadis tibi destinatis.   20

Oblivioso levia Massico
ciboria exple, funde capacibus
    unguenta de conchis. Quis udo
  deproperare apio coronas

curatve myrto? quem Venus arbitrum   25

7.

A Pompeo Varo

Tante volte con me vicino a morte
quando era Bruto il nostro generale
Pompeo, il primo degli amici veri,
ritorni cittadino, non so come,
agli Dei dei padri e al cielo d'Italia?   5
Quante volte col capo incoronato
lucido di profumi dell'oriente
spezzammo con il vino l'ora pigra.
Ho saputo con te Filippi e la rapida
ritirata, quando si lasciò lo scudo   10
e fu male: e il coraggio fu spezzato,
e si morse la polvere, gridando
contro, e fu la vergogna. Allora
per me venne Mercurio e mi levò
veloce tra i nemici   15
in una fitta aura spaventata.
E te un'onda nuova
assorbì nella guerra
ti portò via nella sua tempesta.

Ma ora offri a Giove   20
l'offerta che gli devi. E le tue spalle
stanche di lunga guerra, trovino
riposo in questa ombra mia di alloro.
Le anfore sono tue, non risparmiarle.
E di màssico, il vino dell'oblio,   25
colma i cibori levigati, versa
dalle vaste conchiglie olio odoroso.
Si facciano frettolose corone
d'umido apio e mirto, il dado fortunato
elegga il re della cena, io sarò   30

dicet bibendi? Non ego sanius
    bacchabor Edonis: recepto
dulce mihi furere est amico.

folle nel vino come i Traci, perché dolce
è ritrovare l'amico e per lui
non ragionare.

8.

Ulla si iuris tibi peierati
poena, Barine, nocuisset umquam,
dente si nigro fieres vel uno
    turpior ungui,

crederem; sed tu simul obligasti 5
perfidum votis caput, enitescis
pulchrior multo iuvenumque prodis
    publica cura

Expedit matris cineres opertos
fallere et toto taciturna noctis 10
signa cum caelo gelidaque divos
    morte carentis.

Ridet hoc, inquam, Venus ipsa, rident
simplices Nymphae, ferus et Cupido
semper ardentis acuens sagittas 15
    cote cruenta.

Adde quod pubes tibi crescit omnis,
servitus crescit nova nec priores
impiae tectum dominae relinquont
    saepe minati. 20

Te suis matres metuunt iuvencis,
te senes parci miseraeque nuper
virgines nuptae, tua ne retardet
    aura maritos.

8.

Barìne

Barìne, io ti crederei,
se gli spergiuri
t'avessero punito, fatto male
qualche volta, se un dente si scurisse,
se un'unghia tua perdesse un po' di grazia. 5
Tu giuri in mala fede sul tuo capo,
poi riappari tra gli uomini più bella:
sei la spina di tutti. A te porta fortuna
offendere le ceneri materne,
e gli astri muti della notte e tutto 10
il cielo e gli Dei
che non seppero mai gelo di morte.
Certo, Venere ride, ride pure lei.
E ridono le chiare Ninfe, e il crudele
Cupido mentre aguzza sulla cote 15
rossa di sangue le sue frecce ardenti.
E intanto la tua corte cresce sempre.
La folla dei tuoi schiavi si rinnova:
ma i vecchi che lo giurano da sempre
non lasciano la casa 20
impietosa. Le madri hanno paura
per i loro ragazzi. Hanno paura
di te vecchi sobri;
e le giovani donne spaventate
che non tardi lo sposo il maleficio. 25

9.

Non semper imbres nubibus hispidos
manant in agros aut mare Caspium
    vexant inaequales procellae
  usque, nec Armeniis in oris,

amice Valgi, stat glacies iners 5
mensis per omnis aut Aquilonibus
    querqueta Gargani laborant
  et foliis viduantur orni:

tu semper urges flebilibus modis
Mysten ademptum, nec tibi Vespero 10
    surgente decedunt amores
  nec rapidum fugiente solem.

At non ter aevo functus amabilem
ploravit omnis Antilochum senex
    annos nec inpubem parentes 15
  Troilon aut Phrygiae sorores

flevere semper. Desine mollium
tandem querellarum et potius nova
    cantemus Augusti tropaea
  Caesaris et rigidum Niphaten 20

Medumque flumen gentibus additum
victis minores volvere vertices
    intraque praescriptum Gelonos
  exiguis equitare campis.

9.

A Valgio Rufo

Non eternamente piove
sulle campagne brulle, non sempre
la tempesta confusa inquieta il mare
dei Caspi, né ai lidi dell'Armenia
ogni stagione dura il grande ghiaccio   5
immoto, Valgio, amico mio! o al Gargano
dolorano le querce sotto il vento
e le foglie si strappano dai frassini:
ma tu piangi da sempre in tristi ritmi
Miste che ti fu tolto: e non si queta   10
l'amore quando Vespero
sorge, né quando innanzi al sole fugge.
Il vegliardo che visse le tre vite
non pianse tutti gli anni suoi Antiloco
che meritava amore: 15
e le sorelle frige e padre e madre
non piansero tutto il tempo
il giovinetto Troilo. Valgio,
non dei forti è il lamento.
Altri canti cantiamo: 20
i trionfi di Cesare l'Augusto,
il gelo del Nifate, la fiumana
dei Medi, annoverata
tra i vinti, che ha gorghi
più stanchi, i Geloni   25
a cui fu dato un termine
alle terre, al perpetuo cavalcare.

10.

Rectius vives, Licini, neque altum
semper urgendo neque, dum procellas
cautus horrescis, nimium premendo
    litus iniquom.

Auream quisquis mediocritatem 5
diligit, tutus caret obsoleti
sordibus tecti, caret invidenda
    sobrius aula.

Saepius ventis agitatur ingens
pinus et celsae graviore casu 10
decidunt turres feriuntque summos
    fulgura montis.

Sperat infestis, metuit secundis
alteram sortem bene praeparatum
pectus. Informis hiemes reducit 15
    Iuppiter, idem

summovet. Non, si male nunc, et olim
sic erit: quondam cithara tacentem
suscitat Musam neque semper arcum
    tendit Apollo. 20

Rebus angustis animosus atque
fortis appare; sapienter idem
contrahes vento nimium secundo
    turgida vela.

10.

A Licinio

Licinio, vivrai la vera vita
se non porti la nave
troppo al largo sul mare,
se prudenza, timore di tempesta
non approssimi troppo   5
la riviera ineguale.
C'è una linea media, d'oro:
chi l'ama è sicuro,
non squallida è la sua casa,
non invidiata la sua reggia nuda.   10
Il pino immenso agitano i venti,
le ardue torri cadono più alta
caduta, urta il fulmine le cime.
L'anima bene armata
nella cattiva sorte   15
attende, nella buona
teme: perché gl'inverni
informi il cielo porta ed allontana.
Il male dell'oggi un giorno non sarà.
Il Dio talvolta desta note   20
nelle corde mute della cetra,
non sempre tende l'arco doloroso.
Offriti forte e audace nella sorte
triste: e allenta la tua vela
tu stesso, se la gonfia   25
troppo vento felice: è la saggezza.

11.

Quid bellicosus Cantaber et Scythes,
Hirpine Quincti, cogitet Hadria
    divisus obiecto, remittas
  quaerere nec trepides in usum

poscentis aevi pauca: fugit retro   5
levis iuventas et decor, arida
    pellente lascivos amores
  canitie facilemque somnum.

Non semper idem floribus est honor
vernis neque uno luna rubens nitet   10
    voltu: quid aeternis minorem
  consiliis animum fatigas?

Cur non sub alta vel platano vel hac
pinu iacentes sic temere et rosa
    canos odorati capillos,   15
  dum licet, Assyriaque nardo

potamus uncti? dissipat Euhius
curas edacis. Quis puer ocius
    restinguet ardentis Falerni
  pocula praetereunte lympha?   20

quis devium scortum eliciet domo
Lyden? eburna dic, age, cum lyra
    maturet, in comptum Lacaenae
  more comas religata nodum.

11.

Con Quinzio Irpino

Non domandare ora
che pensieri di guerra
di là dell'Adriatico
hanno Cantabri e Sciti,
Quinzio Irpino; e non t'inquieti   5
il buon uso del tempo. Poco
ti chiede. Ma la giovinezza tersa
ti lascia e fugge, e la Bellezza:
la vecchiaia arida
scaccia l'amore, il riso,   10
il facile sonno.
I fiori della primavera
s'umiliano, la rossa luna
muta il suo volto,
e tu stanchi il tuo cuore   15
troppo minuto per pensieri eterni.
Meglio dunque riposare
sotto il platano alto e il pino,
qui, come vuole il Caso, i bianchi capelli
rallegrare di rose, poi che è dato,   20
profumarsi di nardo e bere. Il vino
sperde i vecchi pensieri
che consumano. Un lesto ragazzo
spegnerà con acqua di sorgiva
il falerno che arde nelle coppe,   25
e Lide farà venire, la donna facile
che si svia; subito,
con la cetra d'avorio,
con la chioma raccolta
in un nodo composto alla spartana.   30

12.

Nolis longa ferae bella Numantiae,
nec durum Hannibalem nec Siculum mare
Poeno purpureum sanguine mollibus
    aptari citharae modis,

nec saevos Lapithas et nimium mero 5
Hylaeum domitosque Herculea manu
Telluris iuvenes, unde periculum
    fulgens contremuit domus

Saturni veteris; tuque pedestribus
dices historiis proelia Caesaris, 10
Maecenas, melius ductaque per vias
    regum colla minacium.

Me dulcis dominae Musa Licymniae
cantus, me voluit dicere lucidum
fulgentis oculos et bene mutuis 15
    fidum pectus amoribus;

quam nec ferre pedem dedecuit choris
nec certare ioco nec dare bracchia
ludentem nitidis virginibus sacro
    Dianae celebris die. 20

Num tu quae tenuit dives Achaemenes
aut pinguis Phrygiae Mygdonias opes
permutare velis crine Licymniae,
    plenas aut Arabum domos

cum flagrantia detorquet ad oscula 25
cervicem aut facili saevitia negat
quae poscente magis gaudeat eripi,
    interdum rapere occupet?

12.

Licimnia

Al suono delicato della cetra
non accompagnerai le lunghe guerre
per Numanzia feroce, l'aspro Annibale,
il mare di Sicilia fatto rosso
dal sangue dei fenici, i Làpiti   5
crudeli, Ilèo vinto dal troppo vino,
i figli della Terra che la mano
d'Eracle vinse, e ne tremò la casa
dell'antico Saturno tutta luci.
Tu farai storia, l'appiedata storia,   10
Mecenate. Dirai delle battaglie
del Cesare, dei minacciosi re
incatenati al collo per le vie.
Ma la Musa da me ha voluto un canto
per Licimnia signora, per la luce   15
dei suoi occhi radiosi, per il cuore
fedele, per l'amore corrisposto:
lei che nel folto giorno sacro a Diana
avanzava trionfando nella danza,
gareggiando di spirito e annodando   20
le braccia in gioco con le accese vergini.
Vorresti le ricchezze di Achemène
l'opulenza di Mìgdone di Frigia
tutte le case colme dell'Arabia
per quella chioma,   25
quando deflette il collo ai baci ardenti,
crudele ed arrendevole li nega,
felice se li rubi non richiesti,
felice, volta a volta, a prevenirli?

13.

Ille et nefasto te posuit die,
quicumque primum, et sacrilega manu
    produxit, arbos, in nepotum
    perniciem obprobriumque pagi;

illum et parentis crediderim sui   5
fregisse cervicem et penetralia
    sparsisse nocturno cruore
    hospitis, ille venena Colcha

et quidquid usquam concipitur nefas
tractavit, agro qui statuit meo   10
    te, triste lignum, te, caducum
    in domini caput inmerentis.

Quid quisque vitet, numquam homini satis
cautum est in horas: navita Bosphorum
    Poenus perhorrescit neque ultra   15
    caeca timet aliunde fata,

miles sagittas et celerem fugam
Parthi, catenas Parthus et Italum
    robur; sed inprovisa leti
    vis rapuit rapietque gentis.   20

Quam paene furvae regna Proserpinae
et iudicantem vidimus Aeacum
    sedesque discriptas piorum et
    Aeoliis fidibus querentem

Sappho puellis de popularibus   25
et te sonantem plenius aureo,
    Alcaee, plectro dura navis,

13.

Il regno di Proserpina

Non so chi ti piantava albero tristo
quel maledetto giorno,
che sacrilega mano t'ha cresciuto
alla strage degli ultimi nepoti
ed all'obbrobrio eterno del villaggio: 5
ma spaccò il cranio di suo padre, penso;
versò il sangue dell'ospite nel cuore
della casa a notte fonda. Misturò
veleni della Colchide e ogni orrore
impensabile. Ecco chi fu l'uomo 10
che ti piazzò, o legno inaugurato,
qui, in questa mia campagna,
a cadere sul mio capo innocente.

Stare lontano da qualunque evento,
guardarsene, ogni attimo, non basta. 15
Un marinaio fenicio ha terrore
del Bosforo: non teme
se non di là la morte senza occhi.
Il soldato ha spavento delle frecce
del Parto, che saetta e si dilegua. 20
Il Parto del vigore del soldato
italico e dei ceppi. Ma la morte
è la potenza che non vedi mai
e porta via i popoli del mondo,
oggi, sempre. E io forse vedevo 25
il regno di Proserpina buia, Èaco
che giudica, le sedi destinate
ai giusti e Saffo, che lamenta
sulla cetra eolica fanciulle
del suo paese. Ma Alceo dando suono 30
più pieno con il plettro d'oro canta

>   dura fugae mala, dura belli.

Utrumque sacro digna silentio
mirantur umbrae dicere, sed magis
>   pugnas et exactos tyrannos
> densum umeris bibit aure volgus.

Quid mirum, ubi illis carminibus stupens
demittit atras belva centiceps
>   auris et intorti capillis
> Eumenidum recreantur angues?

Quin et Prometheus et Pelopis parens
dulci laborum decipitur sono
>   nec curat Orion leones
> aut timidos agitare lyncas.

la dura guerra, il duro navigare,
il duro esilio. Ascoltano le ombre
l'uno e l'altra, stupiti di parole
che vogliono un silenzio religioso.   35
Ma più avida una folla densa d'omeri
segue scontri e cacciate di tiranni.
E anche il mostro dalle cento teste
non abbassa le orecchie nere, attonito,
il groviglio dei serpi tra le chiome   40
delle Eumenidi, non sembra riposare?
Il dolce suono delle loro pene
inganna anche Prometeo ed anche Tantalo,
distrae Orione dall'eterna caccia
dei leoni e di linci spaventate.   45

14.

Eheu fugaces, Postume, Postume,
labuntur anni nec pietas moram
    rugis et instanti senectae
  adferet indomitaeque morti,

non, si trecenis quotquot eunt dies,   5
amice, places inlacrimabilem
    Plutona tauris, qui ter amplum
  Geryonen Tityonque tristi

compescit unda, scilicet omnibus
quicumque terrae munere vescimur   10
    enaviganda, sive reges
  sive inopes erimus coloni.

Frustra cruento Marte carebimus
fractisque rauci fluctibus Hadriae,
    frustra per autumnos nocentem   15
  corporibus metuemus Austrum:

visendus ater flumine languido
Cocytos errans et Danai genus
    infame damnatusque longi
  Sisyphus Aeolides laboris.   20

Linquenda tellus et domus et placens
uxor, neque harum quas colis arborum
    te praeter invisas cupressos
  ulla brevem dominum sequetur;

14.

Il fiume dei morti

Scendono in fuga gli anni, Postumo,
Postumo, e la buona coscienza
non farà ritardare
le rughe, la vecchiezza
che preme, la morte che nessuno vinse.   5
No, se anche a Plutone
Dio senza pianto, colui che chiude
Gerìone immane e Titio
entro l'onda buia, sacrificherai
trecento tori, quanti vanno i giorni,   10
noi nutriti dei doni della terra
tutti, o re, o povera
gente dei campi, vi navigheremo.
Vano sarà salvarsi
da guerre sanguinose,   15
da onde infrante sopra il mare roco,
vano sarà guardarsi
dallo scirocco micidiale, tutti
gli autunni: bisognerà guardarla
l'inerte acqua vaga della morte,   20
e la stirpe di Danao maledetta
e Sìsifo dannato a lunga pena.
Bisognerà lasciarla
la terra, la casa, la donna
che ti riposa: 25
e di queste molte piante che coltivi
solo il triste cipresso
al minuto padrone sarà scorta.

absumet heres Caecuba dignior   25
servata centum clavibus et mero
    tinguet pavimentum superbo,
  pontificum potiore cenis.

E il cècubo, che hai chiuso
con centro chiavi, strapperà l'erede: 30
lo merita! e il vino troppo raro
verserà sui mosaici
in cene grandi e degne, da pontefici.

15.

Iam pauca aratro iugera regiae
moles relinquent, undique latius
    extenta visentur Lucrino
  stagna lacu platanusque caelebs

evincet ulmos; tum violaria et 5
myrtus et omnis copia narium
    spargent olivetis odorem
  fertilibus domino priori;

tum spissa ramis laurea fervidos
excludet ictus. Non ita Romuli 10
    praescriptum et intonsi Catonis
  auspiciis veterumque norma.

Privatus illis census erat brevis,
commune magnum; nulla decempedis
    metata privatis opacam 15
  porticus excipiebat Arcton,

nec fortuitum spernere caespitem
leges sinebant, oppida publico
    sumptu iubentes et deorum
  templa novo decorare saxo. 20

15.

Il comando dei Padri

Case grandi di re
poca terra lasceranno
all'aratro, ovunque si vedranno
più estese del Lucrino
le piscine, e il platano senza nozze   5
vincerà tutti gli olmi; e fiori
e mirto e lusso d'aromi
per l'oliveto, fruttuoso
al padrone d'un tempo;
e il molto denso alloro   10
contro l'ardente battito del sole.
Non fu questo il comando
quando Romolo e Catone chiomato
secondo la regola dei Padri
officiarono il rito dell'auspicio.   15
Era la ricchezza del privato
minuta, grande
quella di tutti. Non erano
logge orgogliose di spazio
a ricevere l'ombra   20
dell'Orsa. La legge
vietava il dispregio
della capanna, dono della sorte;
e ordinava di abbellire
le rocche, col denaro   25
di tutti, e i templi degli Dei,
rinnovarne le pietre.

16.

Otium divos rogat in patenti
prensus Aegaeo, simul atra nubes
condidit lunam neque certa fulgent
    sidera nautis;

otium bello furiosa Thrace,   5
otium Medi pharetra decori,
Grosphe, non gemmis neque purpura ve-
    nale neque auro.

Non enim gazae neque consularis
summovet lictor miseros tumultus   10
mentis et curas laqueata circum
    tecta volantis.

Vivitur parvo bene, cui paternum
splendet in mensa tenui salinum
nec levis somnos timor aut cupido   15
    sordidus aufert.

Quid brevi fortes iaculamur aevo
multa? quid terras alio calentis
sole mutamus? patriae quis exul
    se quoque fugit?   20

Scandit aeratas vitiosa navis
Cura nec turmas equitum relinquit,
ocior cervis et agente nimbos
    ocior Euro.

Laetus in praesens animus quod ultra est   25
oderit curare et amara lento
temperet risu: nihil est ab omni
    parte beatum.

16.

Forti e caduchi

Sorpresi in pieno Egeo, quando la nube
cela nera la luna e astri di certezza
non brillano nel cielo ai marinai,
ciò che preghiamo dagli Dei è pace.

I Traci furibondi nella guerra, 5
i Medi dalla nobile faretra,
pregano pace, Grosfo: non la comprano
né gemme né la porpora né l'oro.

Non tesori; i littori consolari
non sgombrano i pensieri dolorosi 10
che insorgono nell'anima, le angosce
che alitano sotto le sfarzose sale.

Nel poco è il bene. Se sulla tua mensa
brilla la salierina di tuo padre.
Quando timori e voglie inconfessate 15
non ti tolgano un sonno senza peso.

Siamo forti e caduchi: perché tante
mire? e altri paesi, un altro sole
che li scalda? Lontani dalla patria
siamo esuli a noi stessi. 20

L'angoscia infetta sale sulle navi
di bronzo, insegue cavalieri in corsa,
più veloce del cervo, più veloce
dello scirocco che trascina nembi.

Il cuore lieto *ora*, odia il pensiero 25
dell'oltre. Stempera l'amaro
con un sorriso lento. In nulla esiste
felicità compiuta.

Abstulit clarum cita mors Achillem,
longa Tithonum minuit senectus, 30
et mihi forsan, tibi quod negarit,
    porriget hora.

Te greges centum Siculaeque circum
mugiunt vaccae, tibi tollit hinnitum
apta quadrigis equa, te bis Afro 35
    murice tinctae

vestiunt lanae; mihi parva rura et
spiritum Graiae tenuem Camenae
Parca non mendax dedit et malignum
    spernere volgus. 40

Una morte veloce tolse Achille
splendido, una vecchiezza interminabile 30
consumava Titone. Forse l'ora
a me darà quello che a te ha negato.

Ecco i tuoi cento greggi di Sicilia,
le tue mandre muggenti, le cavalle
da corsa che nitriscono; ti copre 35
lana intinta due volte in porpora africana:

a me le Dee mortali e veritiere
hanno donato una campagna breve
e un soffio lieve di poesia greca.
E indifferenza per la trista folla. 40

17.

Cur me querellis exanimas tuis?
nec dis amicum est nec mihi te prius
    obire, Maecenas, mearum
  grande decus columenque rerum.

A! te meae si partem animae rapit   5
maturior vis, quid moror altera,
    nec carus aeque nec superstes
  integer? ille dies utramque

ducet ruinam. Non ego perfidum
dixi sacramentum: ibimus, ibimus,   10
    utcumque praecedes, supremum
  carpere iter comites parati.

Me nec Chimaerae spiritus igneae
nec, si resurgat centimanus gigas,
    divellet umquam: sic potenti   15
  Iustitiae placitumque Parcis.

Seu Libra seu me Scorpios aspicit
formidolosus, pars violentior
    natalis horae, seu tyrannus
  Hesperiae Capricornus undae,   20

utrumque nostrum incredibili modo
consentit astrum; te Iovis impio

17.

Lettera a Mecenate

Il tuo lamento
mi disanima. Gli Dei non vogliono,
io non voglio
che tu prima di me lasci la terra,
Mecenate, mia gloria grande,   5
sostegno della mia vita.
Se un destino più veloce
mi ruba chi è parte del mio essere,
il mio restare è vano,
la mia salvezza trista, mutilata.   10

Quel giorno porterà
l'una e l'altra caduta. Il giuramento
fu verace: andremo, andremo,
e sarai guida ancora,
e al grande viaggio nostro   15
già tutto è pronto.
La Chimera dall'alito di fuoco,
il Gigante risorto dalle cento mani
non mi divideranno da te
perché così vollero   20
la giustizia regina
e le Dee della morte.
Non so quali astri mi veglino,
la Bilancia, lo Scorpione pauroso
più possente nell'ora del mio nascere,   25
il Capricorno, signore
del mare d'occidente,
ma le nostre due stelle
s'accordano come non ci è dato quasi
credere. La protezione di Giove   30
brillò su te, ti strappò

      tutela Saturno refulgens
eripuit volucrisque Fati

tardavit alas, cum populus frequens 25
laetum theatris ter crepuit sonum;
      me truncus inlapsus cerebro
sustulerat, nisi Faunus ictum

dextra levasset, Mercurialium
custos virorum. Reddere victimas 30
      aedemque votivam memento;
nos humilem feriemus agnam.

a Saturno l'ingiusto,
tardò le ali
del veloce destino,
allora che molto popolo 35
nel teatro tre volte
ti diede lieto grido.
Un tronco che mi uccideva
fermò sul mio capo la mano
del Fauno, protettore 40
dei figli di Mercurio.
Ricòrdati del voto,
sacrifica nel tempio promesso.
Io offrirò un'agnella minuta.

18.

Non ebur neque aureum
mea renidet in domo lacunar;
    non trabes Hymettiae
premunt columnas ultima recisas
    Africa, neque Attali
ignotus heres regiam occupavi,
    nec Laconicas mihi
trahunt honestae purpuras clientae.
    At fides et ingeni
benigna vena est pauperemque dives
    me petit; nihil supra
deos lacesso nec potentem amicum
    largiora flagito,
satis beatus unicis Sabinis.
    Truditur dies die
novaeque pergunt interire lunae;
    tu secanda marmora
locas sub ipsum funus et sepulcri
    inmemor struis domos
marisque Bais obstrepentis urges
    summovere litora,
parum locuples continente ripa.
    Quid quod usque proximos
revellis agri terminos et ultra
    limites clientium
salis avarus? pellitur paternos
    in sinu ferens deos
et uxor et vir sordidosque natos.
    Nulla certior tamen

18.

La mia casa

La mia casa non ha
soffitti scintillanti d'ori e avori,
né architravi d'Imetto
gravano su colonne
tagliate nella più lontana Africa;   5
io non sono l'erede sconosciuto
che s'impossessa della reggia d'Attalo;
e distinti consorti di clienti
non mi tessono porpore laconiche.
C'è candore, da me; e una benevola   10
vena di fantasia. L'uomo ricco
viene a cercare il povero.
Non reclamo altro dagli Dei, non chiedo
a un Amico potente ancora doni.
Mi basta la ricchezza   15
di questa mia unica Sabina.
Il giorno caccia il giorno,
la luna nuova viaggia al suo tramonto:
tu commissioni tagli ampi di marmi
nell'imminenza della sepoltura,   20
e levi case e scordi la tua tomba,
sconvolgi coste,
argini il mare che percuote Baia:
per confine una spiaggia,
è poco signorile. Ma che dico,   25
tu rimuovi le pietre terminali
del campo del vicino e balzi sulla soglia
del tuo cliente, avido: cacciati,
l'uomo, la donna, recano nel grembo
i loro Morti e i loro figli sporchi.   30
Eppure non c'è sala

rapacis Orci fine destinata 30
    aula divitem manet
erum. Quid ultra tendis? aequa tellus
    pauperi recluditur
regumque pueris, nec satelles Orci
    callidum Promethea 35
revexit auro captus. Hic superbum
    Tantalum atque Tantali
genus coercet, hic levare functum
    pauperem laboribus
vocatus atque non vocatus audit. 40

più pronta per ricevere il signore,
al termine prefisso,
di quella della morte che ti prende.
Oltre, che cerchi? Si apre la terra eguale   35
al povero e a chi nacque da re,
e il nocchiero del regno delle ombre
non fu preso dall'oro,
non riportò Prometeo l'accorto.
Così imprigiona il prevaricatore   40
Tantalo e la sua razza.
A sollevare il povero che soffre
e ha finito il suo compito
viene chiamato e viene non chiamato.

19.

Bacchum in remotis carmina rupibus
vidi docentem, credite posteri,
  Nymphasque discentis et auris
capripedum Satyrorum acutas.

Euhoe, recenti mens trepidat metu 5
plenoque Bacchi pectore turbidum
  laetatur. Euhoe, parce Liber,
parce, gravi metuende thyrso.

Fas pervicacis est mihi Thyiadas
vinique fontem lactis et uberes 10
  cantare rivos atque truncis
lapsa cavis iterare mella;

fas et beatae coniugis additum
stellis honorem tectaque Penthei
  disiecta non leni ruina, 15
Thracis et exitium Lycurgi.

Tu flectis amnes, tu mare barbarum,
tu separatis uvidus in iugis
  nodo coerces viperino
Bistonidum sine fraude crinis. 20

Tu, cum parentis regna per arduum

19.

L'epifania di Dioniso

Abbiate fede uomini
che verrete, io ho veduto
Dioniso tra remote
rocce, guida al canto
delle Ninfe, e orecchi acuti   5
di satiri piedi di capro.
L'anima trema
di terrore nuovo
felice di tempesta
in Dioniso, colma.   10
Abbi pietà, Dio dal tirso
greve d'angoscia!
E ora mi è dato
cantare mènadi ostinate
la sorgiva del vino   15
i rivi opimi del latte
il miele che perpetuo
scivola dal cavo
dei tronchi; e mi è dato
rinnovare la gloria   20
assunta della beata
Coniuge, la dimora di Penteo
infranta da fonda
rovina, lo scempio
di Licurgo fra i Traci.   25
Tu pieghi fiumane e il mare
straniero, e tra gioghi non veduti
annodi nell'ebbrezza
alle chiome delle Baccanti
vipere senza offesa.   30
E quando la schiera

cohors Gigantum scanderet inpia,
    Rhoetum retorsisti leonis
  unguibus horribilique mala;

quamquam, choreis aptior et iocis   25
ludoque dictus, non sat idoneus
    pugnae ferebaris; sed idem
  pacis eras mediusque belli.

Te vidit insons Cerberus aureo
cornu decorum leniter atterens   30
    caudam et recedentis trilingui
  ore pedes tetigitque crura.

empia dei Giganti ascese
il regno erto del Padre
tu ritorcesti Reto con unghie
di leone e spavento 35
di fauci — ti narravano
Dio di cori, di lieto gioco,
maldestro a battaglie —
ma tu sei l'Eguale, sul limite
di pace e guerra. 40

Il Cane dei morti
vide le corna d'oro
e non morse, strisciò
la coda piana, tre lingue
al ritorno ti toccarono 45
piedi e ginocchi.

20.

Non usitata nec tenui ferar
penna biformis per liquidum aethera
    vates neque in terris morabor
  longius invidiaque maior

urbis relinquam. Non ego pauperum 5
sanguis parentum, non ego quem vocas,
    dilecte Maecenas, obibo
  nec Stygia cohibebor unda.

Iam iam residunt cruribus asperae
pelles et album mutor in alitem 10
    superne nascunturque leves
  per digitos umerosque plumae.

Iam Daedaleo tutior Icaro
visam gementis litora Bosphori
    Syrtisque Gaetulas canorus 15
  ales Hyperboreosque campos.

Me Colchus et qui dissimulat metum
Marsae cohortis Dacus et ultimi
    noscent Geloni, me peritus
  discet Hiber Rhodanique potor. 20

Absint inani funere neniae
luctusque turpes et querimoniae;
    conpesce clamorem ac sepulcri
  mitte supervacuos honores.

20.

Il cigno

No, non con fragili ali conosciute
andrà il poeta che si trasfigura
nel cielo chiaro, non indugerà
sulla terra, andrà oltre le città
più grande dell'invidia e più lontano. 5
Mecenate, quello che tu chiami
sangue di padri poveri, vivrà,
e non lo chiuderà l'onda del buio.
— Aspra la cute sento e il bianco
del cigno e per le mani 10
tutto un leggero crescere di piume —
più sicuro di Icaro
vedrò i lidi del Bosforo sonoro
le Sirti e la pianura
degli Iperborei, lungo il mio cantare. 15
E mi conoscerà il Colchidese
e il Daco che ora nasconde in cuore
il terrore dei Marsi e i più remoti
Geloni e mi imparerà l'esperto
Ibèro e quanti il Rodano disseta. 20
Non giungano preghiere della morte
e pianto tristo sulla tomba vuota.
Ordina che non gridino. Dimentica
il culto del sepolcro! non mi giova.

LIBER TERTIUS

1.

Odi profanum volgus et arceo.
Favete linguis: carmina non prius
    audita Musarum sacerdos
 virginibus puerisque canto.

Regum timendorum in proprios greges,   5
reges in ipsos imperium est Iovis,
    clari Giganteo triumpho,
  cuncta supercilio moventis.

Est ut viro vir latius ordinet
arbusta sulcis, hic generosior   10
    descendat in campum petitor,
  moribus hic meliorque fama

contendat, illi turba clientium
sit maior: aequa lege Necessitas
    sortitur insignis et imos,   15
  omne capax movet urna nomen.

LIBRO TERZO

L'INNO DEI VALORI

1.

La Necessità

Odio la folla
senza tempio. Lontano ne vivo.
Piamente ascoltate,
canti non prima uditi
io devoto alle Muse   5
per vergini e fanciulli canto.
Da Giove è il regno
dei Re cui i popoli
debbono il timore: di Giove
è il regno sui Re,   10
che luminoso trionfo
ebbe dei Giganti, che tutto
guardando muove.
Accade che uomo
più di altro uomo estese   15
disponga piante nei solchi,
che uno cali nel Campo
più nobile competitore,
che nella gara altri
abbia migliori vita e nome,   20
che uno più forte sia
di folla di uomini suoi:
ma l'Inevitabile
è giusto. E sorteggia
i primi e gli ultimi. Vasta   25
urna muove ogni nome d'uomo.

Destrictus ensis cui super impia
cervice pendet, non Siculae dapes
    dulcem elaborabunt saporem,
non avium citharaeque cantus   20

somnum reducent: somnus agrestium
lenis virorum non humilis domos
    fastidit umbrosamque ripam,
non Zephyris agitata tempe.

Desiderantem quod satis est neque   25
tumultuosum sollicitat mare,
    nec saevus Arcturi cadentis
impetus aut orientis Haedi,

non verberatae grandine vineae
fundusque mendax, arbore nunc aquas   30
    culpante, nunc torrentia agros
sidera, nunc hiemes iniquas.

Contracta pisces aequora sentiunt
iactis in altum molibus: huc frequens
    caementa demittit redemptor   35
cum famulis dominusque terrae

fastidiosus: sed Timor et Minae
scandunt eodem quo dominus, neque
    decedit aerata triremi et
post equitem sedet atra Cura.   40

All'ingiusto che sente
minaccia di spada
sospesa sopra il capo
conviti di corti siciliane
non stilleranno sapore, 30
non doneranno sonno
le cetre, gli uccelli:
il sonno leggero
scende alle basse case
degli uomini della terra 35
e a rive di ombra e valli
che vento non turba.
E chi cerca quanto
gli basta né pure il mare
più ribelle l'inquieta, 40
né il balzo di Arturo crudele
che cala, del Capretto
che sorge; né vigne battute
da grandine, o la terra
che mente; il suo albero 45
non accusa l'acqua, né astri
che bruciano il campo,
né inverni inumani.
Sentono i pesci
nell'acqua l'angustia 50
delle dighe profonde
nel mare; vi calano pietre
uomini schiavi,
e imprenditori, e padroni
nauseati di terra. 55
Ma il Terrore
del domani muove
col suo padrone. Non scende
la trireme di bronzo.
Dietro la sella siede 60
l'Angoscia luttuosa.

Quod si dolentem nec Phrygius lapis
nec purpurarum sidere clarior
    delenit usus nec Falerna
vitis Achaemeniumque costum,

cur invidendis postibus et novo   45
sublime ritu moliar atrium?
    cur valle permutem Sabina
divitias operosiores?

E dunque marmi di Frigia
e uso di porpore più che astri
luminose e la vite
di Falerno e la mirra 65
degli Achemenidi non calmano
il doloroso: io leverò
su invidiati archi
stile nuovo di ardue
sale? io darò 70
per ricchezze dolenti
la mia valle Sabina?

2.

Angustam amice pauperiem pati
robustus acri militia puer
    condiscat et Parthos ferocis
  vexet eques metuendus hasta

vitamque sub divo et trepidis agat 5
in rebus. Illum ex moenibus hosticis
    matrona bellantis tyranni
  prospiciens et adulta virgo

suspiret, eheu, ne rudis agminum
sponsus lacessat regius asperum 10
    tactu leonem, quem cruenta
  per medias rapit ira caedes.

Dulce et decorum est pro patria mori:
mors et fugacem persequitur virum
    nec parcit inbellis iuventae 15
  poplitibus timidove tergo.

Virtus, repulsae nescia sordidae,
intaminatis fulget honoribus
    nec sumit aut ponit securis
  arbitrio popularis aurae. 20

2.

Il Mistero

La povertà breve
il ragazzo indurito
conosca come amica
nella guerra violenta:
a cavallo temuto   5
insegua con l'asta
il Parto feroce:
e sotto le stelle viva,
tra cose turbate.
E la donna del signore soldato   10
dalle mura nemiche
lo cerchi con gli occhi;
la cresciuta ragazza
aneli; che il promesso
principe nuovo alla guerra   15
non chiami su di sé
il leone intoccabile
che ira di sangue rapisce
nel cuore della strage.

Morire per la terra dei padri   20
è dolce bellezza. La morte
chi fugge l'insegue,
non perdona ai garretti
e alle spalle impaurite
di gioventù senza lotta.   25
Il Valore non sa vergognose
sconfitte. Ha luce
di puri onori. Non riceve,
non rende le scuri
come il vento della città chiede.   30

Virtus, recludens inmeritis mori
caelum, negata temptat iter via
    coetusque volgaris et udam
  spernit humum fugiente pinna.

Est et fideli tuta silentio 25
merces: vetabo, qui Cereris sacrum
    volgarit arcanae, sub isdem
  sit trabibus fragilemque mecum

solvat phaselon; saepe Diespiter
neglectus incesto addidit integrum, 30
    raro antecedentem scelestum
  deseruit pede Poena claudo.

Il Valore apre il cielo
a chi non meritò di morire:
si apre il cammino
per le vie dell'impossibile.
E lascia le folle di sempre   35
il grande volo, e l'umida terra.
C'è un compenso sicuro
al silenzio fedele.
No, chi avrà rivelato
il sacro mistero di Cerere,   40
non copra il mio tetto,
non salpi nel mio battello.
Più volte Giove offeso
confuse il puro all'impuro.
E rara la vendetta   45
azzoppata lasciò
d'inseguire la colpa.

3.

Iustum et tenacem propositi virum
non civium ardor prava iubentium,
    non voltus instantis tyranni
    mente quatit solida neque Auster,

dux inquieti turbidus Hadriae, 5
nec fulminantis magna manus Iovis:
    si fractus inlabatur orbis,
    inpavidum ferient ruinae.

Hac arte Pollux et vagus Hercules
nisus arces attigit igneas, 10
    quos inter Augustus recumbens
    purpureo bibet ore nectar;

hac te merentem, Bacche pater, tuae
vexere tigres indocili iugum
    collo trahentes; hac Quirinus 15
    Martis equis Acheronta fugit,

gratum elocuta consiliantibus
Iunone divis: «Ilion, Ilion
    fatalis incestusque iudex
    et mulier peregrina vertit 20

in pulverem, ex quo destituit deos

3.

L'Occidente

E l'Uomo giusto,
fedele al suo fine,
non scuote nello spirito
compatto passione
cittadinesca, obliqua   5
consigliatrice, né sguardo minaccioso
di tiranno, né il vento
signore tumultuoso
del mare senza pace,
né la mano grande   10
di Giove che folgora.
Se il mondo si apra e crolli
lo troverà senza paura.
Per questa arte Polluce
ed Ercole errabondo s'inerpicarono   15
toccando le rocche del fuoco,
e alla loro mensa poserà l'Augusto,
e berranno nettare le labbra vive.
Questo meritò Bacco padre
che trascinarono sul carro   20
fianchi ribelli di tigri;
così Quirino
fuggì l'Acheronte
sui cavalli di Marte.
Parlò Giunone   25
al consiglio degli Dei
e piacque: «Ilio, Ilio
ridussero in polvere
un giudice che fu
per la Necessità impuro,   30
una donna che era
venuta di lontano! fu allora

mercede pacta Laomedon, mihi
        castaeque damnatum Minervae
    cum populo et duce fraudulento.

Iam nec Lacaenae splendet adulterae   25
famosus hospes nec Priami domus
        periura pugnaces Achivos
    Hectoreis opibus refringit

nostrisque ductum seditionibus
bellum resedit. Protinus et gravis   30
        iras et invisum nepotem,
    Troica quem peperit sacerdos,

Marti redonabo; illum ego lucidas
inire sedes, discere nectaris
        sucos et adscribi quietis   35
    ordinibus patiar deorum.

Dum longus inter saeviat Ilion
Romamque pontus, qualibet exules
        in parte regnanto beati;
    dum Priami Paridisque busto   40

insultet armentum et catulos ferae

dannata, quando
Laomedonte frodò gli Dei
della mercede giurata,   35
da me e dalla pura
Minerva, col popolo
e col re della frode.
E fu spenta per la spartana
peccatrice la luce   40
dell'ospite mal famoso;
e la casa spergiura
di Priamo non più frenò
le armi degli Achei
per la forza del florido   45
eroe, Ettore: e la guerra,
condotta da nostre rivolte,
ebbe quiete. Allora
voglio far dono a Marte
dell'odio profondo, del nipote   50
odiato, da una sacerdotessa
troiana partorito.
Io anzi accetterò
che entri nel regno
della luce, che beva   55
l'immortalità, che ponga
il suo nome tra le schiere
serene degli Dei.
Sempre che tra Ilio e Roma
sia molto mare selvaggio,   60
ovunque avranno gli esuli
regni felici: sempre
che le tombe di Paride
e di Priamo calpesti
l'armento e le fiere   65
senza vendetta umana
vi nascondano i cuccioli,

celent inultae, stet Capitolium
 fulgens triumphatisque possit
Roma ferox dare iura Medis.

Horrenda late nomen in ultimas 45
extendat oras, qua medius liquor
 secernit Europen ab Afro,
qua tumidus rigat arva Nilus;

aurum inrepertum et sic melius situm,
cum terra celat, spernere fortior 50
 quam cogere humanos in usus
omne sacrum rapiente dextra,

quicumque mundo terminus obstitit,
hunc tanget armis, visere gestiens,
 qua parte debacchentur ignes, 55
qua nebulae pluviique rores.

Sed bellicosis fata Quiritibus
hac lege dico, ne nimium pii
 rebusque fidentes avitae
tecta velint reparare Troiae. 60

Troiae renascens alite lugubri
fortuna tristi clade iterabitur,

si leverà il Campidoglio
nella sua luce e Roma
superba di trionfo										70
darà sue leggi ai Medi.
Largamente distenda
spavento di sé e potenza,
fino ai più remoti lidi,
dove l'acqua divide										75
Europa e Africa, dove
il Nilo colmo irriga
il seminato: ma l'oro
non prima veduto e bene riposto
se la terra lo cela,										80
più forte a dimenticare
che a cogliere sia
all'uso degli uomini
con sacrilega mano.
E qualunque confine										85
sbarrò la terra, tocchino
le sue armi, impaziente
di vedere le orgie
del sole e delle nebbie
e rugiade di pioggia:										90
ma questo io annuncio fatale
ai Quiriti guerrieri
se non avranno troppo
culto di memorie,
se nella pace del possesso									95
non vorranno
risollevare i tetti
della Troia dei padri.
Volerà sul rinascere
un augurio di pianto:										100
si ripeterà la sorte
e la vicenda di cupa
rovina: e guiderà

       ducente victrices catervas
  coniuge me Iovis et sorore.

Ter si resurgat murus aeneus 65
auctore Phoebo, ter pereat meis
       excisus Argivis, ter uxor
  capta virum puerosque ploret».

Non hoc iocosae conveniet lyrae;
quo, Musa, tendis? desine pervicax 70
       referre sermones deorum et
  magna modis tenuare parvis.

le torme dei vincitori
questa, la consorte 105
sorella di Giove.
E se tre volte si levassero
mura di bronzo, opera
del Dio del sole, tre volte
saranno troncate 110
da nuovi miei Argivi,
tre volte piangeranno
le donne prigioniere
il loro uomo e i figli».

Ma non questa sarà la voce 115
mia di arte e di gioco.
Non so dove ora l'arte
si levi. Ma non si ostini
non dica parole di Dei,
non attenui quella grandezza 120
col suo canto lieve.

4.

Descende caelo et dic age tibia
regina longum Calliope melos,
    seu voce nunc mavis acuta
  seu fidibus citharave Phoebi.

Auditis? an me ludit amabilis 5
insania? audire et videor pios
    errare per lucos, amoenae
  quos et aquae subeunt et aurae.

Me fabulosae Volture in Apulo
nutricis extra limina Apuliae 10
    ludo fatigatumque somno
  fronde nova puerum palumbes

texere, mirum quod foret omnibus
quicumque celsae nidum Aceruntiae
    saltusque Bantinos et arvum 15
  pingue tenent humilis Forenti,

ut tuto ab atris corpore viperis
dormirem et ursis, ut premerer sacra

4.

La bellezza che salva

Discendi dal cielo
e dimmi sul flauto un lungo canto
o con l'acuta voce
o le corde e la cetra
di Febo, come tu voglia   5
Calliope regina.
Udite? o è inganno
e follia dell'amore?
E pure di udire
io penso, e andare   10
vagando tra santi boschi,
per entro cui passano
aure belle e acque.
Io ero fanciullo,
e stanco di gioco   15
e di sonno, sul Vulture
degli Apuli, al di là della terra
apula che mi nutriva,
e le colombe, come
in una leggenda, m'intrecciarono   20
di foglie nuove, che fosse
per tutti prodigio,
per chi abitasse l'arduo
nido di Aceruntia,
o tra le balze di Bantia,   25
o il pingue seminato
della bassa Forento:
volevano che il corpo
dormisse sicuro
da orsi, da vipere nere,   30
e molto sacro alloro e molto

>   lauroque conlataque myrto,
> non sine dis animosus infans.   20

Vester, Camenae, vester in arduos
tollor Sabinos, seu mihi frigidum
>   Praeneste seu Tibur supinum
> seu liquidae placuere Baiae;

vestris amicum fontibus et choris   25
non me Philippis versa acies retro,
>   devota non extinxit arbor
> nec Sicula Palinurus unda.

Utcumque mecum vos eritis, libens
insanientem navita Bosphorum   30
>   temptabo et urentis harenas
> litoris Assyrii viator,

visam Britannos hospitibus feros
et laetum equino sanguine Concanum,
>   visam pharetratos Gelonos   35
> et Scythicum inviolatus amnem.

Vos Caesarem altum militia simul
fessas cohortes abdidit oppidis,
>   finire quaerentem labores
> Pierio recreatis antro;   40

vos lene consilium et datis et dato
gaudetis, almae. Scimus ut impios

mirto mi fosse sopra raccolto;
gli Dei custodirono
quel coraggio d'infante.
Poiché vi appartengo, Dee del canto. 35
Per voi mi levo
alto nella mia Sabina:
nella fresca Preneste
in Tivoli giacente
nella limpida Baia. 40
Per l'amore delle vostre
fonti e delle vostre danze
non le file a Filippi
rovesciate, né l'albero
della morte mi spense, 45
né il capo Palinuro
tra le onde siciliane.
Sempre, se voi mi sarete
compagne, tenterò
navigatore allegro 50
il folle Bosforo, andrò
per la vampa dei lidi
di Siria. E guarderò intatto
i Britanni crudeli
agli stranieri, i Còncani 55
allegri del sangue
dei cavalli e i Geloni
faretrati e il fiume della Scizia.
E Cesare, nutrito di guerra,
se sparge nei castelli 60
le stanche coorti
e cerca alle fatiche un termine,
lo ristorate voi
nelle grotte di Pieria.
Voi date parola di pace 65
e di darla godete,
o feconde. Sapemmo: contro

>   Titanas inmanemque turbam
> fulmine sustulerit caduco,

qui terram inertem, qui mare temperat
ventosum et urbes regnaque tristia
>   divosque mortalisque turmas
>   imperio regit unus aequo.

Magnum illa terrorem intulerat Iovi
fidens iuventus horrida bracchiis
>   fratresque tendentes opaco
>   Pelion imposuisse Olympo.

Sed quid Typhoeus et validus Mimas
aut quid minaci Porphyrion statu,
>   quid Rhoetus evolsisque truncis
>   Enceladus iaculator audax

contra sonantem Palladis aegida
possent ruentes? Hinc avidus stetit
>   Volcanus, hinc matrona Iuno et
>   nunquam umeris positurus arcum,

qui rore puro Castaliae lavit
crinis solutos, qui Lyciae tenet
>   dumeta natalemque silvam,
>   Delius et Patareus Apollo.

i Titani nemici al bene
e la selvaggia turba
levò i fulmini pronti 70
al croscio Colui che regola
la lenta terra, i venti e il mare,
e le città e i regni della morte,
e unico regna
le folle del cielo e quelle 75
degli uomini, in giusta potenza.
Fu per Giove terrore
grande quella persuasa
giovinezza che ascendeva
tra selvaggio moto di braccia, 80
lo sforzo dei fratelli
a sollevare il Pelio
sulle ombre d'Olimpo.
Ma nulla poteva Tifèo
o il forte Mimante o la minaccia 85
greve di Porfirione,
e Reto e Encèlado
coi temerari lanci
e grandi rami divelti
nulla poteva la loro 90
rovina contro il sonoro
scudo santo di Pallade.
A fianco era avidamente
Vulcano, e Giunone signora,
e quello che mai deporrà 95
l'arco dalle sue spalle
e bagna nella pura
rugiada di Castalia
la sciolta chioma, signore
di Licia e della selva 100
arruffata ove nacque,
Apollo di Delo, Apollo di Pàtara.

Vis consili expers mole ruit sua; 65
vim temperatam di quoque provehunt
    in maius; idem odere vires
  omne nefas animo moventis.

Testis mearum centimanus gigas
sententiarum, notus et integrae 70
    temptator Orion Dianae,
  virginea domitus sagitta.

Iniecta monstris Terra dolet suis
maeretque partus fulmine luridum
    missos ad Orcum; nec peredit 75
  impositam celer ignis Aetnen,

incontinentis nec Tityi iecur
reliquit ales, nequitiae additus
    custos; amatorem trecentae
  Pirithoum cohibent catenae. 80

E rovina greve la cieca
Forza, e gli Dei
che seppero odio per le potenze 105
che pensarono tutto il male
elevano la forte
armonia. L'attesta
il Gigante dalle cento braccia
e Orione che tentò Diana 110
ma un dardo dell'intatta vergine
lo vinse. La Terra patisce
la sepoltura di quei suoi
prodigi, lamenta le viscere
dal fulmine sepolte 115
nella desolazione.
E il fuoco veloce
non consunse in sé l'Etna,
né dal fegato di Titio
senza limite di voglia 120
si distolse il rapace,
custode all'ingiustizia:
e Piritoo, colui
che sedusse, costringono
infinite catene. 125

5.

Caelo tonantem credidimus Iovem
regnare: praesens divus habebitur
    Augustus adiectis Britannis
imperio gravibusque Persis.

Milesne Crassi coniuge barbara 5
turpis maritus vixit et hostium,
    pro curia inversique mores!
consenuit socerorum in armis

sub rege Medo Marsus et Apulus
anciliorum et nominis et togae 10
    oblitus aeternaeque Vestae,
incolumi Iove et urbe Roma?

Hoc caverat mens provida Reguli
dissentientis condicionibus
    foedis et exemplo trahenti 15
perniciem veniens in aevum,

si non periret inmiserabilis
captiva pubes: «Signa ego Punicis
    adfixa delubris et arma

5.

La muraglia

Abbiamo fede che Giove
tuono nel cielo, sia Re:
e un Dio sulla terra sarà
l'Augusto che al dominio
aggiungerà i Britanni
e i Persiani severi.
Ebbero vita, soldati di Crasso:
e furono tristamente sposi
di donne straniere:
invecchiarono in armi nemiche,
tra parenti nemici:
scambiata la Curia,
scambiata la Legge;
un marso, un apulo
sotto re persiano e dimenticarono
gli Scudi celesti, lo stato,
la toga, e Vesta eterna:
e Giove era vivo,
e Roma era viva!
Questo temette e previde
il cuore di Regolo. E disse di no
ai patti della trista resa,
all'esempio che avrebbe
trascinato rovine
nel tempo, se quei prigionieri
giovani non morissero
così, senza pianto. Parlò:
«Io ho veduto
le insegne inchiodate
ai templi fenici:
io ho veduto armi strappate

militibus sine caede» dixit 20

«derepta vidi; vidi ego civium
retorta tergo bracchia libero
    portasque non clausas et arva
Marte coli populata nostro.

Auro repensus scilicet acrior 25
miles redibit. Flagitio additis
    damnum. Neque amissos colores
lana refert medicata fuco,

nec vera virtus, cum semel excidit,
curat reponi deterioribus. 30
    Si pugnat extricata densis
cerva plagis, erit ille fortis,

qui perfidis se credidit hostibus,
et Marte Poenos proteret altero,
    qui lora restrictis lacertis 35
sensit iners timuitque mortem.

Hic, unde vitam sumeret inscius,
pacem duello miscuit. O pudor!
    o magna Carthago, probrosis
altior Italiae ruinis!» 40

Fertur pudicae coniugis osculum
parvosque natos ut capitis minor

senza sangue ai soldati:
io ho veduto braccia di cittadini
piegate dietro le schiene
di gente libera. E le porte   35
aprirsi: la gente tornava
a lavorare i campi
distrutti dalla nostra guerra.
Voi ricomprate soldati
con l'oro: perché forse   40
più decisi ritornino?
E dopo la vergogna
anche il cattivo affare!
la lana ripassata
dal tintore non rende   45
il colore di prima.
E caduto una volta, il valore
non torna, non gl'importa
di chi non vale più.
Se alla cerva scappata   50
dalla fitta rete
le piacerà lottare,
anche sarà un valoroso
chi s'è affidato a un nemico
senza fede, e rinnoverà la guerra   55
consumando i fenici, chi ha sentito
i lacci sui polsi uniti
e non s'è mosso, e ha provato
paura di morire.
Non aveva capito di chi   60
era quella sua vita.
E inquinò di pace il Duello.
Disgusto. Grandezza di Cartagine
sulle rovine e vergogne
d'Italia!». Ancora si ricorda: 65
respinse il bacio puro
della sua donna, i piccoli

>   ab se removisse et virilem
> torvus humi posuisse voltum,

donec labantis consilio patres   45
firmaret auctor nunquam alias dato
>   interque maerentis amicos
> egregius properaret exul.

Atqui sciebat quae sibi barbarus
tortor pararet; non aliter tamen   50
>   dimovit obstantis propinquos
> et populum reditus morantem

quam si clientum longa negotia
diiudicata lite relinqueret,
>   tendens Venafranos in agros   55
> aut Lacedaemonium Tarentum.

senza più legge. Chiuso e cupo
abbassò il maschio capo. 70
E diede coraggio
solo così ai Padri
cedenti, e deliberarono quella sua
deliberazione. Poi in fretta
partì, tra il pianto 75
degli amici, l'Esule unico.
E sapeva la tortura
nella terra straniera.
Ma si fece largo tra la sua gente
che impediva e la folla 80
che attardava il ritorno
come, risolto il processo,
lasciasse i lunghi affari
degli uomini suoi, in partenza
per la campagna di Venafro, 85
per la spartana Taranto.

6.

Delicta maiorum inmeritus lues,
Romane, donec templa refeceris
    aedisque labentis deorum et
foeda nigro simulacra fumo.

Dis te minorem quod geris, imperas:
hinc omne principium, huc refer exitum.
    Di multa neglecti dederunt
Hesperiae mala luctuosae.

Iam bis Monaeses et Pacori manus
non auspicatos contudit impetus
    nostros et adiecisse praedam
torquibus exiguis renidet.

Paene occupatam seditionibus
delevit urbem Dacus et Aethiops,
    hic classe formidatus, ille
missilibus melior sagittis.

Fecunda culpae saecula nuptias
primum inquinavere et genus et domos:
    hoc fonte derivata clades
in patriam populumque fluxit.

6.

La religione antica

Romano, tu sconterai
sempre senza tua colpa
gli errori dei padri,
fin che non rifarai
i luoghi sacri, i templi   5
cadenti degli Dei, i simulacri
anneriti d'incenso.
Tu domini perché gli Dei senti
più grandi.
Fu questa tutta l'origine,   10
sia questo sempre il ritorno.
Gli Dei ignorati
diedero molti mali a questa terra
della sera e del pianto.
Due volte Monese   15
e i pochi uomini di Pàcoro
spezzarono il nostro balzo
che non aveva segni di Dei;
aggiunsero bottino alle tenui
collane, e fu riso di giubilo.   20
E la Città, preda
di ribellioni, per poco
non distrussero, flotta
temuta, mani pronte
alle saette, il Daco   25
e l'Etiope. Vi furono
generazioni fertili
di colpa, e macchiarono
il sangue, le case. Così sgorgò,
s'incanalò la morte,   30

Motus doceri gaudet Ionicos
matura virgo et fingitur artibus,
    iam nunc et incestos amores
de tenero meditatur ungui.

Mox iuniores quaerit adulteros   25
inter mariti vina, neque eligit
    cui donet inpermissa raptim
gaudia luminibus remotis,

sed iussa coram non sine conscio
surgit marito, seu vocat institor   30
    seu navis Hispanae magister,
dedecorum pretiosus emptor.

Non his iuventus orta parentibus
infecit aequor sanguine Punico
    Pyrrhumque et ingentem cecidit   35
Antiochum Hannibalemque dirum;

sed rusticorum mascula militum
proles, Sabellis docta ligonibus
    versare glaebas et severae
matris ad arbitrium recisos   40

portare fustis, sol ubi montium
mutaret umbras et iuga demeret
    bobus fatigatis, amicum
tempus agens abeunte curru.

dei padri e nella gente.
Maturata la vergine
apprende in gioia
ritmi di Ionia, 35
l'astuzia la plasma.
Le mani ancora esili
preparano impuro amore.
Tra i vini del marito
tra i giovani gli amanti 40
si cerca: ma spente le luci
non sceglie più, regala
le sue gioie — non sono
ammesse e lei ha fretta:
ma il marito sa, quando 45
per invito si leva,
pubblicamente: c'è
il mercante, c'è l'armatore
di navi spagnole, che paga
bene le umiliazioni. 50
No, non da questi padri e madri
sorse la gioventù che il mare
tinse di sangue punico,
e Pirro, e l'immenso
Antioco spezzò, 55
e Annibale il maledetto.
Era prole di campi
e di guerra, duri Sabelli
esperti a rovesciare
la zolle con la marra; 60
all'ordine dell'austera madre
portavano fasci di legna:
nell'ora che il sole cadendo
muoveva le ombre dei monti,
e staccava dal giogo 65
i buoi faticosi

Damnosa quid non inminuit dies?
aetas parentum, peior avis, tulit
　　nos nequiores, mox daturos
　progeniem vitiosiorem.

Ma tutto la maligna giornata
consuma. E il mondo dei padri
peggiore di quello degli avi
ci ha fatti peggiori: i nostri
figli avranno
più colpa?

7.

Quid fles, Asterie, quem tibi candidi
primo restituent vere Favonii
    Thyna merce beatum,
  constantis iuvenem fide

Gygen? ille Notis actus ad Oricum   5
post insana Caprae sidera frigidas
    noctes non sine multis
  insomnis lacrimis agit.

Atqui sollicitae nuntius hospitae,
suspirare Chloen et miseram tuis   10
    dicens ignibus uri,
  temptat mille vafer modis.

Ut Proetum mulier perfida credulum
falsis inpulerit criminibus nimis
    casto Bellerophontae   15
  maturare necem, refert;

narrat paene datum Pelea Tartaro,
Magnessam Hippolyten dum fugit abstinens,
    et peccare docentis
  fallax historias monet.   20

Frustra: nam scopulis surdior Icari
voces audit adhuc integer. At tibi
    ne vicinus Enipeus
  plus iusto placeat cave;

quamvis non alius flectere equum sciens   25
aeque conspicitur gramine Martio,

7.

Le tentazioni di Asterie

Non piangere per lui, Asterie:
il tuo Gyge riporterà fedele
e felice di molta merce tinia
un vento luminoso di primavera.

Quando con lo scirocco navigava
verso Orico, salivano le folli
stelle d'Amaltea, e ora
passa notti di freddo
e lacrime: e il messo
d'un'inquieta ospite
viene, racconta di Cloe,
delle sue pene, simili alle tue,
tenta con varia astuzia,
racconta della donna traditrice
che indusse Preto, per non vere
accuse, alla rapida strage
di Bellerofonte, il troppo puro,
racconta di Peleo
che quasi cadde tra i morti
mentre fuggiva la regina
Ippolita, il troppo puro:
il nunzio narrando le storie
tesse gl'inganni,
lo spinge alla colpa,
ma i suoni non lo toccano, sordo
come un sordo scoglio di mare.
A te dunque non piaccia troppo
Enipeo, il vicino,
sii accorta! se nessuno
meglio obliqua i cavalli

>   nec quisquam citus aeque
> Tusco denatat alveo,
>
> prima nocte domum claude neque in vias
> sub cantu querulae despice tibiae
>   et te saepe vocanti
>   duram difficilis mane.

30

né così rapido nuota
nel fiume etrusco
chiudi la porta di casa
all'imbrunire, sulla via
dove passa un triste suono di flauto
non guardare, se ti chiamerà
la crudele, rimani
scortese, Asterie.

8.

Martiis caelebs quid agam Kalendis,
quid velint flores et acerra turis
plena miraris positusque carbo in
    caespite vivo,

docte sermones utriusque linguae. 5
Voveram dulcis epulas et album
Libero caprum prope funeratus
    arboris ictu.

Hic dies anno redeunte festus
corticem adstrictum pice dimovebit 10
amphorae fumum bibere institutae
    consule Tullo.

Sume, Maecenas, cyathos amici
sospitis centum et vigilis lucernas
perfer in lucem; procul omnis esto 15
    clamor et ira.

Mitte civilis super urbe curas.
Occidit Daci Cotisonis agmen,
Medus infestus sibi luctuosis
    dissidet armis, 20

servit Hispanae vetus hostis orae
Cantaber sera domitus catena,
iam Scythae laxo meditantur arcu
    cedere campis.

Neglegens ne qua populus laboret, 25
parce privatus nimium cavere et
dona praesentis cape laetus horae,

8.

Invito per il primo di marzo

Mecenate, signore dei due linguaggi,
che farà l'amico tuo celibe al primo di marzo,
che vogliono questi fiori nella mia casa,
i carboni accesi sulle zolle vive,
le teche dell'incenso? quando mi salvai   5
dalla rovina dell'albero nel mio podere
avevo fatto voto a Libero
d'un'amabile mensa e d'un capro bianco.
E oggi è l'anno; questo giorno di festa
toglierà la pece che sigillava l'anfora   10
usa dal tempo di Tullo a respirare fumo.
Leva, Mecenate, cento coppe in onore
dell'amico tuo salvo, le lucerne vive
attendano, non turbate da grida, l'alba.
Lascia i pensieri della Città tua grande.   15
Caduta è la schiera di Cotisone il dace,
i Medi muovono tra loro la dolente guerra,
il nemico vecchio, il Cantabro, sulle rive di Spagna
obbedisce, le ultime catene nostre lo domarono,
lo Scita slaccia l'arco, pensa   20
ritorni sulle sue pianure. E dunque
non pensare che il popolo abbia angustia,
e non troppo vegliare; torna un oscuro,
cogli in letizia il dono di quest'ora,
lascia le gravi cose.   25

9.

«Donec gratus eram tibi
nec quisquam potior bracchia candidae
    cervici iuvenis dabat,
Persarum vigui rege beatior.»
    «Donec non alia magis   5
arsisti neque erat Lydia post Chloen,
    multi Lydia nominis,
Romana vigui clarior Ilia.»
    «Me nunc Thressa Chloe regit,
dulcis docta modos et citharae sciens,   10
    pro qua non metuam mori,
si parcent animae fata superstiti.»
    «Me torret face mutua
Thurini Calais filius Ornyti,
    pro quo bis patiar mori,   15
si parcent puero fata superstiti.»
    «Quid si prisca redit Venus
diductosque iugo cogit aeneo,
    si flava excutitur Chloe
reiectaeque patet ianua Lydiae?»   20
    «Quamquam sidere pulchrior
ille est, tu levior cortice et inprobo
    iracundior Hadria,
tecum vivere amem, tecum obeam lubens.»

9.

Lidia

— Finché io ti piacevo
e nessuno più forte
passava il braccio dietro il collo bianco
fiorii felice, più del re di Persia.

— Finché non ti eri acceso per un'altra   5
e Lidia non veniva dopo Cloe,
io, la gloriosa Lidia,
fiorii di luce più d'Ilia romana.

— Ora regge il mio cuore Cloe di Tracia
maestra di armonie dolci e di cetra: 10
e se il destino la lasciasse viva
io per lei morirei, senza paura.

— Ora ardo d'amore corrisposto
per Càlais figlio d'Òrnito da Turi,
e se il destino mi lasciasse vivo   15
quel ragazzo, due volte morirei.

— E se l'antico amore ritornasse,
unisse un giogo bronzeo chi è diviso,
la bionda Cloe cadesse, si riaprisse
la mia porta per Lidia, la respinta?   20

— Lui è più bello d'una stella, tu
più leggero d'un sughero,
cattivo nella rabbia più del mare:
ma con te amerei la vita,
con te vorrei la morte.   25

10.

Extremum Tanain si biberes, Lyce,
saevo nupta viro, me tamen asperas
porrectum ante foris obicere incolis
    plorares Aquilonibus.

Audis quo strepitu ianua, quo nemus
inter pulchra satum tecta remugiat
ventis, et positas ut glaciet nives
    puro numine Iuppiter?

Ingratam Veneri pone superbiam,
ne currente retro funis eat rota:
non te Penelopen difficilem procis
    Tyrrhenus genuit parens.

O quamvis neque te munera nec preces
nec tinctus viola pallor amantium
nec vir Pieria paelice saucius
    curvat, supplicibus tuis

parcas, nec rigida mollior aesculo
nec Mauris animum mitior anguibus:
non hoc semper erit liminis aut aquae
    caelestis patiens latus.

10.

Canzone della porta chiusa

Lupa, se fossi tu
la donna d'un selvaggio
e bevessi l'acqua del Tànai
là sotto il freddo cielo
lacrimeresti   5
a vedermi buttato
alla tua soglia dura,
abitata dal vento! Il vento
scuote la porta,
mugge nel parco   10
entro le belle mura,
un cielo puro e sacro
gela la vecchia neve.

Caccia la tua superbia,
Venere la detesta.   15
La corda può spezzarsi.
Né ti fece Penelope
riottosa ai pretendenti
il padre tuo etrusco.
Ah, se omaggi insistenze   20
volti bianchi d'amore
marito con amante
pieria di razza, nulla
ti piega, non punire
chi viene supplicando,   25
o dura più del rovere
o amara più del serpe,
non sempre reggerò
alle piogge celesti
su questa soglia dura.   30

11.

Mercuri, — nam te docilis magistro
movit Amphion lapides canendo, —
tuque testudo resonare septem
    callida nervis,

nec loquax olim neque grata, nunc et   5
divitum mensis et amica templis,
dic modos, Lyde quibus obstinatas
    applicet auris,

quae velut latis equa trima campis
ludit exultim metuitque tangi,   10
nuptiarum expers et adhuc protervo
    cruda marito.

Tu potes tigris comitesque silvas
ducere et rivos celeres morari;
cessit inmanis tibi blandienti   15
    ianitor aulae

Cerberus, quamvis furiale centum
muniant angues caput eius atque
spiritus taeter saniesque manet
    ore trilingui.   20

Quin et Ixion Tityosque voltu
risit invito, stetit urna paulum
sicca, dum grato Danai puellas
    carmine mulces.

Audiat Lyde scelus atque notas   25
virginum poenas et inane lymphae
dolium fundo pereuntis imo
    seraque fata,

11.

Ipermestra

Mercurio, tu maestro ad Anfione
che commosse le rupi con il canto;
tu testuggine esperta a suscitare
suoni da sette corde,

un tempo muta e disamata, ora	5
cara nei templi e nelle ricche mense,
dite un canto che s'applichi all'udito
ostinato di Lide,

che come la puledra di tre anni
gioca e balza sui prati vasti e teme	10
il tocco della mano. Nulla sa di nozze,
non è pronta all'assalto dell'amore.

Tu puoi guidare tigri e selve amiche,
fermare per incanto fiumi in corsa.
Cerbero il cane della casa orrenda	15
cedette alla dolcezza,

con la testa cosparsa di serpenti
infernali, e l'ansimare nero,
la sanie della morte che stillava
dalle tre fauci.	20

Issione, Titio, ebbero un sorriso
rifiutato. Il tuo canto intenerì
le Danaidi. La loro urna si fermò,
per un istante, asciutta.

Ecco, Lide conosca quella colpa,	25
quella pena famosa, la leggenda
della giara che perde acqua e si vuota,
il destino lontano

quae manent culpas etiam sub Orco.
Impiae (nam quid potuere maius?)
impiae sponsos potuere duro
    perdere ferro.

Una de multis face nuptiali
digna periurum fuit in parentem
splendide mendax et in omne virgo
    nobilis aevom,

«Surge», quae dixit iuveni marito,
«surge, ne longus tibi somnus, unde
non times, detur; socerum et scelestas
    falle sorores,

quae velut nactae vitulos leaenae
singulos eheu lacerant. Ego illis
mollior nec te feriam neque intra
    claustra tenebo.

Me pater saevis oneret catenis,
quod viro clemens misero peperci,
me vel extremos Numidarum in agros
    classe releget.

I, pedes quo te rapiunt et aurae,
dum favet Nox et Venus, i secundo
omine et nostri memorem sepulcro
    scalpe querellam.»

che punisce le colpe oltre la morte.
Commisero un delitto che maggiore
non si poteva, uccisero di spada
il proprio sposo:

ma una, la meritevole di nozze,
tradì meravigliosamente un padre
spergiuro. E fu la vergine gloriosa
per tutti i tempi:

«Svègliati» disse al giovane marito
«che non ti venga sonno troppo lungo
da chi non temi, fuggi dal tuo suocero,
dalle sorelle orribili

che li sbranano a uno a uno come
leonesse quando scovano i vitelli
così — ma io non ho forza di colpirti,
neanche d'imprigionarti —

mi carichi mio padre di catene
perché ho avuto pietà d'un infelice,
del mio sposo, e mi porti pure
sulla sua nave in fondo alla Numidia,

ma vai, va' dove corri, va' col vento,
finché t'aiuta la notte e l'amore,
e abbi fortuna. Scrivi sulla tomba
il tuo lamento memore di me.»

12.

Miserarum est neque amori dare ludum neque dulci
    mala vino lavere aut exanimari
    metuentis patruae verbera linguae.

Tibi qualum Cythereae puer ales, tibi telas
    operosaeque Minervae studium aufert,   5
    Neobule, Liparaei nitor Hebri,

simul unctos Tiberinis umeros lavit in undis,
    eques ipso melior Bellerophonte,
    neque pugno neque segni pede victus;

catus idem per apertum fugientis agitato   10
    grege cervos iaculari et celer arto
    latitantem fruticeto excipere aprum.

12.

Infelici fanciulle

Infelici fanciulle
senza riso d'amore
né vino per le pene,
e il tutore spaventa,
la sua lingua 5
come una sferza toglie il fiato.
Il fanciullo alato di Venere
ti ruba il cesto da lavoro,
la tela, l'amore
del ricamo assennato, 10
Neobùle. La luce di Ebro da Lipari
immerge nell'onda del Tevere
le nitide spalle;
cavaliere migliore
di Bellerofonte, 15
nessuno lo vinse
pugile pronto e pronto corridore,
astuto se saetta
cervi in fuga tra la mandra turbata,
fulmineo se apposta il cinghiale 20
che sbuca dal folto.

13.

O fons Bandusiae splendidior vitro,
dulci digne mero non sine floribus,
    cras donaberis haedo,
  cui frons turgida cornibus

primis et venerem et proelia destinat.   5
Frustra: nam gelidos inficiet tibi
    rubro sanguine rivos
  lascivi suboles gregis.

Te flagrantis atrox hora Caniculae
nescit tangere, tu frigus amabile   10
    fessis vomere tauris
  praebes et pecori vago.

Fies nobilium tu quoque fontium
me dicente cavis impositam ilicem
    saxis, unde loquaces   15
  lymphae desiliunt tuae.

13.

Fontana di Bandusia

O fonte di Bandusia che brilli più del vetro
e meriti il dolce vino e le corone,
domani ti verrà dato un capretto
col gonfio delle corna che gli nascono

per destinarlo alla lotta e all'amore: 5
no, la creatura vivida del gregge
arrosserà di sangue
le tue acque di gelo.

La spietata Canicola non sa
toccarti. E offri la frescura amata 10
ai tori stanchi d'aratura,
al bestiame errabondo. Anche tu

sarai tra le fontane celebrate,
perché parlo di un leccio che sovrasta
la tua grotta e la roccia da cui balza 15
la tua acqua purissima che parla.

14.

Herculis ritu modo dictus, o plebs,
morte venalem petiisse laurum,
Caesar Hispana repetit penatis
    victor ab ora.

Unico gaudens mulier marito 5
prodeat iustis operata sacris
et soror clari ducis et decorae
    supplice vitta

virginum matres iuvenumque nuper
sospitum. Vos, o pueri et puellae ac 10
iam virum expertae, male † ominatis
    parcite verbis.

Hic dies vere mihi festus atras
eximet curas; ego nec tumultum
nec mori per vim metuam tenente 15
    Caesare terras.

I, pete unguentum, puer, et coronas
et cadum Marsi memorem duelli,
Spartacum si qua potuit vagantem
    fallere testa. 20

Dic et argutae properet Neaerae
murreum nodo cohibere crinem;
si per invisum mora ianitorem
    fiet, abito.

Lenit albescens animos capillus 25
litium et rixae cupidos protervae;

14.

La festa e l'accettazione

Colui di cui si disse
che andava, come Ercole, a cercare
la gloria che si compra con la morte,
Cesare, dalle rive della Spagna
torna alla casa, al popolo! e ha vinto. 5
E la Sposa, gaudiosa dell'Uomo unico,
venga innanzi e compia
il rito, nella legge sacra; e la sorella
del condottiero luminoso, e le madri
delle vergini e dei giovani 10
ora già salvi, belle
della benda dei supplici. I fanciulli
e le donne che conobbero l'uomo
tacciano parole
di tristo presagio. Festa vera 15
questa è per me, torrà i pensieri foschi.
Ecco io non avrò a temere
per folle inquiete, per violenta morte:
Cesare regge il mondo. Vai ragazzo
in cerca di profumi e di corone 20
e vino che ricordi
il duello coi Marsi,
o un'anfora sfuggita
alla lotta di Spartaco errabonda.
E dì a Neera, colei 25
che canta, che annodi senza indugio
la sua chioma di mirra — ma se indugia,
perché alla porta c'è il guardiano tristo,
ritòrnati, ragazzo —
poi che i capelli già si fanno bianchi 30
e l'anima si calma e voglia
di rissa e di contesa temeraria.

non ego hoc ferrem calidus iuventa
    consule Planco.

È vero, non l'avrei
patito quando ardeva giovinezza
— è già gran tempo, era console Planco. 35

15.

Uxor pauperis Ibyci,
tandem nequitiae fige modum tuae
    famosisque laboribus;
maturo propior desine funeri
    inter ludere virgines 5
et stellis nebulam spargere candidis.
    Non, si quid Pholocn satis,
et te, Chlori, decet. Filia rectius
    expugnat iuvenum domos,
pulso Thyias uti concita tympano. 10
    Illam cogit amor Nothi
lascivae similem ludere capreae:
    te lanae prope nobilem
tonsae Luceriam, non citharae decent
    nec flos purpureus rosae 15
nec poti vetulam faece tenus cadi.

15.

La moglie d'Ìbico

Moglie d'Ìbico, uomo squattrinato,
fissa un confine alla nequizia, è tempo.
Al malfamato sforzo. Il funerale
non ti è lontano. Smetti di scherzare
tra le vergini, effondere 5
la tua foschia tra quelle stelle limpide.
Se è bello ancora in Fòloe
in te è brutto, Cloride! Tua figlia
con più giustizia
come una menade 10
espugna case
giovani, tutta accesa, in uno scoppio
di nacchere. È l'amore
per Noto che la porta,
la fa una capra giovane che balza! 15
Per te è già il tempo di filare lana,
la lana di Lucera, più pregiata.
Non della cetra e di rose purpuree,
dell'orciolo (non sei tu già
un po' vecchia?) bevuto fino al torbido. 20

16.

Inclusam Danaen turris aenea
robustaeque fores et vigilum canum
tristes excubiae munierant satis
    nocturnis ab adulteris,

si non Acrisium, virginis abditae 5
custodem pavidum, Iuppiter et Venus
risissent: fore enim tutum iter et patens
    converso in pretium deo.

Aurum per medios ire satellites
et perrumpere amat saxa potentius 10
ictu fulmineo; concidit auguris
    Argivi domus ob lucrum

demersa exitio; diffidit urbium
portas vir Macedo et subruit aemulos
reges muneribus; munera navium 15
    saevos inlaqueant duces.

Crescentem sequitur cura pecuniam
maiorumque fames. Iure perhorrui
late conspicuum tollere verticem,
    Maecenas, equitum decus. 20

Quanto quisque sibi plura negaverit,

16.

La vittoria

La torre di bronzo che la chiudeva
gli stipiti di quercia
la veglia cupa dei cani,
bene difendevano Danae
dai notturni amatori,   5
ma Giove e Venere risero
di colui che custodiva
la vergine segreta, risero dello spavento
di Acrisio! sicura e aperta
è la via, a un Dio   10
che appare nell'oro;
e l'oro cammina
tra le guardie del corpo,
infrange muraglie,
è più forte del fulmine.   15
Rovinò la casa
dell'augure d'Argo,
fu denaro la rovina
che l'immerse. I doni
dell'eroe macedone infransero   20
porte di città, rovesciarono rivali;
e i doni incatenano
crudeli condottieri
sulle navi. All'oro
che cresce segue l'angoscia   25
e fame del più, Mecenate,
gloria dei Cavalieri,
ero nel giusto! sempre
ho temuto a levare il capo,
a fare che mi vedessero.   30
Più a sé si nega,

ab dis plura feret; nil cupientium
nudus castra peto et transfuga divitum
    partis linquere gestio,

contemptae dominus splendidior rei, 25
quam si quicquid arat inpiger Apulus
occultare meis dicerer horreis,
    magnas inter opes inops.

Purae rivus aquae silvaque iugerum
paucorum et segetis certa fides meae 30
fulgentem imperio fertilis Africae
    fallit sorte beatior.

Quamquam nec Calabrae mella ferunt apes
nec Laestrygonia Bacchus in amphora
languescit mihi nec pinguia Gallicis 35
    crescunt vellera pascuis,

inportuna tamen pauperies abest,
nec, si plura velim, tu dare deneges.
Contracto melius parva cupidine
    vectigalia porrigam 40

quam si Mygdoniis regnum Alyattei
campis continuem. Multa petentibus

più doni degli Dei
s'incontrano: disarmato
io cerco la fortezza
di coloro che nulla
bramano. Lotto a disertare
la fazione dell'oro,
signore più splendido
tra beni trascurati
che se di me si dicesse
che accumulo nei granai
quanto ara la Puglia solerte,
nella mia opulenza bisognosa.
Un rivo d'acqua pura,
un ettaro di bosco,
la promessa fedele
della mia messe,
mi fanno più felice
del padrone dell'Africa feconda,
e lui l'ignora.
Le api del Salento
che donano il loro miele,
il vino dei Lestrigoni
che matura pigro nelle anfore,
le pellicce dense della Gallia
che crescono sui pascoli,
non sono cose mie,
ma non conosco povertà maligna,
(e se altro volessi non lo negheresti).
Costringendo il desiderio
dilato le mie piccole risorse:
meglio che se avessi
campagne illimitate,
quelle di Aliatte, quelle di Mìgdone.
A chi domanda molto
davvero manca molto.

desunt multa; bene est cui deus obtulit
    parca quod satis est manu.

E il bene è ricevere
quello che basta
dalla mano di Dio parca.

17.

Aeli vetusto nobilis ab Lamo —
quando et priores hinc Lamias ferunt
    denominatos et nepotum
  per memores genus omne fastos,

auctore ab illo ducis originem, 5
qui Formiarum moenia dicitur
    princeps et innantem Maricae
  litoribus tenuisse Lirim,

late tyrannus, — cras foliis nemus
multis et alga litus inutili 10
    demissa tempestas ab Euro
  sternet, aquae nisi fallit augur

annosa cornix. Dum potes, aridum
conpone lignum; cras Genium mero
    curabis et porco bimenstri 15
  cum famulis operum solutis.

17.

La casa di Elio

Elio, seme di Lamo
l'antico (raccontano
che i primi Lamia ebbero da lui
il nome, e poi tutta la stirpe
ne venne, come 5
riserba la memoria della casa;
di là tu vieni, dall'iniziatore,
che ebbe il primo
le mura di Formia e il Liri
che nuota tra le rive di Marìca, 10
largamente signore).

Elio, la cornacchia vegliarda
nunzia di pioggia
forse non s'inganna; domani
cadrà la tempesta sotto il vento 15
e spargerà le alghe vane al lido,
le molte foglie al bosco. Ancora è tempo,
raccogli legna asciutta. Domani
è giorno tuo, d'indugio;
tra i famigli 20
in riposo, e il cinghialetto
di due mesi, e vino.

18.

Faune, Nympharum fugientum amator,
per meos finis et aprica rura
lenis incedas abeasque parvis
    aequus alumnis,

si tener pleno cadit haedus anno 5
larga nec desunt Veneris sodali
vina craterae, vetus ara multo
    fumat odore.

Ludit herboso pecus omne campo,
cum tibi Nonae redeunt Decembres, 10
festus in pratis vacat otioso
    cum bove pagus;

inter audacis lupus errat agnos,
spargit agrestis tibi silva frondes,
gaudet invisam pepulisse fossor 15
    ter pede terram.

18.

La festa del Fauno

Fauno, amoroso di Ninfe fugaci,
leggero sii alla mia terra,
al mio campo nel sole,
mite ai minuti figli del campo;
compagno di Venere, per te   5
cade il capretto al compiersi dell'anno
e vino abbonda nel cratere e grande
incenso fuma sulla vecchia ara.

Nel dicembre, al ritorno delle None,
tutto il bestiame gioca alla campagna;   10
il villaggio fa festa, si riposa
sull'erba, con i suoi bovi quieti;
vagola il lupo tra gli agnelli fieri;
ti sparge la foresta le sue foglie;
lo zappatore insiste la sua danza   15
sulla terra nemica, e si rallegra.

19.

    Quantum distet ab Inacho
Codrus, pro patria non timidus mori,
      narras, et genus Aeaci,
et pugnata sacro bella sub Ilio.
    Quo Chium pretio cadum 5
mercemur, quis aquam temperet ignibus,
      quo praebente domum et quota
Paelignis caream frigoribus, taces.
    Da lunae propere novae,
da noctis mediae, da, puer, auguris 10
      Murenae. Tribus aut novem
miscentur cyathis pocula commodis?
    qui Musas amat imparis,
ternos ter cyathos attonitus petet
      vates, tris prohibet supra 15
rixarum metuens tangere Gratia
      nudis iuncta sororibus.
Insanire iuvat ...Cur Berecyntiae
      cessant flamina tibiae?
cur pendet tacita fistula cum lyra? 20
    Parcentis ego dexteras
odi: sparge rosas; audiat invidus

19.

Glìcera

I secoli che vanno
da Inaco a Codro
(«il magnanimo, morto per la patria»),
la stirpe di Eaco, le guerre guerreggiate
sotto Ilio la sacra: 5
quante cose racconti.
Ma non dici il prezzo
dell'orciolo di vino,
chi scalda l'acqua,
chi offre la casa, e l'ora che ci liberi   10
da tutto questo freddo da Peligni.
Versa in fretta, ragazzo:
per la nuova luna,
per la Mezzanotte,
per l'augure Murena: 15
o tre o nove misure
si versano. E uno che ama
il numero trino
delle Muse domanda
tre volte tre misure   20
(egli è lo smemorato poeta)
ma oltre le tre è divieto della Grazia
e delle ignude sorelle
che temono violenza. Ma la follia
piace. Non sosti il fiato   25
nei flauti di Cibele,
non restino nel silenzio
sospesi lira e flauto.
Non amo le mani
guardinghe: spargi rose,   30
e ascolti Lupo il folle

>   dementem strepitum Lycus,
> et vicina seni non habilis Lyco.
>   Spissa te nitidum coma, 25
> puro te similem, Telephe, Vespero
>   tempestiva petit Rhode:
> me lentus Glycerae torret amor meae.

strepito perché l'odia,
e ascolti la vicina
ribelle al vecchio Lupo —
Telefo, ma Rode 35
è del tuo tempo, e ti brama
perché il tuo capo folto
ha la luce del limpido tramonto
— e Glìcera
come una densa fiamma mi consuma. 40

20.

Non vides quanto moveas periclo,
Pyrrhe, Gaetulae catulos leaenae?
dura post paulo fugies inaudax
  proelia raptor,

cum per obstantis iuvenum catervas 5
ibit insignem repetens Nearchum:
grande certamen tibi praeda cedat
  maior, an illi.

Interim, dum tu celeris sagittas
promis, haec dentes acuit timendos, 10
arbiter pugnae posuisse nudo
  sub pede palmam

fertur, et leni recreare vento
sparsum odoratis umerum capillis,
qualis aut Nireus fuit aut aquosa 15
  raptus ab Ida.

20.

Ganimede

Tu togli la nidiata alla leonessa
Pirro, ignori il pericolo che corri.
Tra poco il rapitore fuggirà
aspre battaglie senza più coraggio:

lei sfonderà i ranghi dei ragazzi   5
per riavere il bellissimo Nearco.
Un epico duello sul bottino.
Passerà a te o resterà a lei?

E intanto, mentre lanci frecce e frecce
e la leonessa orribilmente ringhia   10
l'arbitro della lotta,
col piede nudo sul ramo di palma

(così lo vedo) ristora le spalle
e i capelli odorosi al vento mite.
Come Nìreo un tempo, come chi   15
fu rapito dall'Ida fresco d'acque.

21.

O nata mecum consule Manlio,
seu tu querellas sive geris iocos
    seu rixam et insanos amores
  seu facilem, pia testa, somnum,

quocumque lectum nomine Massicum 5
servas, moveri digna bono die,
    descende, Corvino iubente
  promere languidiora vina.

Non ille, quamquam Socraticis madet
sermonibus, te negleget horridus: 10
    narratur et prisci Catonis
  saepe mero caluisse virtus.

Tu lene tormentum ingenio admoves
plerumque duro; tu sapientium
    curas et arcanum iocoso 15
  consilium retegis Lyaeo.

Tu spem reducis mentibus anxiis
viresque et addis cornua pauperi,
    post te neque iratos trementi
  regum apices neque militum arma. 20

Te Liber et si laeta aderit Venus
segnesque nodum solvere Gratiae
    vivaeque producent lucernae,
  dum rediens fugat astra Phoebus.

21.

L'anfora

Nata con me l'anno di Manlio console
sia che tu abbia in te lamento o gioia
litigio amore pazzo o santo sonno,
anfora veneranda, che conservi
massico, eletto a non so quale titolo   5
ma certo degna del felice giorno,
scendi ora, che Corvino suggerisce
di offrire vini leggermente esausti.
Non lui, che si nutrì della parola
di Socrate, ti sdegnerà per ruvidezza: 10
anche Catone antico, si racconta,
spesso scaldò col vino il forte cuore.
Tu per le fantasie che meno parlano
sei come una tortura deliziosa;
e ispirata dal Dio che affranca e gioca   15
tu tradisci l'angoscia del sapiente
o le più occulte deliberazioni:
ma all'oppresso riporti il suo domani;
ma al povero regali sicurezza
e potere. Non teme ire di re,   20
non teme più le armi del soldato.
Se Libero verrà e Venere lieta
e le Grazie che indugiano a slegarsi
veglieranno con te lucerne vive
fino a che il sole sperderà le stelle.   25

22.

Montium custos nemorumque virgo,
quae laborantis utero puellas
ter vocata audis adimisque leto,
    diva triformis,

inminens villae tua pinus esto, 5
quam per exactos ego laetus annos
verris obliquom meditantis ictum
    sanguine donem.

22.

Speranza

Vergine custode
di monti, di boschi:
che senti il triplice
chiamare della ragazza
nella doglia, e la salvi da morte: 5
Dea dai tre volti:
ecco un pino che guarda la mia casa
di campagna: sia tuo.

Lieto, sempre, al compiersi dell'anno,
gli doni in sacrificio 10
un verro, che ha nel cuore un balzo obliquo.

23.

Caelo supinas si tuleris manus
nascente luna, rustica Phidyle,
    si ture placaris et horna
  fruge Lares avidaque porca

nec pestilentem sentiet Africum
fecunda vitis nec sterilem seges
    robiginem aut dulces alumni
  pomifero grave tempus anno.

Nam quae nivali pascitur Algido
devota quercus inter et ilices
    aut crescit Albanis in herbis
  victima, pontificum securis

cervice tinguet; te nihil attinet
temptare multa caede bidentium
    parvos coronantem marino
  rore deos fragilique myrto.

Inmunis aram si tetigit manus,
non sumptuosa blandior hostia
    mollivit aversos Penatis
  farre pio et saliente mica.

23.

Fidile

Fidile, figlia del campo,
quando al nascere della luna
sollevi al cielo
le mani chine, e alla pace
dei tuoi Morti offri incenso   5
e primizie e una scrofa affamata:
la tua vite fruttuosa
non saprà lo scirocco mortale
né ruggine sterile le biade
né i dolci animali che nutri   10
il peso del tempo della molta frutta.
La vittima destinata
che ora pasce tra querce
e lecci l'Algido nevoso
o nutre erba d'Alba   15
arrosserà le scuri dei pontefici;
tu non pensi di tentare
in molto sangue di pecore
gli Dei minuti
della tua casa che incoroni   20
di rosmarino e mirto delicato:
se mano senza debito
tocca l'ara, più dolce
della più ricca ostia
i Morti avversi queta: 25
il farro è buono, il grano
del sale balza.

24.

    Intactis opulentior
Thesauris Arabum et divitis Indiae
    caementis lices occupes
terrenum omne tuis et mare publicum:
    si figit adamantinos 5
summis verticibus dira Necessitas
    clavos, non animum metu,
non mortis laqueis expedies caput.
    Campestres melius Scythae,
quorum plaustra vagas rite trahunt domos, 10
    vivunt et rigidi Getae
inmetata quibus iugera liberas
    fruges et Cererem ferunt
nec cultura placet longior annua
    defunctumque laboribus 15
aequali recreat sorte vicarius.
    Illic matre carentibus
privignis mulier temperat innocens
    nec dotata regit virum
coniunx nec nitido fidit adultero; 20
    dos est magna parentium
virtus et metuens alterius viri
    certo foedere castitas,
et peccare nefas aut pretium est mori.
    O quisquis volet impias 25

24.

Il desiderio

Anche se sei più ricco dei tesori
dell'Arabia e dell'India doviziosa
e le tua mura invadono
tutta la terra e il mare che è di tutti,
quando l'Inevitabile, la Paurosa, 5
vi picchierà in cima
i suoi chiodi d'acciaio,
non toglierai il cuore dal terrore
e il tuo collo dal laccio della morte.

Meglio gli Sciti delle praterie 10
che trainano le case vagabonde
sui loro carri, come fu da sempre.
Meglio i Geti del freddo,
a cui iugeri senza metratura
rendono grani senza proprietario, 15
e non vogliono frutto oltre l'annata,
e ognuno, a turno, con sorteggio uguale,
dà riposo a chi è stanco di lavoro.
E la donna laggiù è senza colpa.
Alleva in armonia 20
figliastri come figli. Non è moglie
con dote, per guidare
un marito, non dà la propria fede
a un amante di classe.
Il merito del padre e della madre 25
è la dote maggiore, e un'onestà
dal giuramento fermo, che ha terrore
d'altro uomo. La colpa è sacrilegio
che ha il prezzo della morte.

Ma l'uomo che vorrà togliere stragi 30

caedis et rabiem tollere civicam,
  si quaeret PATER URBIUM
suscribi statuis, indomitam audeat
  refrenare licentiam,
clarus postgenitis; quatenus, heu nefas!   30
  virtutem incolumem odimus,
sublatam ex oculis quaerimus invidi.
  Quid tristes querimoniae,
si non supplicio culpa reciditur,
  quid leges sine moribus   35
vanae proficiunt, si neque fervidis
  pars inclusa caloribus
mundi nec Boreae finitimum latus
  durataeque solo nives
mercatorem abigunt, horrida callidi   40
  vincunt aequora navitae?
Magnum pauperies obprobrium iubet
  quidvis et facere et pati
virtutisque viam deserit arduae.
  Vel nos in Capitolium   45
quo clamor vocat et turba faventium
  vel nos in mare proximum
gemmas et lapides, aurum et inutile,
  summi materiem mali,
mittamus, scelerum si bene paenitet.   50
  Eradenda cupidinis
pravi sunt elementa et tenerae nimis
  mentes asperioribus
formandae studiis. Nescit equo rudis
  haerere ingenuus puer   55
venarique timet, ludere doctior
  seu Graeco iubeas trocho
seu malis vetita legibus alea,

e la rabbia civile,
sperando che si scriva sulla base
delle sue statue, «al Padre
delle città», abbia coraggio, metta
all'arbitrio le briglie, 35
glorioso per chi dopo nascerà.
Troppo odiamo il valore quando è vivo,
— irreligione è questo —,
poi, scomparso alla vista, lo cerchiamo:
questo è l'invidia. 40
Perché vestire a lutto e lamentarci
non tagliando la colpa alla radice?
La legge scritta senza quella viva
è vuota e vana.
Ma la fascia del mondo che più arde, 45
gli spazi che hanno per confine Bòrea,
i paesi dei ghiacci, non spaventano
un mercante e vincono
gli esperti marinai mari selvaggi.
La povertà, che è il disonore, tutto 50
fa operare e accettare,
lascia la strada erta dei valori.
Perle, gioielli, l'oro che non serve,
la materia di tutto il male umano,
gettiamoli, o in Campidoglio, come 55
la folla fragorosa applaude e approva,
o nel mare che abbiamo più vicino:
ma sia buon pentimento della colpa.
Noi dobbiamo raschiare ogni principio
di falso desiderio 60
e plasmare le più giovani anime
con ideali duri. Il ragazzo
di buon sangue non sa stare a cavallo,
teme la caccia. Se l'inviti, vale
di più nel gioco greco del cerchiello, 65
o anche, come preferisci, ai dadi,

>   cum periura patris fides
> consortem socium fallat et hospites,   60
>   indignoque pecuniam
> heredi properet. Scilicet inprobae
>   crescunt divitiae, tamen
> curtae nescio quid semper abest rei.

proibiti dalla legge.
Perché un padre sleale e infido froda
chi opera con lui, inganna l'ospite,
accumula denaro per l'erede 70
che non ha meritato.
Il tristo capitale cresce, certo.
Ma non so come è sempre un po' in difetto,
la roba è breve.

25.

    Quo me, Bacche, rapis tui
plenum? quae nemora aut quos agor in specus
        velox mente nova? quibus
antris egregii Caesaris audiar
        aeternum meditans decus   5
stellis inserere et consilio Iovis?
    Dicam insigne, recens, adhuc
indictum ore alio. Non secus in iugis
        exsomnis stupet Euhias,
Hebrum prospiciens et nive candidam   10
        Thracen ac pede barbaro
lustratam Rhodopen, ut mihi devio
        ripas et vacuum nemus
mirari libet. O Naiadum potens
        Baccharumque valentium   15
proceras manibus vertere fraxinos,
        nil parvum aut humili modo,
nil mortale loquar. Dulce periculum est,
        o Lenaee, sequi deum
cingentem viridi tempora pampino.   20

25.

Dioniso

Non so dove Dioniso
colmo di sé mi rubi
a quali grotte e boschi
l'anima nuova.
La mia voce
dirà in qualche grotta
la gloria nei tempi di Cesare
l'unico, la sentirò
tra le stelle, nel pensiero
di Giove? nuovo
sarò. E dirò cosa
rara, non detta da altra
voce. Tra le giogaie
la Menade si risente
e guarda attonita
l'Ebro, la Tracia
che illumina la neve
il Rodope percorso
da passi stranieri:
così fuori di ogni via
guarda il mio piacere
rive, macchie inani.
Signore di Naiadi,
di Menadi forti
le cui mani flettono alti frassini
non avrò piccole parole,
prossime alla terra,
mortali. Seguirti, Lenèo, Dio
incoronato di tralcio
vivo, è rischio amato.

26.

Vixi puellis nuper idoneus
et militavi non sine gloria;
    nunc arma defunctumque bello
  barbiton hic paries habebit,

laevom marinae qui Veneris latus   5
custodit. Hic, hic ponite lucida
    funalia et vectis et arcus
  oppositis foribus minacis.

O quae beatam diva tenes Cyprum et
Memphin carentem Sithonia nive   10
    regina, sublimi flagello
  tange Chloen semel arrogantem.

26.

Epigramma per Venere del mare

Sono vissuto, ho amato, fino a ieri,
e non senza bravura o senza gloria.
E ora le mie armi e questa cetra
veterana staranno qui, alla parete

che protegge il fianco sinistro di Venere   5
del mare. Ecco, le fiaccole di luce,
qui, a questo punto. E gli archi minacciosi,
le leve per forzare porte ostili —

ma tu Dea che sei signora a Cipro
e in Menfi dove mai cade la neve,   10
Regina, con la punta della sferza
tocca una volta Cloe, fanciulla presuntuosa.

27.

Impios parrae recinentis omen
ducat et praegnans canis aut ab agro
rava decurrens lupa Lanuvino
    fetaque volpes;

rumpat et serpens iter institutum, 5
si per obliquom similis sagittae
terruit mannos: ego cui timebo
    providus auspex,

antequam stantis repetat paludes
imbrium divina avis inminentum, 10
oscinem corvum prece suscitabo
    solis ab ortu.

Sis licet felix, ubicumque mavis,
et memor nostri, Galatea, vivas,
teque nec laevus vetet ire picus 15
    nec vaga cornix.

Sed vides quanto trepidet tumultu
pronus Orion? Ego quid sit ater
Hadriae novi sinus et quid albus
    peccet Iapyx. 20

Hostium uxores puerique caecos
sentiant motus orientis Austri et
aequoris nigri fremitum et trementis
    verbere ripas.

Sic et Europe niveum doloso 25
credidit tauro latus et scatentem

27.

Europa

La strige dal tristo presagio
insegua il maligno, la cagna
gravida, la lupa fulva e bruna
tagli la campagna lanuvina
e la volpe fresca di parto: 5
e il serpente spezzi la via decisa,
spaventi obliquo come una sfrecciata
i tuoi ponies! ma io, a quelli
per cui temo, sono interprete di voli
che indovina: e prima che l'uccello 10
presago della pioggia
torni alla palude, come per magia
desterò un corvo profeta
dal sorgere del sole.
Sii felice, dove lo vorrai, 15
e lo puoi, Galatea. E la tua vita
mi ricordi. Il picchio sinistro,
la cornacchia errabonda
non vietino d'andare.
Eppure Orione chino è torbido: 20
conosco questo nero
dell'Adriatico e il bianco vento
colpevole di Puglia.
Lo sappia chi ci odia
il muoversi dello scirocco 25
cieco che ascende,
l'inquietarsi dell'acqua che s'annera,
il tremito delle spiagge percosse.
Così s'abbandonò Europa
al dorso dell'ingannevole toro 30
e vide, entro l'inganno, sgorgare

beluis pontum mediasque fraudes
    palluit audax.

Nuper in pratis studiosa florum et
debitae Nymphis opifex coronae   30
nocte sublustri nihil astra praeter
    vidit et undas.

Quae simul centum tetigit potentem
oppidis Creten: «Pater, o relictum
filiae nomen pietasque» dixit   35
    «victa furore!

unde quo veni? levis una mors est
virginum culpae. Vigilansne ploro
turpe commissum an vitiis carentem
    ludit imago   40

vana quae porta fugiens eburna
somnium ducit? meliusne fluctus
ire per longos fuit an recentis
    carpere flores?

Si quis infamem mihi nunc iuvencum   45
dedat iratae, lacerare ferro et
frangere enitar modo multum amati
    cornua monstri.

Impudens liqui patrios Penates,
impudens Orcum moror. O deorum   50
si quis haec audis, utinam inter errem
    nuda leones.

Antequam turpis macies decentis
occupet malas teneraeque sucus
defluat praedae, speciosa quaero   55
    pascere tigris.

Vilis Europe, pater urget absens:
quid mori cessas? potes hac ab orno

dal mare i mostri, e fu pallida,
la temeraria. Ancora
amorosa di fiori sul prato
elaborava il serto delle Ninfe
quando non vide
che stelle e onde, e luce della notte.
Ma appena toccò la possente Creta
dalle cento città disse:
«Padre! o mio santo nome di figlia
che ho perduto, vinta
dalla follia! da dove vengo, dove
vado? Morire e poi più nulla,
è poco per le vergini colpevoli:
ma sono sveglia, e piango d'un peccato
commesso, o sono pura da ogni macchia
e il fantasma di uno di quei sogni
che fuggono vani dalla porta d'avorio
si diverte di me? Coglievo fiori nuovi,
andavo sulle onde: cosa è vero?
Se ora mi portassero davanti
l'orribile giovenco del mio odio
io come lo dilanierei col ferro,
romperei le sue corna di prodigio
e di mostro, e l'ho amato, molto amato.
Ho lasciato i miei Morti, svergognata,
e resto svergognata fra le ombre.
Tu potenza divina che mi ascolti
fammi vagare nuda tra i leoni,
e prima che le mie guance perfette
si guastino e il mio frutto perda il succo,
morbida preda, finché sono bella,
invoco che le tigri mi divorino.
Mio padre da lontano mi comanda:
"Non sei più nulla, Europa, puoi morire:
Non lo vedi quell'orno? La tua fascia

pendulum zona bene te secuta
    laedere collum.   60

Sive te rupes et acuta leto
saxa delectant, age te procellae
crede veloci, nisi erile mavis
    carpere pensum

regius sanguis dominaeque tradi   65
barbarae paelex». Aderat querenti
perfidum ridens Venus et remisso
    filius arcu.

Mox, ubi lusit satis: «Abstineto»
dixit «irarum calidaeque rixae,   70
cum tibi invisus laceranda reddet
    cornua taurus.

Uxor invicti Iovis esse nescis.
Mitte singultus, bene ferre magnam
disce fortunam; tua sectus orbis   75
    nomina ducet».

non ti è caduta per fortuna tua,
dunque impìccati e spaccati le vertebre.
O se per la tua morte preferisci
rupi e scogliere aguzze, su, coraggio, 70
affìdati alla rapida bufera,
se non vorrai il compito di lana
del tuo signore e fare le sue voglie,
essere consegnata a una padrona,
a una barbara, tu, nata da un re!"». 75

E Venere era presso sorridendo
insidiosa ai lamenti, con il Figlio
dall'arco lento. Poi, finito il gioco,
disse: «Frena i furori e le battaglie,
quando verrà il toro del tuo odio 80
porgendoti le corna da percuotere.
Tu non lo sai di essere la sposa
di Giove, l'invincibile: impara
a portare un destino di grandezza.
Uno spicchio del mondo avrà il tuo nome». 85

28.

    Festo quid potius die
Neptuni faciam? prome reconditum,
    Lyde, strenua Caecubum
munitaeque adhibe vim sapientiae.
    Inclinare meridiem
sentis ac, veluti stet volucris dies,
    parcis deripere horreo
cessantem Bibuli consulis amphoram?
    Nos cantabimus invicem
Neptunum et viridis Nereidum comas,
    tu curva recines lyra
Latonam et celeris spicula Cynthiae;
    summo carmine, quae Cnidon
fulgentisque tenet Cycladas et Paphum
    iunctis visit oloribus;
dicetur merita Nox quoque nenia.

28.

I Neptunalia

Questa è la festa di Nettuno — e dunque?
o valorosa Lide, versa cècubo
del più segreto, fai violenza
alla saggezza tua difesa.
Tu senti che il giorno colmo 5
inclina: e quasi l'ora
alata si fermasse
indugi, non strappi al ripostiglio
l'anfora, che dall'anno
di Bibulo console attende. 10

E canteremo, l'uno all'altra:
Nettuno e chiome verdi di Nereidi,
e tu in risposta sulla curva lira
Latona e frecce della Cinzia lesta:
e al vertice del canto loderemo 15
quella che regge Cnido e le isole
della luce, le Cicladi,
e portata da cigni vola in Pafo:
e un canto lungo, eguale, per la Notte.

29.

Tyrrhena regum progenies, tibi
non ante verso lene merum cado
    cum flore, Maecenas, rosarum et
  pressa tuis balanus capillis

iamdudum apud me est: eripe te morae 5
nec semper udum Tibur et Aefulae
    declive contempleris arvom et
  Telegoni iuga parricidae.

Fastidiosam desere copiam et
molem propinquam nubibus arduis, 10
    omitte mirari beatae
  fumum et opes strepitumque Romae.

Plerumque gratae divitibus vices
mundaeque parvo sub lare pauperum
    cenae sine aulaeis et ostro 15
  sollicitam explicuere frontem.

Iam clarus occultum Andromedae pater
ostendit ignem, iam Procyon furit
    et stella vesani Leonis
  sole dies referente siccos; 20

iam pastor umbras cum grege languido
rivomque fessus quaerit et horridi
    dumeta Silvani caretque
  ripa vagis taciturna ventis.

Tu civitatem quis deceat status 25
curas et urbi sollicitus times
    quid Seres et regnata Cyro
  Bactra parent Tanaisque discors.

29.

Memento

Stirpe di re d'Etruria, Mecenate,
da tempo è qui per te un mite vino
d'anfora mai piegata, rose, bàlano
per i capelli: stràppati all'attesa,

non contemplare sempre, da lontano,　　　　　5
questa Tivoli fresca, la campagna
reclinata di Efula e le cime
di Telegono, antico parricida:

lascia quell'abbondanza che ti sazia,
le muraglie che toccano le nubi,　　　　　　10
stacca il cuore da Roma la felice,
dal suo frastuono, dalla sua foschia.

Dunque ai ricchi non piace più cambiare,
rischiarare la fronte tormentata
venendo a cena in una casa povera　　　　　15
e linda, senza porpore e tendaggi?

Vedi, il padre di Andromeda lucente
svela il fuoco nascosto, furibondo
è il Cane e l'astro del Leone folle,
riporta il sole i lunghi giorni asciutti:　　　20

stanco il pastore cerca l'ombra e il rivo
e i cespugli arruffati di Silvano:
il gregge è esausto, tacita la riva
dove il vento errabondo non ritorna.

Tu curi la città e le belle leggi,　　　　　25
ma non sei in pace, temi per i Seri,
per la Battriana dove regnò Ciro,
per il Don mai tranquillo. Che faranno..

Prudens futuri temporis exitum
caliginosa nocte premit deus
    ridetque, si mortalis ultra
  fas trepidat. Quod adest memento

componere aequus; cetera fluminis
ritu feruntur, nunc medio aequore
    cum pace delabentis Etruscum
  in mare, nunc lapides adesos

stirpisque raptas et pecus et domos
volventis una, non sine montium
    clamore vicinaeque silvae,
  cum fera diluvies quietos

inritat amnis. Ille potens sui
laetusque deget cui licet in diem
    dixisse: «Vixi»: cras vel atra
  nube polum Pater occupato

vel sole puro: non tamen inritum,
quodcumque retro est, efficiet neque
    diffinget infectumque reddet
  quod fugiens semel hora vexit.

Fortuna saevo laeta negotio et
ludum insolentem ludere pertinax
    transmutat incertos honores,
  nunc mihi, nunc alii benigna.

Laudo manentem; si celeris quatit
pinnas, resigno quae dedit et mea
    virtute me involvo probamque
  pauperiem sine dote quaero.

Non est meum, si mugiat Africis
malus procellis, ad miseras preces
    decurrere et votis pacisci,
  ne Cypriae Tyriaeque merces

Ma Dio è saggio e immerge nella notte
più profonda gli eventi del domani 30
e ride se un mortale fugge ansioso
dove non può fuggire. Non scordarlo,

componi eguale, giusto, il tuo presente.
Il resto è come un fiume regolato
che scorre in pace verso il mare etrusco 35
e poi travolge via macigni rosi

tronchi divelti bestie casolari
e urlano intorno le foreste e i monti:
una pioggia selvaggia
sconvolge tutti i calmi corsi d'acqua. 40

È signore di sé ed è felice
chi può dirsi ogni giorno: «Ho vissuto».
Domani il Padre salirà al cielo
nel buio delle nubi o nel sereno,

ma non farà mai sterile 45
nulla di ciò che resta dietro a noi,
non scomporrà, non vanificherà
ciò che ha portato l'ora fuggitiva.

La Fortuna felice opera sempre
il suo gioco sfidante ed instancabile 50
trasmutando errabondi privilegi,
ora benigna a me e poi ad altri:

la lodo quando resta: ma se batte
le ali veloci, rendo ciò che ha dato
e mi ammantello in ciò che vale in me, 55
cerco la buona povertà indotata.

Non io voglio umiliarmi alla preghiera
se la mia vela urla alla tempesta,
non pattuisco voti col divino
perché la mercanzia di Cipro e Tiro 60

addant avaro divitias mari;
tunc me biremis praesidio scaphae
    tutum per Aegaeos tumultus
aura feret geminusque Pollux.

non dia ancora ricchezza al mare avaro.
Ed ecco che mi portano sicuro,
difeso dalla mia nave leggera,
sull'Egeo più selvaggio, il vento e i Diòscuri.

30.

Exegi monumentum aere perennius
regalique situ pyramidum altius,
quod non imber edax, non Aquilo inpotens
possit diruere aut innumerabilis
annorum series et fuga temporum.   5
Non omnis moriar multaque pars mei
vitabit Libitinam; usque ego postera
crescam laude recens, dum Capitolium
scandet cum tacita virgine pontifex.
Dicar, qua violens obstrepit Aufidus   10
et qua pauper aquae Daunus agrestium
regnavit populorum, ex humili potens
princeps Aeolium carmen ad Italos
deduxisse modos. Sume superbiam
quaesitam meritis et mihi Delphica   15
lauro cinge volens, Melpomene, comam.

30.

Congedo

Ho levato un ricordo che ha più vita del bronzo,
più alto del regale riposo delle piramidi:
e non lo distruggerà la pioggia
che consuma, il folle vento, l'eterna
catena degli anni, la fuga del tempo. 5
Non sarà vera fine:
molto di me si salverà da morte.
E mi farò più grande
nuovo sempre di gloria
al passo del Pontefice che sale 10
con la vergine muta il Campidoglio.
E dove suona l'Aufido imperioso,
e fu re Dauno, povero di acqua,
tra i popoli dei campi,
anch'io sarò un signore, 15
anche di me si parlerà: «Fu il primo
che portò qui tra i popoli d'Italia
la poesia dell'Eolia!». Alterezza
cercata, meritata, Dea del canto:
incoronami il capo volentieri 20
di lauro, santo al Dio della bellezza.

LIBER QUARTUS

1.

Intermissa, Venus, diu
rursus bella moves? parce precor, precor.
Non sum qualis eram bonae
sub regno Cinarae. Desine, dulcium
    mater saeva Cupidinum, 5
circa lustra decem flectere mollibus
    iam durum imperiis: abi,
quo blandae iuvenum te revocant preces.
    Tempestivius in domum
Pauli purpureis ales oloribus 10
    comissabere Maximi,
si torrere iecur quaeris idoneum;
    namque et nobilis et decens
et pro sollicitis non tacitus reis
    et centum puer artium 15
late signa feret militiae tuae,
    et, quandoque potentior
largi muneribus riserit aemuli,
    Albanos prope te lacus
ponet marmoream sub trabe citrea. 20
    Illic plurima naribus
duces tura, lyraque et Berecyntia
    delectabere tibia

LIBRO QUARTO

1.

Dopo la lunga tregua

Dopo la lunga tregua
forse Venere ancora mi fa guerra.
Non colpirmi, ti supplico, ti supplico.
Non sono più chi ero
quando regnava la mia buona Cìnara.   5
Madre crudele di passioni dolci,
non più piegarmi ai teneri comandi:
è duro il legno verso i dieci lustri.
Va dove sei invocata
da preghiere di giovani suasive.   10
Ora migliore trovi nella casa
di Paolo, sì, di Massimo,
porta là la tua festa turbinosa,
il tuo volo purpureo di cigni.
Tu cerchi un cuore adatto alla tua fiamma.   15
E lui è bello, illustre, sa parlare
per gli accusati inquieti,
ragazzo dalle mille
risorse, e tuo soldato
che porterà lontano le tue insegne.   20
Riderà dei rivali donatori,
sarà sempre il più forte: innalzerà,
presso i laghi di Alba, la tua immagine
di marmo, sotto un bel tetto di cedro.
Aspirerai l'aroma di molto molto incenso;   25
gradirai lire e flauti berecinzi

mixtis carminibus non sine fistula;
    illic bis pueri die 25
numen cum teneris virginibus tuum
    laudantes pede candido
in morem Salium ter quatient humum.
    Me nec femina nec puer
iam nec spes animi credula mutui 30
    nec certare iuvat mero
nec vincire novis tempora floribus.
    Sed cur heu, Ligurine, cur
manat rara meas lacrima per genas?
    Cur facunda parum decoro 35
inter verba cadit lingua silentio?
    Nocturnis ego somniis
iam captum teneo, iam volucrem sequor
    te per gramina Martii
campi, te per aquas, dure, volubilis. 40

insieme ai canti e suono di zampogna.
E là ragazzi e morbide ragazze
in lode della tua divinità
battono il suolo con i piedi bianchi 30
ogni giorno due volte in ritmo trino
all'usanza dei Salii. —
Io non ho donna né ragazzo
né speranza né fede
di un cuore che risponde 35
e le gare del vino non le amo
né cingermi di fiori freschi il capo.

E perché allora Ligurino, dimmi,
stillano rare lagrime sul volto?
Perché tra eloquenti parole 40
cade la voce in un silenzio triste?
Io t'afferro nei sogni della notte,
io inseguo il tuo volo indifferente
sopra l'erba del Campo,
sui vortici dell'acqua. 45

2.

Pindarum quisquis studet aemulari,
Iulle, ceratis ope Daedalea
nititur pinnis, vitreo daturus
    nomina ponto.

Monte decurrens velut amnis, imbres 5
quem super notas aluere ripas,
fervet inmensusque ruit profundo
    Pindarus ore,

laurea donandus Apollinari,
seu per audacis nova dithyrambos 10
verba devolvit numerisque fertur
    lege solutis,

seu deos regesque canit, deorum
sanguinem, per quos cecidere iusta
morte Centauri, cecidit tremendae 15
    flamma Chimaerae,

sive quos Elea domum reducit
palma caelestis pugilemve equomve
dicit et centum potiore signis
    munere donat, 20

flebili sponsae iuvenemve raptum
plorat et viris animumque moresque
aureos educit in astra nigroque
    invidet Orco.

Multa Dircaeum levat aura cycnum, 25
tendit, Antoni, quotiens in altos
nubium tractus; ego apis Matinae
    more modoque

2.

L'ape

Chiunque aspira ad eguagliare Pindaro
vola con le ali ceree di Dedalo,
Iullo, per fare dono del suo nome
ad un mare di vetro.

Fiume che scorre vasto giù dal monte, 5
rive gloriose che le piogge nutrono:
Pindaro è fuoco smisurato, voce
fluente, fonda:

sia incoronato del lauro d'Apollo
nei ditirambi temerari, quando 10
trabocca la parola nuova, ignara
del fren dell'arte,

quando canta di Dei e re del sangue
di Dei, quelli che spensero i Centauri
come volle il diritto, o il grande fuoco 15
dell'orrenda Chimera:

quando racconta quelli che una palma
elea riporta in patria aureolati,
e a un pugile, a un cavallo, reca un dono
che è più di cento immagini: 20

quando compiange il giovane rubato
alla sua donna lacrimosa ma ai forti
ne inciela il cuore e l'oro del costume
sottraendolo al buio della morte:

molto cielo solleva, Antonio, il cigno 25
di Dirce, quando punta verso alte
liste di nubi. Io, per stile e gusto,
sono l'ape matina

grata carpentis thyma per laborem
plurimum circa nemus uvidique 30
Tiburis ripas operosa parvus
    carmina fingo.

Concines maiore poeta plectro
Caesarem, quandoque trahet ferocis
per sacrum clivum merita decorus 35
    fronde Sygambros;

quo nihil maius meliusve terris
fata donavere bonique divi
nec dabunt, quamvis redeant in aurum
    tempora priscum. 40

Concines laetosque dies et urbis
publicum ludum super impetrato
fortis Augusti reditu forumque
    litibus orbum.

Tum meae, si quid loquar audiendum, 45
vocis accedet bona pars, et: «O sol
pulcher, o laudande!» canam recepto
    Caesare felix;

teque, dum procedis, io Triumphe!
non semel dicemus, io Triumphe! 50
civitas omnis, dabimusque divis
    tura benignis.

Te decem tauri totidemque vaccae,
me tener solvet vitulus, relicta
matre qui largis iuvenescit herbis 55
    in mea vota,

fronte curvatos imitatus ignis
tertium lunae referentis ortum,
qua notam duxit niveus videri,
    cetera fulvus. 60

che coglie il dolce timo, per i boschi,
lungo le rive umide di Tivoli,
con fatica insistita: così, esiguo,
compongo questo canto laborioso.

Canterai tu con plettro più robusto
Cesare, quando bello d'un serto meritato
trascinerà i Sigambri duri e fieri
sul clivo sacro:

il fato e i buoni Dei non hanno dato
di bello e grande nulla più di lui
né lo daranno al mondo, anche tornasse
l'antica età dell'oro.

Canterai i giorni allegri, i giochi pubblici
della Città quando otterrà il ritorno
del Forte, dell'Augusto, e un Foro assente
di controversie.

Allora se dirò cose non vane
unirò la mia voce, canterò
felice del ritorno: «Sii lodato,
sole d'un grande giorno».

Avanzerai: e noi ripeteremo
l'evviva. Evviva, ed offriremo incensi,
noi tutti cittadini, ringraziando
gli Dei benigni.

Offrirai dieci tori e dieci vacche,
io un vitello staccato dalla madre,
che le verdi pasture hanno cresciuto
per il mio rito,

e le corna ripetono la falce
di fuoco della luna al terzo sorgere;
lei lo segnò in fronte e appare bianco,
ma è tutto fulvo.

3.

    Quem tu, Melpomene, semel
nascentem placido lumine videris,
    illum non labor Isthmius
clarabit pugilem, non equus impiger
    curru ducet Achaico 5
victorem, neque res bellica Deliis
    ornatum foliis ducem,
quod regum tumidas contuderit minas,
    ostendet Capitolio;
sed quae Tibur aquae fertile praefluunt 10
    et spissae nemorum comae
fingent Aeolio carmine nobilem.
    Romae principis urbium
dignatur suboles inter amabilis
    vatum ponere me choros, 15
et iam dente minus mordeor invido.
    O testudinis aureae
dulcem quae strepitum, Pieri, temperas,
    o mutis quoque piscibus
donatura cycni, si libeat, sonum, 20
    totum muneris hoc tui est,
quod monstror digito praetereuntium
    Romanae fidicen lyrae;
quod spiro et placeo, si placeo, tuum est.

3.

Chi tu vedesti nascere

Chi tu vedesti nascere, Melpomene,
in una luminosità di pace,
fatiche istmie
non gli daranno la nomea del pugile,
cavalli ardenti non lo porteranno
alla vittoria sopra il cocchio acheo,
arte di guerra non l'innalzerà
al Campidoglio come il condottiero
che infranse minacce superbe di re
e di frasca apollinea s'incorona:
ma le acque
che lasciano sempre la fertile Tivoli
e chiome di boschi folte
lo formeranno e gli daranno nome
grande nel canto eolio.
I figli di Roma, la Città prima,
mi fanno onore,
mi pongono nel coro dei poeti
che amano ed il morso dell'invidia
è già più lieve. Pieride,
che dai gioia di ritmo
al guscio della testuggine d'oro
e la voce del cigno al pesce muto,
tutto questo è tuo dono,
se il passante mi addita
il poeta di Roma, se respiro,
se mi accolgono forse, è tutto tuo.

4.

Qualem ministrum fulminis alitem,
cui rex deorum regnum in avis vagas
    permisit expertus fidelem
  Iuppiter in Ganymede flavo,

olim iuventas et patrius vigor   5
nido laborum protulit inscium
    vernique iam nimbis remotis
  insolitos docuere nisus

venti paventem, mox in ovilia
demisit hostem vividus impetus,   10
    nunc in reluctantis dracones
  egit amor dapis atque pugnae;

qualemve laetis caprea pascuis
intenta fulvae matris ab ubere
    iam lacte depulsum leonem   15
  dente novo peritura vidit:

videre Raeti bella sub Alpibus
Drusum gerentem; Vindelici – quibus
    mos unde deductus per omne
  tempus Amazonia securi   20

4.

La leggenda del Metauro

Come l'aquila scudiera del fulmine
che il Re degli Dei
conobbe fedele quando al cielo
rapiva Ganimede
e le concesse il regno 5
dei vagabondi uccelli,
se giovinezza
e vigore paterno
la riversa dal nido
intatta da fatica, 10
e il vento di primavera
respinte tutte le nubi
insegna volo e slancio
ignoto: teme, e subito
un istinto di vita la scaglia 15
nemica sugli ovili;
e voglia di lotta e di mensa
la spinge contro
grandi serpi ribelli;

e come il capriolo 20
intento, tra floridi pascoli,
al seno della fulva madre
vede il leoncello, da poco
svezzato, e dovrà
tra i giovani denti perire: 25
così i Reti
videro sotto le Alpi Druso
che veniva alla guerra;
e i Vindelici (non so
da dove scese il costume 30
di armare le destre

dextras obarmet, quaerere distuli,
nec scire fas est omnia – sed diu
    lateque victrices catervae
  consiliis iuvenis revictae

sensere, quid mens rite, quid indoles   25
nutrita faustis sub penetralibus
    posset, qui Augusti paternus
  in pueros animus Nerones.

Fortes creantur fortibus et bonis;
est in iuvencis, est in equis patrum   30
    virtus neque inbellem feroces
  progenerant aquilae columbam;

doctrina sed vim promovet insitam
rectique cultus pectora roborant;
    utcumque defecere mores,   35
  indecorant bene nata culpae.

Quid debeas, o Roma, Neronibus,
testis Metaurum flumen et Hasdrubal
    devictus et pulcher fugatis
  ille dies Latio tenebris,   40

per tutto il loro tempo
della bipenne delle Amazzoni,
né tutto conoscere è dato)
le turbe a lungo
e largamente vincitrici
ancora vinse
il senno d'un giovane
e seppero
la potenza d'un cuore
e d'un'indole bene nutrita
in penetrali felici,
la forza dello spirito paterno
dell'Augusto sui ragazzi
eredi dei Neroni.
Gli eroi
sono formati dagli eroi
e dai migliori,
e nei giovani tori
e nei puledri è la virtù
dei padri e le aquile altere
non generarono
la mite colomba.
La dottrina
suscita le potenze del seme,
la cura del giusto
dà ai cuori la forza;
ma se i costumi scadono
la colpa macchia
il nascimento buono.
Quel giorno
testifica il debito di Roma
alla gente dei Neroni,
quel giorno del Metauro
bello sul Lazio
quando fuggirono le tenebre
e Asdrubale fu vinto

qui primus alma risit adorea,
dirus per urbes Afer ut Italas
        ceu flamma per taedas vel Eurus
    per Siculas equitavit undas.

Post hoc secundis usque laboribus   45
Romana pubes crevit et impio
        vastata Poenorum tumultu
    fana deos habuere rectos;

dixitque tandem perfidus Hannibal:
«Cervi, luporum praeda rapacium,   50
        sectamur ultro, quos opimus
    fallere et effugere est triumphus.

Gens, quae cremato fortis ab Ilio
iactata Tuscis aequoribus sacra
        natosque maturosque patres   55
    pertulit Ausonias ad urbes,

duris ut ilex tonsa bipennibus
nigrae feraci frondis in Algido,
        per damna, per caedes ab ipso
    ducit opes animumque ferro.   60

Non hydra secto corpore firmior
vinci dolentem crevit in Herculem,

e mentre l'africano atroce
passava il suo cavallo
per le città d'Italia 70
come il fuoco per la macchia
come il vento nel mare,
per la prima volta rise
il fertile dono del farro.
Allora 75
in felici dolori
crebbe la gioventù romana,
e nei luoghi sacri
devastati dall'empio
turbine dei Fenici 80
si levarono gli Dei.
E così disse infine
Annibale malfido:
«Cervi, preda dei lupi,
noi bracchiamo 85
chi eludere e fuggire
è ricco trionfo.
Un popolo
di forti, che da Ilio arsa
portò il suo culto e la fede 90
tormentata nel mare etrusco
e i figli e i padri vissuti
fino alle città d'Ausonia
è un leccio
che le bipenni mutilano 95
sull'Algido ferace di nere foglie
e prende forza
dalle ferite, dai tagli,
dal gusto del ferro.
L'Idra acquosa e mostruosa 100
recisa e più salda
non così crebbe contro Ercole
che di non vincere dolorava

>   monstrumve submisere Colchi
> maius Echioniaeve Thebae.

Merses profundo, pulchrior evenit; 65
luctere, multa proruet integrum
>   cum laude victorem geretque
> proelia coniugibus loquenda.

Carthagini iam non ego nuntios
mittam superbos; occidit, occidit 70
>   spes omnis et fortuna nostri
> nominis Hasdrubale interempto.

Nil Claudiae non perficient manus,
quas et benigno numine Iuppiter
>   defendit et curae sagaces 75
> expediunt per acuta belli».

e non prodigio più grande
espresse la terra dei Colchi 105
e Tebe d'Echione.
Sommergila fino al fondo,
perché si faccia più bella:
sfidala
perché si rovesci 110
gloriosa sull'intatto vincitore
e faccia la buona guerra
da narrare alle donne.
Ecco io non manderò
messaggeri orgogliosi 115
a Cartagine! è caduta,
è caduta
la speranza, è caduta
la nostra buona ventura
ora che Asdrubale han tolto. 120
Tutto da ora compiranno
le mani dei Claudi,
che il gesto benigno di Giove
difende, e astuta pazienza
toglie di briga nei nodi 125
atroci della guerra».

5.

Divis orte bonis, optume Romulae
custos gentis, abes iam nimium diu;
maturum reditum pollicitus patrum
    sancto consilio redi.

Lucem redde tuae, dux bone, patriae; 5
instar veris enim voltus ubi tuus
adfulsit populo, gratior it dies
    et soles melius nitent.

Ut mater iuvenem, quem Notus invido
flatu Carpathii trans maris aequora 10
cunctantem spatio longius annuo
    dulci distinet a domo,

votis ominibusque et precibus vocat,
curvo nec faciem litore dimovet,
sic desideriis icta fidelibus 15
    quaerit patria Caesarem.

Tutus bos etenim rura perambulat,
nutrit rura Ceres almaque Faustitas,
pacatum volitant per mare navitae,
    culpari metuit fides, 20

nullis polluitur casta domus stupris,
mos et lex maculosum edomuit nefas,
laudantur simili prole puerperae,
    culpam poena premit comes.

Quis Parthum paveat, quis gelidum Scythen, 25
quis Germania quos horrida parturit
fetus incolumi Caesare? quis ferae

5.

All'Augusto

Sorto da buoni Dei, tu protettore
della stirpe di Romolo, da troppo tempo
sei lontano. Hai promesso all'assemblea
santa dei Padri un rapido ritorno:

e torna. Rendi la tua luce, o buono   5
condottiero, alla patria. Se il tuo volto
brilla come di primavera al popolo,
passa migliore il giorno, meglio splendono i soli.

Come la madre per il suo ragazzo
che un maligno scirocco fa tardare   10
là oltre i mari e già di più dell'anno
diviso dalla sua dolce dimora,

per lui fa voti, interroga presaga
pregando, senza mai distrarre il volto
dal curvo lido: la patria così   15
chiede, con nostalgia fedele, il Cesare.

E i bovi vanno quieti alla campagna,
nutrono il campo Cerere e il buon tempo.
Volano i marinai sulle acque quete.
La coscienza si guarda dalle accuse.   20

Casta è la casa, ignara di vergogna.
Legge e costume hanno domato il male
maculato. Le puerpere hanno gloria
di figli che ripetono. La pena
dà la caccia alla colpa e l'accompagna.   25

Chi teme i Parti? o lo Scita dei ghiacci?
le figliate selvagge di Germania?
Cesare è salvo. Chi si dà pensiero

bellum curet Hiberiae?

Condit quisque diem collibus in suis
et vitem viduas ducit ad arbores; 30
hinc ad vina redit laetus et alteris
    te mensis adhibet deum;

te multa prece, te prosequitur mero
defuso pateris et Laribus tuum
miscet numen, uti Graecia Castoris 35
    et magni memor Herculis.

«Longas o utinam, dux bone, ferias
praestes Hesperiae!» dicimus integro
sicci mane die, dicimus uvidi,
    cum sol Oceano subest. 40

della guerra di Spagna, la superba?

Raccoglie ognuno tra le sue colline 30
la sua giornata. E agli alberi solinghi
porta la vite. Torna allegro al vino,
ti invita, a mezzo il pranzo, come un Dio,

ti onora con preghiere e vino sparso
dalle pàtere, unisce ai propri Lari 35
la tua potenza sacra. Come i Greci
che ricordano Castore, Eracle grande.

«Buon condottiero, offra tu all'Esperia
lunghe festività!» diciamo nel mattino
digiuno al giorno intatto. E a sera, tra le coppe 40
del vino, e il sole cala nell'Oceano.

6.

Dive, quem proles Niobea magnae
vindicem linguae Tityosque raptor
sensit et Troiae prope victor altae
    Pthius Achilles,

ceteris maior, tibi miles impar,   5
filius quamvis Thetidis marinae
Dardanas turris quateret tremenda
    cuspide pugnax.

Ille mordaci velut icta ferro
pinus aut inpulsa cupressus Euro   10
procidit late posuitque collum in
    pulvere Teucro;

ille non inclusus equo Minervae
sacra mentito male feriatos
Troas et laetam Priami choreis   15
    falleret aulam;

sed palam captis gravis, heu nefas, heu!
nescios fari pueros Achivis
ureret flammis, etiam latentem
    matris in alvo,   20

ni tuis flexus Venerisque gratae
vocibus divom pater adnuisset

6.

La preghiera

La tua potenza
divina, vendicatrice
delle grandi parole,
seppero i figli di Niobe;
e Titio il rapitore;
e Achille di Ftia,
forse già vincitore
dell'alta Ilio,
il più grande guerriero
e a te solo minore,
figlio di Tetide marina,
il guerriero che agitava
con la lancia temuta
i bastioni dei Dàrdani;
e cadde ampia caduta
come pino percosso
dal morso del ferro,
come cipresso premuto
dal vento, e giacque la nuca
nella polvere d'Ilio.
Non l'avrebbe racchiuso
il cavallo che mentiva il dono
a Minerva, per sorprendere
i Troiani nella mala festa
e la reggia di Priamo
lieta di danze: a viso aperto
avrebbe nel fuoco acheo
orrendamente arso i figli ignari
di parole, i figli nascosti
nel ventre delle madri,
ma la tua voce, la voce

rebus Aeneae potiore ductos
    alite muros.

Doctor argutae fidicen Thaliae, 25
Phoebe, qui Xantho lavis amne crinis,
Dauniae defende decus Camenae,
    levis Agyieu.

Spiritum Phoebus mihi, Phoebus artem
carminis nomenque dedit poetae. 30
Virginum primae puerique claris
    patribus orti,

Deliae tutela deae, fugacis
lyncas et cervos cohibentis arcu,
Lesbium servate pedem meique 35
    pollicis ictum,

rite Latonae puerum canentes,
rite crescentem face Noctilucam,
prosperam frugum celeremque pronos
    volvere mensis. 40

Nupta iam dices: «Ego dis amicum,
saeculo festas referente luces,
reddidi carmen docilis modorum
    vatis Horati».

di Venere amata, piegarono
il Padre degli Dei, e annuì
alla casa d'Enea
più felici muraglie.
Dio della luce e del canto,
maestro di Talia sonora,
che bagni la chioma
nell'acqua del Xanto, Dio
delle vie giovinetto,
difendi la gloria
di questa poesia daunia! Il Dio
mi diede il grande amore e l'arte
e il nome. Vergini prime,
figli di grandi Padri,
tutela della Dea di Delo
che ferma con l'arco fughe
di linci e di cervi,
custodite quel ritmo
di Lesbo, quel battito
della mia mano, e sia rito
l'inno al figlio di Latona,
a quella che splende
la notte, risalendo
la sua face, e feconda
la terra e muove la fuga
curva delle stagioni.
La sposa dirà: «Ho cantato
l'inno che piacque agli Dei,
al tempo che portava
luci di feste sacre,
e maestro era dell'inno
Orazio, il poeta».

7.

Diffugere nives, redeunt iam gramina campis
    arboribusque comae;
mutat terra vices et decrescentia ripas
    flumina praetereunt;
Gratia cum Nymphis geminisque sororibus audet   5
    ducere nuda choros.
Inmortalia ne speres, monet annus et almum
    quae rapit hora diem.
Frigora mitescunt Zephyris, ver proterit aestas,
    interitura simul   10
pomifer autumnus fruges effuderit, et mox
    bruma recurrit iners.
Damna tamen celeres reparant caelestia lunae:
    nos ubi decidimus
quo pater Aeneas, quo dives Tullus et Ancus,   15
    pulvis et umbra sumus.
Quis scit an adiciant hodiernae crastina summae
    tempora di superi?
Cuncta manus avidas fugient heredis, amico
    quae dederis animo.   20
Cum semel occideris et de te splendida Minos
    fecerit arbitria,
non, Torquate, genus, non te facundia, non te
    restituet pietas;
infernis neque enim tenebris Diana pudicum   25
    liberat Hippolytum,
nec Lethaea valet Theseus abrumpere caro
    vincula Pirithoo.

7.

Le stagioni

La neve è dileguata, torna l'erba dei campi,
la chioma degli alberi,
la terra si rinnova,
acque più basse vanno tra le rive.
E la Grazia s'avventura a guidare ignuda la danza   5
delle uguali sorelle e delle Ninfe.
E non sperare cose eterne — l'annata ripete
e l'ora che ruba il fertile giorno.
Il vento della primavera
mitiga il freddo, e la grande estate l'estingue,   10
e appena l'autunno avrà versato i suoi frutti e le biade,
perirà; torna l'inverno immoto.
Ma le perdute stagioni riporta la rapida luna.
Noi quando scendiamo
dove Enea padre scese e il ricco Tullo e Anco,   15
polvere siamo e ombra.
E non sappiamo se gli Dei del cielo ancora daranno
un domani. Tutto
sfugge alle avide mani dell'erede, tutto
che demmo per amore. Come tu   20
cadrai, Minosse darà di te luminosa sentenza
Torquato; ma la stirpe, la bella parola, la fede,
non ti restituiranno.
Diana la Dea non libera mai Ippolito il puro
dal buio di laggiù,   25
e Teseo non sa spezzare le catene del Lete
per l'amato Pirìtoo.

8.

Donarem pateras grataque commodus,
Censorine, meis aera sodalibus,
donarem tripodas, praemia fortium
Graiorum neque tu pessuma munerum
ferres, divite me scilicet artium   5
quas aut Parrhasius protulit aut Scopas,
hic saxo, liquidis ille coloribus
sollers nunc hominem ponere, nunc deum.
Sed non haec mihi vis, non tibi talium
res est aut animus deliciarum egens.   10
Gaudes carminibus; carmina possumus
donare et pretium dicere muneri.
Non incisa notis marmora publicis,
per quae spiritus et vita redit bonis
post mortem ducibus, non celeres fugae 15
reiectaeque retrorsum Hannibalis minae,
non incendia Carthaginis impiae
eius, qui domita nomen ab Africa
lucratus rediit, clarius indicant
laudes quam Calabrae Pierides, neque,   20
si chartae sileant quod bene feceris,
mercedem tuleris. Quid foret Iliae
Mavortisque puer, si taciturnitas
obstaret meritis invida Romuli?
Ereptum Stygiis fluctibus Aeacum   25
virtus et favor et lingua potentium

8.

A Censorino

Vorrei donare per mia cortesia
agli amici vicini, Censorino,
pàtere, qualche bel bronzo, donare
tripodi, premi degli eroi di Grecia,
e tu avresti i miei doni più belli,   5
se fosse la mia ricchezza in quelle arti
rivelate da un Parrasio, da uno Scopa,
maestri nel forgiare un uomo o un Dio
con il marmo, coi limpidi colori.
Ma non è questo il mio potere.   10
E a te non mancano potenza e fantasia
per lussi come quelli. La poesia
è la tua gioia, e io posso donartene,
e anche dire quanto vale il dono.
Vedi, statue che portano graffite   15
le parole per tutti e ne ritorna
dopo la morte ai buoni condottieri
il fiato della vita; la minaccia
d'Annibale cacciata donde venne;
l'incendio di Cartagine sacrilega   20
per opera di chi domava l'Africa
e al suo ritorno ne lucrò il nome,
non additano gloria tanto chiara
come le Muse salentine. E se
del tuo operare tacciono le carte   25
non avrai ricompensa. Se il silenzio
coprisse ostile il merito di Romolo,
chi saprebbe d'un figlio d'Ilia e Marte?
Il valore la voce il privilegio
di possenti poeti hanno strappato   30
Eaco dalle acque della morte,

vatum divitibus consecrat insulis.
Dignum laude virum Musa vetat mori,
caelo Musa beat. Sic Iovis interest
optatis epulis impiger Hercules, 30
clarum Tyndaridae sidus ab infimis
quassas eripiunt aequoribus rates,
ornatus viridi tempora pampino
Liber vota bonos ducit ad exitus.

lo fanno sacro nelle ricche isole.
Così al forte che merita la gloria
la poesia impedisce di morire:
la poesia dà felicità di cielo. 35
Così Eracle inesausto intervenne
alla mensa di Zeus desiderata,
e i Tindaridi fatti stelle chiare
strappano via le navi devastate
dalle acque più remote della terra, 40
e il Libero, che verdi pampini incoronano,
porta ideali umani a buoni eventi.

9.

Ne forte credas interitura quae
longe sonantem natus ad Aufidum
    non ante volgatas per artis
  verba loquor socianda chordis:

non, si priores Maeonius tenet   5
sedes Homerus, Pindaricae latent
    Ceaeque et Alcaei minaces
  Stesichorive graves Camenae;

nec siquid olim lusit Anacreon,
delevit aetas; spirat adhuc amor   10
    vivuntque commissi calores
  Aeoliae fidibus puellae.

Non sola comptos arsit adulteri
crines et aurum vestibus inlitum
    mirata regalisque cultus   15
  et comites Helene Lacaena

primusve Teucer tela Cydonio
derexit arcu; non semel Ilios
    vexata; non pugnavit ingens
  Idomeneus Sthenelusve solus   20

dicenda Musis proelia; non ferox
Hector vel acer Deiphobus gravis
    excepit ictus pro pudicis
  coniugibus puerisque primus.

Vixere fortes ante Agamemnona   25
multi; sed omnes inlacrimabiles
    urgentur ignotique longa
  nocte, carent quia vate sacro.

9.

Il consolato del giusto

Perché non creda mai che periranno
le parole che io nato sull'Aufido
sonoro, nuove a conoscenze umane,
dico perché le cetre le accompagnino;

sappi che se Omero di Meonia   5
ha il primo luogo, non sono nell'ombra
la poesia di Pindaro e Simonide
di Alceo violento e del grave Stesicoro,

il tempo non ha distrutto il gioco antico
d'Anacreonte, e la passione accesa   10
d'una ragazza eolica, affidata
alla cetra, respira ancora e vive.

Non fu la sola Elena di Sparta
che arse d'amore per un altro uomo
abbagliata alla bella acconciatura   15
e alle vesti regali lisce d'oro

e al corteggio. Teucro non per primo
impostò frecce sull'arco cretese.
E Ilio patì più volte. Non fu il solo
l'immenso Idomeneo, o Stènelo,   20
nelle battaglie degne di racconto.

E non per primo Ettore severo
e Deifobo duro ricevettero
piaghe amare a cagione delle loro
caste donne e dei figli. Molti eroi   25

sono vissuti prima d'Agamennone.
E non hanno più nome. Lunga notte
li opprime, sconosciuti, senza lacrime.
Non c'è per loro, sappi, il santo: il poeta.

Paulum sepultae distat inertiae
celata virtus. Non ego te meis 30
    chartis inornatum silebo
  totve tuos patiar labores

impune, Lolli, carpere lividas
obliviones. Est animus tibi
    rerumque prudens et secundis 35
  temporibus dubiisque rectus,

vindex avarae fraudis et abstinens
ducentis ad se cuncta pecuniae,
    consulque non unius anni,
  sed quotiens bonus atque fidus 40

iudex honestum praetulit utili,
reiecit alto dona nocentium
    voltu, per obstantis catervas
  explicuit sua victor arma.

Non possidentem multa vocaveris 45
recte beatum; rectius occupat
    nomen beati, qui deorum
  muneribus sapienter uti

duramque callet pauperiem pati
peiusque leto flagitium timet, 50
    non ille pro caris amicis
  aut patria timidus perire.

Tra il valore nell'ombra e la viltà 30
sepolta, la distanza non è grande.
Ma non te, Lollio, io non sopporterò
che le mie carte tacciano di te,

non ti rendano onore, che l'oblio
maligno rubi tante opere tue 35
senza vendetta. Tu hai l'anima,
saggia di vita, dritta nelle ore

felici e nelle ambigue, giustiziera
dell'inganno che agogna, astinente
dal denaro che chiama tutto a sé, 40
console, tu, e non d'un anno solo!

ma ogni volta che buono e puro giudice
preponi il bene all'utile
e l'arduo aspetto respinge i regali
del malefico e alla folla ostile 45
sciorini vittorioso le tue armi.

Non felice secondo verità
dirai chi ha molto. Il titolo di ricco
tiene meglio chi usa con sapienza
i doni degli Dei, e impara l'arte 50

di sopportare la povertà dura
e teme più la colpa che la morte,
senza paura, per gli amati amici
e la terra dei padri, di finire.

10.

O crudelis adhuc et Veneris muneribus potens,
insperata tuae cum veniet pluma superbiae
et, quae nunc umeris involitant, deciderint comae,
nunc et qui color est puniceae flore prior rosae
mutatus Ligurinum in faciem verterit hispidam, 5
dices, heu, quotiens te speculo videris alterum:
«Quae mens est hodie, cur eadem non puero fuit,
vel cur his animis incolumes non redeunt genae?»

10.

Ligurino

Crudele ancora e possente dei doni
di Afrodite, quando una non creduta
lanugine sorprenderà la tua superbia
e il volo della chioma sulle tue spalle
cadrà, e la luce tua di rosa purpurea   5
sfigurerà, Ligurino, in uno dei volti virili,
allo specchio dirai, e ti parrà d'essere altri —
«quale anima ho oggi, perché così non fui ragazzo,
e perché a questo cuore non torna il volto intatto?»

11.

Est mihi nonum superantis annum
plenus Albani cadus, est in horto,
Phylli, nectendis apium coronis,
    est hederae vis

multa, qua crinis religata fulges   5
ridet argento domus, ara castis
vincta verbenis avet immolato
    spargier agno;

cuncta festinat manus, huc et illuc
cursitant mixtae pueris puellae,   10
sordidum flammae trepidant rotantes
    vertice fumum.

Ut tamen noris quibus advoceris
gaudiis, Idus tibi sunt agendae,
qui dies mensem Veneris marinae   15
    findit Aprilem,

iure sollemnis mihi sanctiorque
paene natali proprio, quod ex hac
luce Maecenas meus affluentis
    ordinat annos.   20

Telephum, quem tu petis, occupavit
non tuae sortis iuvenem puella
dives et lasciva tenetque grata
    compede vinctum.

Terret ambustus Phaethon avaras   25
spes et exemplum grave praebet ales
Pegasus terrenum equitem gravatus
    Bellerophontem,

11.

Il silenzio di Fillide

Ecco l'orciolo colmo, e vino d'Alba
di nove anni e più; e c'è nell'orto
l'apio che lega le corone, Fillide,
e rigogliosa edera

molta, in cui brillerai incoronata.   5
Ride l'argento della casa. L'ara,
avvolta di verbena pura, chiede
il sangue dell'agnello, il sacrificio.

Fretta di mani in ogni cosa. Un correre
di ragazzi e fanciulle in ogni luogo.   10
Fiamme impaurite ruotano sui vertici
un fumo greve.

Sai tu a quale gioia sei invitata?
Al rito delle Idi, che dividono
il mese sacro a Venere del mare,   15
questo d'aprile:

e per me festa di precetto, forse
più sacra del mio giorno natalizio.
Da oggi conta Mecenate mio
il fiume dei suoi anni.   20

Pensi a Tèlefo, Fillide? Non ti era
destinato. L'ha preso una ragazza
ricca, allegra. E quella sua catena
a lui, non pesa.

Atterrisce Fetonte arso ogni avida   25
speranza. Ammonisce Pègaso celeste
che gravò il cavaliere della terra,
Bellerofonte,

semper ut te digna sequare et ultra
quam licet sperare nefas putando 30
disparem vites. Age iam, meorum
    finis amorum

(non enim posthac alia calebo
femina), condisce modos, amanda
voce quos reddas; minuentur atrae 35
    carmine curae.

sempre a credere in quello che puoi credere,
e ciò che non è lecito sperare 30
evitarlo, compagno diseguale,
saperlo colpa.

O fine di ogni mio amore, vieni
(dopo nessuna più mi accenderà)
prova i motivi con la cara voce. 35
Che nero di pensieri. Il canto farà bene.

12.

Iam veris comites, quae mare temperant,
impellunt animae lintea Thraciae,
iam nec prata rigent, nec fluvii strepunt
    hiberna nive turgidi.

Nidum ponit, Ityn flebiliter gemens, 5
infelix avis et Cecropiae domus
aeternum obprobrium, quod male barbaras
    regum est ulta libidines.

Dicunt in tenero gramine pinguium
custodes ovium carmina fistula 10
delectantque deum, cui pecus et nigri
    colles Arcadiae placent.

Adduxere sitim tempora, Vergili;
sed pressum Calibus ducere Liberum
si gestis, iuvenum nobilium cliens, 15
    nardo vina merebere.

Nardi parvus onyx eliciet cadum,
qui nunc Sulpiciis accubat horreis,
spes donare novas largus amaraque
    curarum eluere efficax. 20

Ad quae si properas gaudia, cum tua
velox merce veni; non ego te meis
inmunem meditor tinguere poculis,
    plena dives ut in domo.

Verum pone moras et studium lucri, 25
nigrorumque memor, dum licet, ignium
misce stultitiam consiliis brevem:
    dulce est desipere in loco.

12.

I compagni della primavera

Ecco i compagni della primavera,
i venti traci che orchestrano il mare,
spingono vele. Il prato si scrudisce,
le acque nevose dell'inverno tacciono.

Nidifica l'uccello doloroso   5
che piange Iti e l'onta senza fine
della casa di Pelope, le atroci
vendette di regali voglie barbare.

I pastori di pingui greggi parlano
sull'erba molle canti di zampogna,   10
e divertono il Dio che ama le mandre
e le montagne dell'Arcadia nere.

La stagione, Virgilio, porta sete.
Ma se vuoi vino dei torchi di Cales,
o amico di giovani famosi,   15
guadagnerai quel vino col tuo nardo:

solo un'ampolla chiamerà una giara
nei granai di Sulpicio addormentata,
dispensatrice di speranze nuove,
esperta guaritrice di amarezze.   20

Se hai fretta di queste gioie vieni svelto,
con la tua mercanzia: io non intendo
darti da bere senza contributo,
come in casa del ricco che ha ogni cosa.

No, lascia indugi e voglia di guadagno.   25
Ricorda, fin che puoi, le fiamme nere.
Versa nella sapienza una stoltezza
breve: a suo tempo l'insipienza è gioia.

13.

Audivere, Lyce, di mea vota, di
audivere, Lyce: fis anus, et tamen
    vis formosa videri
  ludisque et bibis impudens

et cantu tremulo pota Cupidinem   5
lentum sollicitas. Ille virentis et
    doctae psallere Chiae
  pulchris excubat in genis.

Importunus enim transvolat aridas
quercus et refugit te quia luridi   10
    dentes, te quia rugae
  turpant et capitis nives.

Nec Coae referunt iam tibi purpurae
nec cari lapides tempora, quae semel
    notis condita fastis   15
  inclusit volucris dies.

Quo fugit Venus, heu, quove color, decens
quo motus? quid habes illius, illius,
    quae spirabat amores,
  quae me surpuerat mihi,   20

felix post Cinaram notaque et artium
gratarum facies? sed Cinarae brevis
    annos fata dederunt,
  servatura diu parem

13.

Vendetta per Cìnara

Lupa, la grazia l'ho ottenuta,
l'ho ottenuta. Invecchi.
E vuoi sembrare bella, scherzi, bevi,
non ti vergogni, e poi
per chiamare l'amore   5
canti con una voce malsicura
l'amore pigro — che non dorme mai
sulle guance bellissime di Chia,
danzatrice beata:
come un uccello lugubre l'amore   10
vola al di là della tua quercia nuda,
ti fugge perché i denti
si sono fatti opachi
le rughe sono
tristi, sul capo, pare, ha nevicato.   15
Le vesti rosse e pure, gli amati
gioielli, non ti portano quel tempo
— il giorno che vola
lo chiuse una sola volta
nella storia che celi e che io so.   20
Dove fuggì l'incanto e la tua luce
e il passo d'eleganza, che ti resta
di quella tua visione,
quel respiro d'amore
che mi aveva rubato   25
a me stesso e trionfava
di Cìnara (io lo sapevo
e quella tua grande arte mi piaceva)
ma a Cìnara, il destino
ha dato poca vita: ne ha lasciata   30
a te; il troppo tempo, il sopravvivere

cornicis vetulae temporibus Lycen,
possent ut iuvenes visere fervidi
    multo non sine risu
 dilapsam in cineres facem.

della cornacchia!: perché ci fossero
altri giovani ardenti per vederti
e la loro risata sulla fiaccola
di tutta la tua vita che si spegne. 35

14.

Quae cura patrum quaeve Quiritium
plenis honorum muneribus tuas,
    Auguste, virtutes in aevum
    per titulos memoresque fastus

aeternet, o qua sol habitabilis   5
inlustrat oras maxime principum?
    quem legis expertes Latinae
    Vindelici didicere nuper

quid Marte posses. Milite nam tuo
Drusus Genaunos, inplacidum genus,   10
    Breunosque velocis et arces
    Alpibus impositas tremendis

deiecit acer plus vice simplici.
Maior Neronum mox grave proelium
    commisit immanisque Raetos   15
    auspiciis pepulit secundis,

spectandus in certamine Martio,
devota morti pectora liberae
    quantis fatigaret ruinis,
    indomitas prope qualis undas   20

exercet Auster Pleiadum choro
scindente nubes, impiger hostium
    vexare turmas et frementem
    mittere equum medios per ignis.

Sic tauriformis volvitur Aufidus,   25
qui regna Dauni praefluit Apuli,
    cum saevit horrendamque cultis
    diluviem meditatur agris,

14.

Per l'Augusto

Quale sollecitudine di Padri
e di Quiriti eternerà nel tempo
il tuo valore degnamente, Augusto,
con pietre incise e memoria di Fasti,

o il più grande dei Primi, ovunque il sole 5
splende su rive abitate d'uomini?
I Vindelici ora, gl'inesperti
della legge latina, hanno saputo

la tua potenza in guerra. Coi tuoi uomini
Druso abbatté i Genauni senza pace 10
e i Breuni veloci, demolì i castelli
arroccati sulle temibili Alpi,

aspro, rendendo a un colpo molti colpi.
Subito il primo dei Neroni aprì
la battaglia profonda e scacciò i Reti 15
inumani con prospera fortuna,

vistoso nella gara della guerra
mentre stancava con larghe rovine
le vite offerte alla libera morte
come l'Austro affatica gl'indomabili 20

marosi quando il coro delle Pleiadi
rompe le nubi: incessante agitava
gli squadroni nemici e lanciava il cavallo
selvaggio nel profondo dei bivacchi.

Così l'Aufido dal muso di toro 25
trascorre il regno dell'apulo Dauno
furioso e pensa la desolazione
delle acque sui campi seminati,

ut barbarorum Claudius agmina
ferrata vasto diruit impetu 30
  primosque et extremos metendo
 stravit humum sine clade victor,

te copias, te consilium et tuos
praebente divos. Nam tibi quo die
  portus Alexandrea supplex 35
 et vacuam patefecit aulam,

Fortuna lustro prospera tertio
belli secundos reddidit exitus
  laudemque et optatum peractis
 imperiis decus arrogavit. 40

Te Cantaber non ante domabilis
Medusque et Indus, te profugus Scythes
  miratur, o tutela praesens
 Italiae dominaeque Romae;

te fontium qui celat origines 45
Nilusque et Hister, te rapidus Tigris,
  te beluosus qui remotis
 obstrepit Oceanus Britannis,

te non paventis funera Galliae
duraeque tellus audit Hiberiae, 50
  te caede gaudentes Sygambri
 compositis venerantur armis.

come irruppe con largo assalto Claudio
sulle file dei barbari ferrate 30
mietendo i primi e gli ultimi e stendendoli
sul terreno, vincendo senza danno:

ma tu davi le forze ed il consiglio
e i tuoi Dei. Perché fu allora, quando
Alessandria ti spalancava i porti 35
e la sua reggia vuota supplicando,

che la Sorte divina, al terzo lustro,
ti dava i buoni eventi della guerra
e la gloria, la luce che speravi
concesse allo spirare dei comandi. 40

E i Cantabri, indomabili finora,
i Medi gl'Indi gli errabondi Sciti
guardano a te, o difesa rivelata
dell'Italia e di Roma la sovrana.

Il Nilo ed il Danubio che nascondono 45
le loro fonti e il Tigri rapinoso,
l'Oceano dei mostri che percuote
le rive dei Britanni più remoti,

le Gallie che non temono la morte
e l'aspra Spagna, obbediscono a te. 50
I Sigambri che godono del sangue
per adorarti posano le armi.

15.

Phoebus volentem proelia me loqui
victas et urbes increpuit lyra,
      ne parva Tyrrhenum per aequor
  vela darem. Tua, Caesar, aetas

fruges et agris rettulit uberes   5
et signa nostro restituit Iovi
      derepta Parthorum superbis
  postibus et vacuum duellis

Ianum Quirini clausit et ordinem
rectum evaganti frena licentiae   10
      iniecit emovitque culpas
  et veteres revocavit artes

per quas Latinum nomen et Italae
crevere vires famaque et imperi
      porrecta maiestas ad ortus   15
  solis ab Hesperio cubili.

Custode rerum Caesare non furor
civilis aut vis exiget otium,
      non ira, quae procudit enses
  et miseras inimicat urbes.   20

Non qui profundum Danuvium bibunt
edicta rumpent Iulia, non Getae,
      non Seres infidique Persae,
  non Tanain prope flumen orti.

Nosque et profestis lucibus et sacris   25
inter iocosi munera Liberi
      cum prole matronisque nostris
  rite deos prius adprecati,

15.

La pace

Quando volli parlare di battaglie
e città vinte, Febo mi gridò
con la sua lira, perché non aprissi
le mie piccole vele al mare etrusco.

È la tua èra, Cesare, che ha reso 5
le messi ricche al campo e a Giove nostro
le insegne tolte alle superbe porte
dei Medi. E ha chiuso il Giano di Quirino,

deserto di contese; ha messo il morso
ad una tolleranza vagabonda 10
dall'ordine e dal giusto. Ha rimosso
la colpa e richiamato scienze antiche,

quelle per cui crebbe il nome latino,
la forza dell'Italia e la sua fama,
e la maestà dell'impero si estese 15
dal sorgere del sole al suo giaciglio.

Con Cesare alla guardia, il furore civile
non caccerà la pace degli spiriti,
né violenza né l'odio che martella le spade
e apre la guerra tra città infelici. 20

Non quelli che dissetano il profondo Danubio
o Geti o Seri o malfidi Persiani
o i nati presso le acque del Don
infrangeranno leggi giulie mai:

e noi in giorni comuni e feste grandi 25
nella grazia di Dioniso sereno,
insieme ai figli ed alle nostre donne,
dopo le giuste suppliche agli Dei,

virtute functos more patrum duces
Lydis remixto carmine tibiis 30
    Troiamque et Anchisen et almae
  progeniem Veneris canemus.

canteremo; e accompagnerà il canto
il flauto lidio: condottieri morti 30
con il cuore dei padri, Troia, Anchise,
e la stirpe di Venere feconda.

IL CANTO DELLE GENERAZIONI
[CARMEN SAECULARE]

Phoebe silvarumque potens Diana,
lucidum caeli decus, o colendi
semper et culti, date quae precamur
    tempore sacro,

quo Sibyllini monuere versus   5
virgines lectas puerosque castos
dis, quibus septem placuere colles,
    dicere carmen.

Alme Sol, curru nitido diem qui
promis et celas aliusque et idem   10
nasceris, possis nihil urbe Roma
    visere maius.

Rite maturos aperire partus
lenis, Ilithyia, tuere matres,
sive tu Lucina probas vocari   15
    seu Genitalis:

diva, producas subolem patrumque
prosperes decreta super iugandis
feminis prolisque novae feraci
    lege marita,   20

certus undenos deciens per annos
orbis ut cantus referatque ludos
ter die claro totiensque grata
    nocte frequentis.

Febo, Diana, signora delle selve,
gloria chiara del cielo, venerabili
e venerati sempre, esauditeci
nel tempo sacro

in cui versi della Sibilla ammonirono
che vergini elette e fanciulli puri
dicessero inno agli Dei che amarono
i sette colli.

Sole fecondo, dal carro di luce,
che porti il giorno e lo nascondi, e antico
e nuovo nasci, non veda tu cosa più grande
di Roma sulla terra!

E tu che schiudi il nascere al suo tempo,
mite guarda le madri, Ilitìa, o come
voglia essere invocata, Dea Natale,
Generatrice,

porta figli alla luce, benedici
il volere dei Padri sulle spose
e sia la Legge per le nozze fertile
di nuove vite,

perché il cerchio dei cento e dieci anni
si chiuda e rechi altro canto e nuova
folta festa per tre limpidi giorni
e tre serene notti.

Vosque veraces cecinisse, Parcae, 25
quod semel dictum est stabilisque rerum
terminus servat, bona iam peractis
    iungite fata.

Fertilis frugum pecorisque Tellus
spicea donet Cererem corona; 30
nutriant fetus et aquae salubres
    et Iovis aurae.

Condito mitis placidusque telo
supplices audi pueros, Apollo;
siderum regina bicornis, audi; 35
    Luna, puellas.

Roma si vestrum est opus Iliaeque
litus Etruscum tenuere turmae,
iussa pars mutare Lares et urbem
    sospite cursu, 40

cui per ardentem sine fraude Troiam
castus Aeneas patriae superstes
liberum munivit iter, daturus
    plura relictis:

di, probos mores docili iuventae, 45
di, senectuti placidae quietem,
Romulae genti date remque prolemque
    et decus omne;

quaeque vos bobus veneratur albis
clarus Anchisae Venerisque sanguis, 50
impetret, bellante prior, iacentem
    lenis in hostem.

Iam mari terraque manus potentis
Medus Albanasque timet securis;
iam Scythae responsa petunt, superbi 55
    nuper et Indi;

Dee della morte, profetaste il vero,
ciò che fu detto e il compimento immobile
serba: unite agli eventi consumati
la buona sorte.

La terra ricca di biade e di animali
incoroni di spighe la campagna,
nutrano i nati suoi l'aria del cielo,
le acque vitali.

Apollo, ascolta, limpido e benigno,
celando i dardi, i giovani che pregano,
curva Luna, regina delle stelle,
ascolta le fanciulle.

Se Roma è vostra opera, e schiere di Troiani
ebbero rive etrusche, quelli a cui fu detto
di andare ad altre case ed altra patria,
salvi sul mare,

a cui il puro Enea, sopravvissuto
alla sua terra, oltre le fiamme senza offesa,
protesse il lungo viaggio affrancatore,
per donare di più: o Dei,

date bontà ai giovani che apprendono,
date riposo alla vecchiezza mite,
e alla gente di Romolo i figli, la potenza,
tutta la gloria:

e Chi immola a voi i tori bianchi,
sangue puro di Venere ed Anchise,
esauditelo, forte a chi contende,
mite al nemico

che cade: e i Medi temono il suo braccio,
le scuri d'Alba, sulla terra e il mare,
a lui gli Sciti chiedono i responsi,
gl'Indiani austeri:

iam Fides et Pax et Honor Pudorque
priscus et neglecta redire Virtus
audet apparetque beata pleno
    Copia cornu;   60

augur et fulgente decorus arcu
Phoebus acceptusque novem Camenis,
qui salutari levat arte fessos
    corporis artus,

si Palatinas videt aequus aras,   65
remque Romanam Latiumque felix
alterum in lustrum meliusque semper
    prorogat aevum;

quaeque Aventinum tenet Algidumque,
quindecim Diana preces virorum   70
curat et votis puerorum amicas
    applicat auris.

Haec Iovem sentire deosque cunctos
spem bonam certamque domum reporto,
doctus et Phoebi chorus et Dianae   75
    dicere laudes.

lealtà e pace osano il ritorno,
l'onore reso ed il pudore antico,
il valore smarrito, e si rivela il segno
dell'Abbondanza. 60

Febo profeta, dall'arco abbagliante,
che nove Muse accolgono fra loro
e che ristora membra stanche d'uomini,
sereno guarda

i suoi altari sopra il Palatino, 65
Roma la grande ed il fecondo Lazio:
verso il sacro ritorno e meglio sempre
ne estende il tempo;

Diana, che regna l'Aventino e l'Algido,
ascolta i Quindecemviri che pregano, 70
è attenta al desiderio dei ragazzi
amici suoi:

che Giove voglia questo e gli Dei tutti
è fede certa che portiamo a casa,
noi che imparammo a cantare la gloria 75
di Febo e Diana.

GLI EPODI
[EPODON LIBER]

1.

Ibis Liburnis inter alta navium,
    amice, propugnacula,
paratus omne Caesaris periculum
    subire, Maecenas, tuo.
Quid nos, quibus te vita si superstite   5
    iucunda, si contra, gravis?
Utrumne iussi persequemur otium
    non dulce, ni tecum simul,
an hunc laborem mente laturi, decet
    qua ferre non mollis viros?   10
Feremus, et te vel per Alpium iuga,
    inhospitalem et Caucasum,
vel Occidentis usque ad ultimum sinum
    forti sequemur pectore.
Roges, tuum labore quid iuvem meo   15
    inbellis ac firmus parum?
Comes minore sum futurus in metu,
    qui maior absentis habet,
ut assidens inplumibus pullis avis
    serpentium adlapsus timet   20
magis relictis, non, ut adsit, auxili
    latura plus praesentibus.
Libenter hoc et omne militabitur
    bellum in tuae spem gratiae,
non ut iuvencis illigata pluribus   25

1.

A Mecenate

Andrai con le liburne,
amico, tra castelli alti di navi,
preparato a ogni prova
per il Cesare tuo, o Mecenate:
e io? per me la vita   5
è gioia se ti salvi, se no è peso.
Proseguire la quiete degli studi
come vuoi tu, a me cara ma con te,
o fare fronte a questo sacrificio
con lo spirito degno di chi è forte?   10
Sì, è meglio. E ti seguirò
dovunque, per i gioghi delle Alpi,
sul Caucaso che odia gli stranieri,
fino all'estremo golfo d'occidente,
con fortezza di cuore. Mi domandi   15
che giova questo sacrificio al tuo:
non sono uomo di guerra,
non ho grande salute.
Però al tuo fianco avrò meno apprensione;
cresce quando mi manchi.   20
La rondine nel nido con i piccoli
teme meno lo scivolio dei serpi
di quando li ha lasciati, e non importa
se la presenza non li aiuterà.
Servirò in questa guerra e in ogni altra   25
volentieri con una prospettiva:
la tua amicizia. Non giovenchi in più

>   aratra nitantur meis
> pecusve Calabris ante sidus fervidum
>   Lucana mutet pascuis,
> neque et superni villa candens Tusculi
>   Circaea tangat moenia.   30
> Satis superque me benignitas tua
>   ditavit; haud paravero
> quod aut avarus ut Chremes terra premam,
>   discinctus aut perdam nepos.

per tirarmi gli aratri, altro bestiame
da trasumare prima del gran caldo
dai pascoli di Puglia su in Lucania, 30
né la villa abbagliante che s'appoggia
alle mura di Circe, in Tuscolo alta.
Sono per tua bontà ricco abbastanza.
Non cerco soldi né per sotterrarli
come Cremete avaro né buttarli 35
come quel tal nipote debosciato.

2.

«Beatus ille qui procul negotiis,
   ut prisca gens mortalium
paterna rura bobus exercet suis,
   solutus omni fenore,
neque excitatur classico miles truci 5
   neque horret iratum mare,
forumque vitat et superba civium
   potentiorum limina.
Ergo aut adulta vitium propagine
   altas maritat populos, 10
aut in reducta valle mugientium
   prospectat errantis greges,
inutilisque falce ramos amputans
   feliciores inserit,
aut pressa puris mella condit amphoris, 15
   aut tondet infirmas ovis;
vel, cum decorum mitibus pomis caput
   Autumnus agris extulit,
ut gaudet insitiva decerpens pira
   certantem et uvam purpurae, 20
qua muneretur te, Priape, et te, pater
   Silvane, tutor finium.
Libet iacere modo sub antiqua ilice,
   modo in tenaci gramine;
labuntur altis interim ripis aquae, 25
   queruntur in silvis aves,
fontesque lymphis obstrepunt manantibus,
   somnos quod invitet levis.
At cum tonantis annus hibernus Iovis
   imbres nivesque comparat, 30

2.

Beato chi lontano dagli affari

«Beato chi, lontano dagli affari,
come l'uomo alle origini,
lavora il campo avito coi suoi bovi,
libero da scadenze!
La tromba militare non lo sveglia   5
col suo feroce squillo,
nessun mare arrabbiato lo spaventa,
evita il Foro e i portoni arroganti
di chi ha il potere in mano.
Ma sposa agli alti pioppi   10
i tralci della vite già cresciuti,
contempla in una valle solitaria
le mandre che muggiscono vagando,
recide con la ronca il ramo inutile
e innesta quelli buoni,   15
cola in anfore nuove il miele greve
e tosa le sue pecore emotive:
quando l'Autunno leva alla campagna
il capo bello di frutta matura,
è un piacere spiccare quelle pere   20
d'innesto, l'uva, che emula la porpora,
da offrire a te, Priapo, a te, Silvano
padre, che vegli sulla terra mia!
Bello è sdraiarsi sotto il leccio antico
sull'erbetta che dura   25
mentre il ruscello va tra le scarpate,
gli uccelli si querelano nel bosco,
sgorga e bisbiglia l'acqua delle fonti,
tutto invita al più placido dei sonni.
Ma quando è inverno e Giove tuona in cielo   30
e manda pioggia e neve,

aut trudit acris hinc et hinc multa cane
    apros in obstantis plagas
aut amite levi rara tendit retia,
    turdis edacibus dolos,
pavidumque leporem et advenam laqueo gruem   35
    iucunda captat praemia.
Quis non malarum quas amor curas habet
    haec inter obliviscitur?
Quodsi pudica mulier in partem iuvet
    domum atque dulcis liberos,   40
Sabina qualis aut perusta solibus
    pernicis uxor Apuli,
sacrum vetustis exstruat lignis focum
    lassi sub adventum viri
claudensque textis cratibus laetum pecus   45
    distenta siccet ubera
et horna dulci vina promens dolio
    dapes inemptas apparet,
non me Lucrina iuverint conchylia
    magisve rhombus aut scari,   50
siquos Eois intonata fluctibus
    hiems ad hoc vertat mare,
non Afra avis descendat in ventrem meum,
    non attagen Ionicus
iucundior, quam lecta de pinguissimis   55
    oliva ramis arborum,
aut herba lapathi prata amantis et gravi
    malvae salubres corpori,
vel agna festis caesa Terminalibus
    vel haedus ereptus lupo.   60
Has inter epulas ut iuvat pastas ovis
    videre properantis domum,
videre fessos vomerem inversum boves
    collo trahentis languido
positosque vernas, ditis examen domus,   65

via con grande canea in lungo e in largo
a cacciare i cinghiali nelle trappole;
o si stendono tra canne col vischio
reti larghe a imbrogliare i tordi ghiotti, 35
o s'acchiappano al laccio
lepri impaurite e pellegrine gru:
che allegria, che profitto.
Non passano così, fra tante cose,
le pene che l'amore porta dietro? 40
Con un'onesta moglie che t'aiuta
in casa, insieme coi tuoi cari figli,
che sembri una sabina, o la moglie
d'uno svelto pugliese, cotta al sole!
lei per l'arrivo del marito stanco 45
mette legna nel santo focolare,
chiude il prospero gregge nello stazzo,
prosciuga le mammelle belle tese,
spilla dal caro tino il vino nuovo
e ti fa un pranzo con la roba tua: 50
in cambio non darei
ostriche del Lucrino rombi scari
tutto il pesce dei mari dell'oriente
che porta qua l'autunno con i tuoni!
Neanche la faraona 55
mi scenda in corpo e neanche il francolino,
non mi danno allegria come le olive
colte dai rami grassi dei miei alberi,
il lapazio di campo, l'erba malva
(se ti senti pesante è un toccasana), 60
l'agnella uccisa per i Terminali,
il caprettino salvato dai lupi...
pranzi, e guardi contento le tue pecore
sazie tornare frettolose a casa,
guardi i buoi dalla flaccida giogaia 65
tirare stanchi il vomere sospeso,
e i servi, sciame della ricca casa,

> circum renidentis Lares.»
Haec ubi locutus fenerator Alfius,
iam iam futurus rusticus,
omnem redegit Idibus pecuniam,
quaerit Kalendis ponere. 70

al loro posto, intorno ai Lari lucidi.»
Così parlava Alfio l'usuraio,
già quasi contadino nel suo cuore; 70
e ritirò il denaro per le idi.
Alle calende lo rimise a frutto.

3.

Parentis olim siquis impia manu
    senile guttur fregerit,
edit cicutis alium nocentius.
    O dura messorum ilia!
Quid hoc veneni saevit in praecordiis? 5
    num viperinus his cruor
incoctus herbis me fefellit? an malas
    Canidia tractavit dapes?
Ut Argonautas praeter omnis candidum
    Medea mirata est ducem, 10
ignota tauris illigaturum iuga
    perunxit hoc Iasonem,
hoc delibutis ulta donis paelicem
    serpente fugit alite.
Nec tantus unquam siderum insedit vapor 15
    siticulosae Apuliae,
nec munus umeris efficacis Herculis
    inarsit aestuosius.
At siquid umquam tale concupiveris,
    iocose Maecenas, precor 20
manum puella savio opponat tuo,
    extrema et in sponda cubet.

3.

Il veleno

Chi mai con l'empia mano
squarciò la vecchia gola di suo padre
mangi aglio. Annienta più della cicuta.
Ah mietitori, viscere di ferro!
Che veleno mi strazia nei precordi? 5
Forse sangue di vipera in segreto
bollì tra queste erbette? Fu Canidia
che misturò la maligna vivanda?
Medea ammiratrice del più splendido
argonauta, il condottiero Giàsone, 10
lo unse di questo quando s'apprestava
a soggiogare i tori al giogo ignoto;
vendicatrice, imbevve dello stesso
i regali per quella mala femmina,
poi s'eclissò sopra l'alato drago. 15
Né mai dagli astri calò tanta arsura
sopra la Puglia dalla lunga sete,
né così avvampò l'atroce omaggio
sulle spalle del travagliato Eracle.
E se venisse a te simile voglia, 20
spassoso Mecenate, prego e auguro
che la tua bella fermi a mano tesa
i baci e a letto dorma, sulla sponda.

4.

Lupis et agnis quanta sortito obtigit,
    tecum mihi discordia est,
Hibericis peruste funibus latus
    et crura dura compede.
Licet superbus ambules pecunia,   5
    fortuna non mutat genus.
Videsne, sacram metiente te viam
    cum bis trium ulnarum toga,
ut ora vertat huc et huc euntium
    liberrima indignatio?   10
«Sectus flagellis hic triumviralibus
    praeconis ad fastidium
arat Falerni mille fundi iugera
    et Appiam mannis terit
sedilibusque magnus in primis eques   15
    Othone contempto sedet.
Quid attinet tot ora navium gravi
    rostrata duci pondere
contra latrones atque servilem manum,
    hoc, hoc tribuno militum?»   20

4.

Per P. M.

Schiena bruciata da corde di Spagna,
ginocchia dure di catena,
tra noi c'è guerra
quanta per fato tra gli agnelli e i lupi.
Vai, cammina superbo di denaro,   5
non ti cambia la razza la Fortuna.
Lo vedi, quando misuri la Via Sacra
con toga di sei braccia
lo sdegno di chi è libero davvero
si volta da ogni parte: 10
«L'hanno rotto le sferze dei triunviri
fino a che il banditore si stufò,
e ara mille iugeri
di terreno falerno,
corre l'Appia su un tiro di ginnetti,   15
e siede in prima fila, cavaliere
grosso, che gli ride in faccia, a Otone.
E che ci fanno tanti musi e becchi
di navi grosse, contro quei banditi
del mare e quell'esercito di schiavi,   20
se è lui un nostro generale, è lui».

5.

«At o deorum quicquid in caelo regit
    terras et humanum genus,
quid iste fert tumultus? et quid omnium
    voltus in unum me truces?
Per liberos te, si vocata partubus   5
    Lucina veris adfuit,
per hoc inane purpurae decus precor,
    per improbaturum haec Iovem,
quid ut noverca me intueris aut uti
    petita ferro belva?»   10
Ut haec trementi questus ore constitit
    insignibus raptis puer,
inpube corpus, quale posset impia
    mollire Thracum pectora,
Canidia, brevibus inplicata viperis   15
    crines et incomptum caput,
iubet sepulcris caprificos erutas,
    iubet cupressos funebris
et uncta turpis ova ranae sanguine
    plumamque nocturnae strigis   20
herbasque, quas Iolcos atque Hiberia
    mittit venenorum ferax,
et ossa ab ore rapta ieiunae canis
    flammis aduri Colchicis.
At expedita Sagana, per totam domum   25
    spargens Avernalis aquas,
horret capillis ut marinus asperis
    echinus aut currens aper.
Abacta nulla Veia conscientia
    ligonibus duris, humum   30
exhauriebat, ingemens laboribus,

5.

Il profumo della strega

«Ma per tutto il divino che è nel cielo
e regna sopra gli uomini e la terra,
cos'è questa rivolta, che mi fate?
perché tante mi guardano cattivo?
per i tuoi figli, se davvero mai   5
ti visitò Lucina e l'hai invocata,
per questa poca gloria della porpora,
e per Giove che non perdonerà,
ti supplico, perché i tuoi occhi sono
di matrigna, di bestia provocata?»   10
Così pianse e tremò il fanciullo, quando
tolte le vesti e i suoi segni d'onore,
si trovò corpo impubere, che avrebbe
intenerito il cuore empio d'un trace.
Canidia, che ha nodi di viperette   15
tra le chiome selvagge —
caprifico divelto dai sepolcri
tristo cipresso piuma di civetta
uova di rospo viscide di sangue
erbe di Iolco erbe dell'Iberia   20
feconda di veleni ossa strappate
alla bocca digiuna d'una cagna,
fa bollire su fiamme d'incantesimo.
Sàgana, chioma irta
come riccio di mare, come fuga   25
di cinghiale, discinta,
sparge in tutta la casa acqua d'inferno.
E Veia, che non storna alcun rimorso,
scava la terra con la vanga dura,
svuota svuota gemendo di fatica.   30

quo posset infossus puer
longo die bis terque mutatae dapis
    inemori spectaculo,
cum promineret ore, quantum extant aqua   35
    suspensa mento corpora,
exsecta uti medulla et aridum iecur
    amoris esset poculum,
interminato cum semel fixae cibo
    intabuissent pupulae.   40
Non defuisse masculae libidinis
    Ariminensem Foliam
et otiosa credidit Neapolis
    et omne vicinum oppidum,
quae sidera excantata voce Thessala   45
    lunamque caelo deripit.
Hic inresectum saeva dente livido
    Canidia rodens pollicem
quid dixit aut quid tacuit? «O rebus meis
    non infideles arbitrae,   50
Nox et Diana, quae silentium regis,
    arcana cum fiunt sacra,
nunc, nunc adeste, nunc in hostilis domos
    iram atque numen vertite.
Formidulosis cum latent silvis ferae   55
    dulci sopore languidae,
senem, quod omnes rideant, adulterum
    latrent Suburanae canes
nardo perunctum, quale non perfectius
    meae laborarint manus.   60
Quid accidit? cur dira barbarae minus
    venena Medeae valent,
quibus superbam fugit ulta paelicem,
    magni Creontis filiam,
cum palla, tabo munus inbutum, novam   65
    incendio nuptam abstulit?
Atqui nec herba nec latens in asperis

Qui lo seppelliranno, e il viso affiorerà
come corpo che nuota, fino al mento:
nel lungo giorno i cibi muteranno,
agonia di vedere:
col midollo raschiato e il secco fegato   35
si farà il beveraggio dell'amore
se le pupille immote
su quel cibo proibito coleranno.
Fòlia la Riminese anche c'era
(così ha creduto Napoli svagata   40
e, unanime, un prossimo villaggio),
uomo in amore, quella che strappò
dal cielo stelle e luna per magia.
E Canidia rodendosi con denti
illividiti il pollice artigliato   45
così parlò, così non si nascose:
«Voi che tutto sapete e non tradite,
Notte, Luna, regina del silenzio
sui riti del mistero, adesso è l'ora,
siate con me, volgete tutto l'odio   50
e la potenza vostra sulle case
delle nemiche! Adesso che le belve
dormono sonno dolce di stanchezza
nel cuore delle selve spaventate,
fate che tutti i cani di Suburra   55
latrino dietro il vecchio traditore,
che tutti lo beffeggino,
col suo odore di nardo — l'hanno fatto
queste mie mani, con perizia grande.
Chissà perché il veleno di Medea   60
la straniera, ha perduto di potenza:
e fu quello con cui si vendicò
fuggendo, della figlia di Creonte
il grande, la fortissima rivale:
il mantello, imbevuto d'infezione,   65
se la rapì, sposina delle fiamme!
Pure non mi sfuggì erba radice

    radix fefellit me locis.
Indormit unctis omnium cubilibus
    oblivione paelicum. 70
A, a, solutus ambulat veneficae
    scientioris carmine.
Non usitatis, Vare, potionibus,
    o multa fleturum caput,
ad me recurres, nec vocata mens tua 75
    Marsis redibit vocibus.
Maius parabo, maius infundam tibi
    fastidienti poculum,
priusque caelum sidet inferius mari
    tellure porrecta super, 80
quam non amore sic meo flagres uti
    bitumen atris ignibus.»
Sub haec puer iam non, ut ante, mollibus
    lenire verbis impias,
sed dubius unde rumperet silentium, 85
    misit Thyesteas preces:
«Venena magnum fas nefasque non valent
    convertere, humanam vicem.
Diris agam vos; dira detestatio
    nulla expiatur victima. 90
Quin, ubi perire iussus expiravero,
    nocturnus occurram furor,
petamque voltus umbra curvis unguibus,
    quae vis deorum est manium,
et inquietis assidens praecordiis 95
    pavore somnos auferam.
Vos turba vicatim hinc et hinc saxis petens
    contundet obscenas anus;
post insepulta membra different lupi
    et Esquilinae alites, 100
neque hoc parentes, heu mihi superstites,
    effugerit spectaculum».

difficile: e lui ci dorme,
e ne profuma i letti delle amanti,
lo fa dimenticare. Ahi, lo salva 70
l'incanto d'una maga più sapiente!
Ma ora Varo berrai un filtro nuovo:
e molto dovrà piangere il tuo capo,
e correrai da me, e la tua mente
non tornerà per formule di marsi. 75
Io più grande bevanda ti darò
ti verserò bevanda ben più forte
fino a saziarti: e allora
il cielo scenderà più giù del mare
e vi si stenderà la terra sopra 80
se tu non arderai per me d'amore
come la nera fiamma della pece!».

Non più cercò il fanciullo di lenire
i cuori atroci con parole dolci,
e non sapeva che parole dire. 85
Allora maledì, come Tieste:
«I veleni non possono mutare
il bene e il male della sorte umana!
Maledirò. E la maledizione
non storneranno mai i sacrifici. 90
Quando si fermerà il mio respiro,
se mi fate morire,
volerò a voi, Erinni nella notte,
ombra artigliata sulla vostra faccia,
ché lo possono i morti, 95
e siederò sul cuore senza pace,
il sonno nel terrore ruberò.
La folla dei villaggi scaccerà
con pietre, da ogni parte, picchierà
le streghe maledette. I lupi, 100
gli uccelli delle Esquilie spargeranno
le vostre membra senza sepoltura:
questo i genitori
sopravvissuti dovranno vederlo».

6.

Quid inmerentis hospites vexas, canis
    ignavus adversum lupos?
Quin huc inanis, si potes, vertis minas,
    et me remorsurum petis?
Nam qualis aut Molossus aut fulvus Lacon,   5
    amica vis pastoribus,
agam per altas aure sublata nives
    quaecumque praecedet fera;
tu, cum timenda voce complesti nemus,
    proiectum odoraris cibum.   10
Cave, cave, namque in malos asperrimus
    parata tollo cornua,
qualis Lycambae spretus infido gener
    aut acer hostis Bupalo.
An, siquis atro dente me petiverit,   15
    inultus ut flebo puer?

6.

Cane

Cane tu sei cattivo contro gli ospiti
senza peccato, e vile con i lupi.
Indirizzale a me le tue minacce
di vento, cerca me che so rimordere.
Come un molosso, come un rosso lupo,   5
amico duro del pastore, inseguo
a orecchie dritte per la neve fonda
qualunque sia la bestia da inseguire.
Spaventi di latrati la boscaglia
ma poi annusi il cibo che ti buttano.   10
Stai attento, stai attento,
ho corna dure contro la gentaglia,
somiglio a quel tal genere respinto
di Licambe spergiuro,
al nemico cattivo ch'ebbe Bùpalo.   15
Credi che se qualcuno verrà a mordermi
piangerò, come un povero ragazzo?

7.

Quo, quo scelesti ruitis? aut cur dexteris
    aptantur enses conditi?
parumne campis atque Neptuno super
    fusum est Latini sanguinis,
non ut superbas invidae Carthaginis 5
    Romanus arces ureret,
intactus aut Britannus ut descenderet
    sacra catenatus via,
sed ut secundum vota Parthorum sua
    urbs haec periret dextera? 10
Neque hic lupis mos nec fuit leonibus
    umquam nisi in dispar feris.
Furorne caecus an rapit vis acrior
    an culpa? responsum date.
Tacent, et albus ora pallor inficit 15
    mentesque perculsae stupent.
Sic est: acerba fata Romanos agunt
    scelusque fraternae necis,
ut inmerentis fluxit in terram Remi
    sacer nepotibus cruor. 20

7.

Il delitto

Dove precipitate nel delitto?
Perché impugnate spade ringuainate?
Forse il sangue latino non bastò,
sparso per tante terre e tanti mari
e non perché il romano ardesse rocche   5
superbe di Cartagine nemica
o Britanni mai raggiunti discendessero
incatenati lungo la Via Sacra,
ma perché, come sperano i Persiani,
perisse la Città di propria mano?   10
Ciò non fu mai tra lupi e tra leoni,
solo tra belve di diversa razza.
Vi porta una follia cieca, o una forza
più profonda, o una colpa? Rivelatemi
questo. Ma stanno muti. Sono bianchi,   15
hanno mente stordita, senza ascolto.
È la necessità, feroce, intendo,
che agita questo popolo di Roma,
il delitto, la morte d'un fratello.
È quel sangue innocente   20
di Remo che colò su questa terra
a maledire i figli e i loro figli.

8.

Rogare longo putidam te saeculo
    vires quid enervet meas,
cum sit tibi dens ater et rugis vetus
    frontem senectus exaret,
hietque turpis inter aridas natis 5
    podex velut crudae bovis?
Sed incitat me pectus et mammae putres,
    equina quales ubera,
venterque mollis et femur tumentibus
    exile suris additum. 10
Esto beata, funus atque imagines
    ducant triumphales tuum,
nec sit marita, quae rotundioribus
    onusta bacis ambulet.
Quid? quod libelli Stoici inter Sericos 15
    iacere pulvillos amant,
inlitterati num minus nervi rigent
    minusve languet fascinum?
quod ut superbo provoces ab inguine,
    ore adlaborandum est tibi. 20

8.

Quella sciantosa

Quella sciantosa dalla lunga vita
che fa: «Ma non sei in forma, cosa c'è?» —
C'è che hai i denti neri, e i troppi anni
hanno arato di rughe la tua fronte,
c'è che il tuo culo osceno si spalanca   5
tra chiappe brulle di vacca digiuna,
c'è che per eccitarmi mostri poppe
pendule come tette di cavalla,
c'è una pancia afflosciata e cosce secche
sovrapposte a polpacci elefantini.   10
Buona fortuna, dunque. E t'accompagnino
ritratti consolari al funerale,
senza sposate dietro, in passeggiata,
per mostrare le perle più rotonde.
(Chissà perché, tra i cuscini di seta,   15
quei libri stoici mollemente stesi.
Cazzo senza cultura è meno duro?
un membro stanco è forse meno stanco?
Per rialzarlo sull'inguine riottoso
devi darti da fare con la bocca).   20

9.

Quando repositum Caecubum ad festas dapes
    victore laetus Caesare
tecum sub alta (sic Iovi gratum) domo,
    beate Maecenas, bibam
sonante mixtum tibiis carmen lyra, 5
    hac Dorium, illis barbarum?
ut nuper, actus cum freto Neptunius
    dux fugit ustis navibus,
minatus urbi vincla, quae detraxerat
    servis amicus perfidis. 10
Romanus, eheu (posteri, negabitis)
    emancipatus feminae
fert vallum et arma, miles et spadonibus
    servire rugosis potest,
interque signa turpe militaria 15
    sol aspicit conopium.
At huc frementis verterunt bis mille equos
    Galli canentes Caesarem,
hostiliumque navium portu latent
    puppes sinistrorsum citae. 20
Io Triumphe, tu moraris aureos
    currus et intactas boves?
Io Triumphe, nec Iugurthino parem
    bello reportasti ducem,
neque Africanum, cui super Carthaginem 25
    virtus sepulcrum condidit.
Terra marique victus hostis punico
    lugubre mutavit sagum.

9.

Il cècubo della vittoria

Il cècubo che serbi, Mecenate
felice, quando lo berrò con te,
nella tua grande casa, nella gioia
della vittoria — così Giove voglia —
di Cesare, nel canto della dorica   5
lira confusa col selvaggio flauto,
come quel giorno, in cui il condottiero
di Nettuno, che a Roma minacciava
i ceppi tolti a schiavi senza fede,
che protese, e nel mare fu battuto,   10
le sue navi bruciarono e fuggì?
C'è un romano
— e non lo crederanno nel futuro —
a cui una donna dà la libertà:
un soldato col palo sulla spalla   15
e l'armatura, agli ordini
di vegliardi invertiti. Il sole tra le insegne
brilla lugubre su una zanzariera.
Ma duemila di Gallia
hanno volto i cavalli   20
frementi incontro a noi, cantando Cesare.
Le navi del nemico hanno virato
verso sinistra, svelte. Stanno in porto.
Tu, o Trionfo, non fermare
i carri d'oro, le giovenche intatte!   25
Trionfo, dalla guerra di Giugurta
non riportasti uguale condottiero,
neppure l'Africano, a cui il Valore
eresse su Cartagine il sepolcro.
Il Nemico, battuto in mare e in terra, 30
si spogliò della porpora e indossò

Aut ille centum nobilem Cretam urbibus
    ventis iturus non suis, 30
exercitatas aut petit Syrtis Noto
    aut fertur incerto mari.
Capaciores affer huc, puer, scyphos
    et Chia vina aut Lesbia
vel, quod fluentem nauseam coerceat, 35
    metire nobis Caecubum.
Curam metumque Caesaris rerum iuvat
    dulci Lyaeo solvere.

un funebre mantello di soldato,
e venti non più suoi lo porteranno
forse a Creta e alle sue cento città,
o il Noto lo spingerà alle Sirti inquiete,   35
o andrà vagando per incerti mari.

Dunque, ragazzo, porta tazze grandi,
vino di Chio o di Lesbo
— è il migliore per il mal di mare —
mesci di quello: cècubo.   40
Liberarmi da angosce e da timori
per la causa di Cesare
col dolce Dio liberatore, è bene.

10.

Mala soluta navis exit alite
    ferens olentem Mevium;
ut horridis utrumque verberes latus,
    Auster, memento fluctibus;
niger rudentis Eurus inverso mari 5
    fractosque remos differat,
insurgat Aquilo, quantus altis montibus
    frangit trementis ilices,
nec sidus atra nocte amicum appareat,
    qua tristis Orion cadit, 10
quietiore nec feratur aequore
    quam Graia victorum manus,
cum Pallas usto vertit iram ab Ilio
    in impiam Aiacis ratem.
O quantus instat navitis sudor tuis 15
    tibique pallor luteus
et illa non virilis heiulatio,
    preces et aversum ad Iovem,
Ionius udo cum remugiens sinus
    Noto carinam ruperit. 20
Opima quodsi praeda curvo litore
    porrecta mergos iuverit,
libidinosus immolabitur caper
    et agna Tempestatibus.

10.

Per Mevio

Salpa la nave nella sua iattura
con il tanfo di Mevio.
Austro, bastona babordo e tribordo
coi selvaggi marosi, tienlo a mente.
Ed Euro nero, con il mare contro,   5
semini intorno corde e remi infranti.
E tramontana s'alzi come quando
sui monti alti scuote e schianta i lecci.
E nella fosca notte dove Orione
cupamente tramonta   10
non gli appaia nessuna stella amica.
L'onda benigna se lo porti come
quella schiera di greci vincitori
quando l'odio di Pallade si volse
dalla cenere d'Ilio   15
contro il legno sacrilego d'Aiace.
Ahi, quanta pena attende i marinai,
e te pallore giallo, urla femminee,
e preghiere da Giove inascoltate:
muggendo sotto l'umido scirocco   20
ti spaccherà lo Ionio la carena.
Così distesa sopra il curvo lido
la preda grassa piacerà agli smerghi.
Alla Tempesta sacrificherò
un caprone virile ed un'agnella.   25

11.

Petti, nihil me sicut antea iuvat
    scribere versiculos amore percussum gravi,
Amore, qui me praeter omnis expetit
    mollibus in pueris aut in puellis urere.
Hic tertius December, ex quo destiti 5
    Inachia furere, silvis honorem decutit.
Heu me, per urbem (nam pudet tanti mali)
    fabula quanta fui! Conviviorum et paenitet
in quis amantem languor et silentium
    arguit et latere petitus imo spiritus. 10
«Contrane lucrum nil valere candidum
    pauperis ingenium!» querebar adplorans tibi,
simul calentis inverecundus deus
    fervidiore mero arcana promorat loco.
«Quodsi meis inaestuet praecordiis 15
    libera bilis, ut haec ingrata ventis dividat
fomenta volnus nil malum levantia,
    desinet inparibus certare summotus pudor».
Ubi haec severus te palam laudaveram,
    iussus abire domum ferebar incerto pede 20
ad non amicos, heu, mihi postis et, heu,
    limina dura, quibus lumbos et infregi latus.
Nunc gloriantis quamlibet mulierculam

11.

A Pettio

Non mi va come prima fare versi
Pettio, a una brutta botta dell'amore,
che pretende che bruci più di tutti
per via di donne o teneri ragazzi.
Questo dicembre che denuda il bosco   5
è il terzo da che finì la mia pazzia
per Inàchia. Che favola divenni,
per tutta la città. Una malattia,
di cui sento vergogna. E mi dispiace
di quei conviti, quando stavo muto,   10
distrutto, e sospiravo dal profondo
del petto e mi tradivo innamorato.
«Possibile — gemevo — che non conti
la purezza di cuore se uno è povero,
ma quello che guadagna?» e ci piangevo   15
quando un demone senza dignità
per un po' più di vino generoso
portava al sole misteri ed ardori.
«Ah se una rabbia mi si accende dentro
di liberarmi, da buttare al vento   20
questi che sono odiosi palliativi,
inutili a una piaga così grave,
la dignità umiliata smetterà
di combattere ad armi disuguali».
Una scelta virile, al tuo cospetto.   25
Tu mi dicevi di tornare a casa.
Andavo con un passo titubante,
da amici no, ma verso quella soglia,
quell'aspra porta, a rompermi la schiena.
— E ora mi lega voglia d'un lupetto   30

vincere mollitia amor Lycisci me tenet;
unde expedire non amicorum queant   25
   libera consilia nec contumeliae graves,
sed alius ardor aut puellae candidae
   aut teretis pueri longam renodantis comam.

che si vanta più morbido e gentile
di qualunque donnetta che ci sia.
Franchi pareri e dure contumelie
degli amici non possono slegarmi.
Occorre un'altra cotta. O una ragazza 35
meravigliosa, o un ragazzino liscio
che fa un nodo ai lunghissimi capelli.

12.

Quid tibi vis, mulier nigris dignissima barris?
    munera quid mihi quidve tabellas
mittis nec firmo iuveni neque naris obesae?
    namque sagacius unus odoror,
polypus an gravis hirsutis cubet hircus in alis,   5
    quam canis acer, ubi lateat sus.
Qui sudor vietis et quam malus undique membris
    crescit odor, cum pene soluto
indomitam properat rabiem sedare, neque illi
    iam manet umida creta colorque   10
stercore fucatus crocodili iamque subando
    tenta cubilia tectaque rumpit!
Vel mea cum saevis agitat fastidia verbis:
    «Inachia langues minus ac me;
Inachiam ter nocte potes, mihi semper ad unum   15
    mollis opus. Pereat male quae te
Lesbia quaerenti taurum monstravit inertem,
    cum mihi Cous adesset Amyntas,
cuius in indomito constantior inguine nervus
    quam nova collibus arbor inhaeret.   20
Muricibus Tyriis iteratae vellera lanae
    cui properabantur? tibi nempe,
ne foret aequalis inter conviva, magis quem
    diligeret mulier sua quam te.

12.

La capra

Sei, come donna, tipo da elefanti:
che vuoi da me? mi mandi regali, letterine;
sono un ragazzo serio. E per di più ho un naso.
Fiuto con raro istinto il polipo e l'afrore
di capra dimorante greve in ascelle folte,   5
più che il bracco di razza il covo del cinghiale.
E l'odore poi cresce col sudore
malignamente ovunque dalle sue antiche membra
quando sul membro inerte
sfoga una rabbia fiera: 10
cade intanto leggera
la creta inumidita col belletto
fatto di sterco di coccodrilletto
mentre lei nella foia
rompe i cinghioni e le cortine al letto.   15
E senza rispettare il mio disgusto
mi fa certi discorsi dolorosi:
«Ma non sei così fiacco con Inachia.
Tre volte in una notte ce la fai con Inachia.
Con me al primo esercizio sei già stanco.   20
Le venga un accidente a Lesbia! cerco un toro,
lei mi presenta te, un buono a niente.
E avevo Aminta di Coo, con un coso
piantato sopra l'inguine potente
come un albero giovane sul poggio,   25
anche più forte. Tutte queste lane
passate e ripassate nella porpora
per chi le credi pronte e preparate?
ma per te, non capisci, perché fossi
al primo posto, l'uomo   30
che la donna antepone a tutti quanti:

O ego non felix, quam tu fugis, ut pavet acris   25
   agna lupos capreaeque leones».

eri tu! disgraziata che io sono,
hai paura di me,
come l'agnella d'un lupo affamato,
la capra che ha spavento dei leoni».

13.

Horrida tempestas caelum contraxit et imbres
    Nivesque deducunt Iovem; nunc mare, nunc silvae
Threicio Aquilone sonant; rapiamus, amici,
    occasionem de die, dumque virent genua
et decet, obducta solvatur fronte senectus.   5
    Tu vina Torquato move consule pressa meo,
cetera mitte loqui; deus haec fortasse benigna
    reducet in sedem vice. Nunc et Achaemenio
perfundi nardo iuvat et fide Cyllenea
    levare diris pectora sollicitudinibus,   10
nobilis ut grandi cecinit Centaurus alumno:
    «Invicte mortalis dea nate puer Thetide,
te manet Assaraci tellus quam frigida parvi
    findunt Scamandri flumina, lubricus et Simois,
unde tibi reditum certo subtemine Parcae   15
    rupere nec mater domum caerula te revehet.
Illic omne malum vino cantuque levato,
    deformis aegrimoniae dulcibus alloquiis».

13.

La Tracia

Selvaggia tempesta s'addensa,
cade il cielo con tutta la sua neve
e la sua pioggia; mare bosco suonano
sotto la tramontana della Tracia.
Ruba al tempo l'istante finché c'è   5
bellezza e sono fresche le ginocchia:
sciogliamo questo velo di vecchiaia.
Rimuovi tu quel vino, che han premuto
al tempo del mio console, Torquato.
E poi: taci. Chissà se un Dio non porti   10
tempi migliori. Intanto è bene
irrorarsi del nardo più regale,
è bene sulla lira cillenèa
lenire l'inquietudine dannata.
Cantò il Centauro illustre all'alto Alunno: 15
«Invincibile, figlio morituro
di Tetide divina,
c'è la terra d'Assàraco per te,
che il freddo corso breve di Scamandro
taglia e lo scivoloso Simoenta,   20
e il ritorno infallibili le Parche
come si taglia un filo hanno tagliato,
e non saprà mai più condurti a casa
neppure la tua dolce madre azzurra.
Allora tu laggiù consolerai   25
col vino e il canto il male, e con i dolci
colloqui la tristezza che ti sciupa».

14.

Mollis inertia cur tantam diffuderit imis
    oblivionem sensibus,
pocula Lethaeos ut si ducentia somnos
    arente fauce traxerim,
candide Maecenas, occidis saepe rogando: 5
    deus, deus nam me vetat
inceptos, olim promissum carmen, iambos
    ad umbilicum adducere.
Non aliter Samio dicunt arsisse Bathyllo
    Anacreonta Teium,   10
qui persaepe cava testudine flevit amorem
    non elaboratum ad pedem.
Ureris ipse miser; quodsi non pulchrior ignis
    accendit obsessam Ilion,
gaude sorte tua; me libertina, nec uno   15
    contenta, Phryne macerat.

14.

Perché morbido ozio mi ha versato

Perché morbido ozio mi ha versato
tanta dimenticanza in fondo ai sensi
come se avessi attinto sitibondo
dal fiume dell'oblio coppe di sonno,
limpido Mecenate, troppo spesso   5
me lo chiedi, e mi uccidi.
Un Dio, un Dio non vuole
che porti i giambi, il canto cominciato
e già previsto, al margine del rotolo.
Non di altro fuoco arse   10
dicono, Anacreonte
da Teo, per Batillo il samiese,
e spesso sulla concava testuggine
senza studiare il ritmo pianse amore.
Infelice, anche tu   15
bruci. Ma è fiamma bella come quella
che incendiò Ilio e le portò la guerra:
la tua sorte sia gioia. Per me
c'è una Frine liberta che mi macera,
io non le basto.   20

15.

Nox erat et caelo fulgebat Luna sereno
    inter minora sidera,
cum tu, magnorum numen laesura deorum,
    in verba iurabas mea,
artius atque hedera procera adstringitur ilex   5
    lentis adhaerens bracchiis,
dum pecori lupus et nautis infestus Orion
    turbaret hibernum mare
intonsosque agitaret Apollinis aura capillos,
    fore hunc amorem mutuum.   10
O dolitura mea multum virtute Neaera!
    nam siquid in Flacco viri est,
non feret adsiduas potiori te dare noctes
    et quaeret iratus parem,
nec semel offensae cedet constantia formae,   15
    si certus intrarit dolor.
Et tu, quicumque es felicior atque meo nunc
    superbus incedis malo,
sis pecore et multa dives tellure licebit
    tibique Pactolus fluat   20
nec te Pythagorae fallant arcana renati
    formaque vincas Nirea,
heu heu, translatos alio maerebis amores:
    ast ego vicissim risero.

15.

Finché sarà nemico al gregge il lupo

Era notte e la luna scintillava
tra le luci minori delle stelle
e tu alle mie parole rispondevi
«giuro», pronta a tradire
il santo nome degli Dei — io ero   5
avvinto alle tue morbide braccia
come l'edera stringe l'alto leccio —
«fin che sarà nemico al gregge il lupo
e Orione al marinaio
quando agita il mare nell'inverno   10
e fin che l'aria toccherà la chioma
mai recisa d'Apollo,
tuo e mio sarà il nostro amore» —
ma molto dovrai piangere
Neera, per questo mio essere uomo!   15
perché se l'uomo c'è in questo Flacco
non patirà che tutte le tue notti
le dia a chi è il più forte
e l'ira chiederà la parte uguale.
Sarà allora infallibile il dolore,   20
sarà fermo
davanti alla bellezza così offesa.

Io non so chi tu sia, più fortunato,
che superbo cammini sul mio male.
Ma puoi essere ricco e di terre e di armenti,   25
ti può scorrere l'oro come un fiume,
puoi essere maestro nei misteri
di Pitagora che nacque e che risorse
e superare Nireo per bellezza —
avrai la ricompensa d'un amore   30
che va da un altro. E sarà la mia volta,
riderò.

16.

Altera iam teritur bellis civilibus aetas,
  suis et ipsa Roma viribus ruit.
Quam neque finitimi valuerunt perdere Marsi,
  minacis aut Etrusca Porsenae manus,
aemula nec virtus Capuae nec Spartacus acer   5
  novisque rebus infidelis Allobrox,
nec fera caerulea domuit Germania pube
  parentibusque abominatus Hannibal,
impia perdemus devoti sanguinis aetas
  ferisque rursus occupabitur solum.   10
Barbarus, heu, cineres insistet victor, et urbem
  eques sonante verberabit ungula,
quaeque carent ventis et solibus ossa Quirini,
  (nefas videre) dissipabit insolens.
Forte quid expediat communiter aut melior pars   15
  malis carere quaeritis laboribus?
nulla sit hac potior sententia, Phocaeorum
  velut profugit execrata civitas
agros atque Lares patrios habitandaque fana
  apris reliquit et rapacibus lupis,   20
ire, pedes quocumque ferent, quocumque per undas
  Notus vocabit aut protervus Africus.
Sic placet? an melius quis habet suadere? secunda

16.

Oltre le rive etrusche

Una seconda epoca s'estingue
nella guerra civile.
Roma rovina sulla sua potenza.
Quella che non poterono distruggere
i Marsi sui confini, 5
la schiera torva di Porsenna etrusco,
il valore di Capua la rivale,
Spartaco in lotta e l'infedele allòbrogo
nell'insidia civile, la Germania
dalla selvaggia giovinezza azzurra, 10
Annibale che i padri maledirono,
perderà l'età nostra, la colpevole,
sangue sacrificale. Il nostro suolo
sarà ancora occupato dalle belve.
Sulle ceneri un barbaro 15
sosterà vittorioso, il suo cavallo
picchierà con lo zoccolo sonoro
la Città, le ossa di Quirino,
che ignorarono sempre il vento e il sole,
saranno con disprezzo profanate. 20
Forse chiedete voi, tutti, o i migliori,
come affrancarsi dalla grande angoscia:
migrare, e non ci sia altro consiglio
più forte, andare, come quei Focesi,
la gente maledetta 25
che lasciò campi e templi ad abitarci
cinghiali e lupi e abbandonò i morti,
andiamo dove il viaggio porterà,
dove ci porteranno sulle onde
il libeccio protervo o lo scirocco. 30
Approvate? O qualcuno ha da proporre

>   ratem occupare quid moramur alite?
> Sed iuremus in haec: «Simul imis saxa renarint   25
>   vadis levata, ne redire sit nefas,
> neu conversa domum pigeat dare lintea, quando
>   Padus Matina laverit cacumina,
> in mare seu celsus procurrerit Appenninus
>   novaque monstra iunxerit libidine   30
> mirus amor, iuvet ut tigris subsidere cervis,
>   adulteretur et columba milvo,
> credula nec ravos timeant armenta leones
>   ametque salsa levis hircus aequora».
> Haec et quae poterunt reditus abscindere dulcis   35
>   eamus omnis execrata civitas
> aut pars indocili melior grege; mollis et exspes
>   inominata perpremat cubilia.
> Vos, quibus est virtus, muliebrem tollite luctum,
>   Etrusca praeter et volate litora.   40
> Nos manet Oceanus circumvagus; arva, beata
>   petamus arva, divites et insulas,
> reddit ubi Cererem tellus inarata quotannis
>   et inputata floret usque vinea,
> germinat et numquam fallentis termes oliva   45
>   suamque pulla ficus ornat arborem,
> mella cava manant ex ilice, montibus altis

cosa migliore? Dunque che aspettiamo
per imbarcarci con il buon augurio?
Ma così prima giureremo: «Quando
i macigni del fondo delle acque   35
saliranno affiorando,
non sarà più il ritorno maledetto:
non ci disgusti voltare le vele
verso la patria quando
lambirà il Po le cime del Matino,   40
l'arduo Appennino piomberà nel mare,
un inaudito amore e istinti nuovi
uniranno animali per prodigio,
le cerve s'uniranno con le tigri,
adultere colombe con il nibbio,   45
armenti fiduciosi
non temeranno più i leoni fulvi,
i montoni godranno
alla carezza delle acque salse».
Con questi giuramenti e altri ancora,   50
quanti meglio sapranno
tagliare la dolcezza del ritorno,
andremo tutti noi, i cittadini,
o il meglio, chi non è del gregge tardo,
e i fiacchi che non hanno più domani   55
premano i loro funebri giacigli.
Ma voi, i valorosi, senza pianto
da donne, volate oltre le rive etrusche.
L'Oceano che vaga intorno al mondo
ci attende. E andremo   60
in cerca delle terre fortunate,
delle isole ricche dove il suolo
dà frutto sempre senza mai ararlo,
la vigna non potata è sempre florida,
l'olivo non tradisce germinando,   65
il fico rugginoso adorna l'albero,
stilla il miele dai lecci cavi, balza

        levis crepante lympha desilit pede.
Illic iniussae veniunt ad mulctra capellae
        refertque tenta grex amicus ubera, 50
nec vespertinus circumgemit ursus ovile,
        neque intumescit alta viperis humus;
pluraque felices mirabimur, ut neque largis
        aquosus Eurus arva radat imbribus,
pinguia nec siccis urantur semina glaebis, 55
        utrumque rege temperante caelitum.
Non huc Argoo contendit remige pinus
        neque inpudica Colchis intulit pedem,
non huc Sidonii torserunt cornua nautae,
        laboriosa nec cohors Ulixei; 60
nulla nocent pecori contagia, nullius astri
        gregem aestuosa torret impotentia.
Iuppiter illa piae secrevit litora genti,
        ut inquinavit aere tempus aureum;
aere, dehinc ferro duravit seacula, quorum 65
        piis secunda vate me datur fuga.

dai monti alti, sonora, un'acqua lieve:
laggiù le capre vengono
senza richiamo per la mungitura, 70
il gregge è amico, le mammelle gonfie.
Non si ode a sera l'orso
urlare intorno all'ovile, la terra
profonda non s'inturgida di vipere.
Spesso felicemente stupiremo; 75
d'uno scirocco carico di acqua
che non rade di larghe piogge il campo,
del secco delle zolle che non brucia
la semenza nutrita, perché entrambi
misurerà il Padre dei celesti. 80
Mai non giunse laggiù remeggio d'Argo
né l'Impura di Colchide ne scese,
marinai di Sidone non piegarono
le antenne delle navi a quel bersaglio,
né la schiera d'Ulisse travagliata. 85
Nessun contagio offende mai le mandre,
furore d'astri non incendia il gregge.
Quando il tempo dell'oro fu venato
di bronzo, Giove padre quelle rive
separò per il popolo dei giusti. 90
Poi vennero le lunghe età del ferro.
Da quelle noi fuggiamo. E per i giusti
sono io profeta del felice esilio.

17.

«Iam iam efficaci do manus scientiae,
supplex et oro regna per Proserpinae,
per et Dianae non movenda numina,
per atque libros carminum valentium
refixa caelo devocare sidera, 5
Canidia, parce vocibus tandem sacris
citumque retro solve, solve turbinem.
Movit nepotem Telephus Nereium,
in quem superbus ordinarat agmina
Mysorum et in quem tela acuta torserat; 10
unxere matres Iliae addictum feris
alitibus atque canibus homicidam Hectorem,
postquam relictis moenibus rex procidit,
heu, pervicacis ad pedes Achillei;
saetosa duris exuere pellibus 15
laboriosi remiges Ulixei
volente Circa membra: tunc mens et sonus
relapsus atque notus in voltus honor.
Dedi satis superque poenarum tibi,
amata nautis multum et institoribus. 20
Fugit iuventas, et verecundus color
reliquit ossa pelle amicta lurida;
tuis capillus albus est odoribus;
nullum a labore me reclinat otium,
urget diem nox et dies noctem, neque est 25
levare tenta spiritu praecordia.

17.

Palinodia per Canidia

«Pace. Mi arrendo alla sapienza magica.
Supplico, per il regno di Proserpina
e il potere intangibile di Diana,
per i volumi delle sacre formule
che possano schiodare   5
le stelle e farle scendere dal cielo,
Canidia, ferma le maledizioni,
sciogli all'indietro il rombo, presto, stornalo!
Toccò Tèlefo il cuore del nipote
di Nèreo, che superbamente aveva   10
schierato incontro a lui orde di Misi
e vibrato le frecce acuminate.
E le madri troiane unsero d'olio
Ettore l'uccisore, destinato
ai cani ed ai rapaci, quando il re   15
lasciò le mura e cadde supplicando
Achille irremovibile ai suoi piedi.
E la ciurma di Ulisse travagliata
quando Circe annuì, svestì le membra
setolose di quelle aspre pelli,   20
con la voce e il pensiero riaffiorò
la familiare dignità dei volti.
Ho scontato abbastanza, ho già pagato,
o cara ai marinai e ai bottegai.
Fugge le giovinezza e la mia aria   25
onesta e sana, sono un mucchio d'ossa
avvolto in una pelle cadaverica.
Mi hanno fatto canuto i tuoi profumi.
Non faccio nulla e non ho mai riposo.
La notte scaccia il giorno, il giorno scaccia   30
la notte e l'ansia non mi lascia il cuore.

Ergo negatum vincor ut credam miser
Sabella pectus increpare carmina
caputque Marsa dissilire nenia.
Quid amplius vis? o mare et terra, ardeo   30
quantum neque atro delibutus Hercules
Nessi cruore nec Sicana fervida
virens in Aetna flamma. Tu, donec cinis
iniuriosis aridus ventis ferar,
cales venenis officina Colchicis.   35
Quae finis aut quod me manet stipendium?
effare; iussas cum fide poenas luam,
paratus expiare, seu poposceris
centum iuvencos, sive mendaci lyra
voles sonare: "Tu pudica, tu proba   40
perambulabis astra sidus aureum".
Infamis Helenae Castor offensus vice
fraterque magni Castoris, victi prece,
adempta vati reddidere lumina:
et tu (potes nam) solve me dementia,   45
o nec paternis obsoleta sordibus,
nec in sepulcris pauperum prudens anus
novendialis dissipare pulveres.
Tibi hospitale pectus et purae manus,
tuusque venter Pactumeius, et tuo   50
cruore rubros obstetrix pannos lavit,
utcumque fortis exilis puerpera».
«Quid obseratis auribus fundis preces?
Non saxa nudis surdiora navitis
Neptunus alto tundit hibernus salo.   55

Dunque ho perduto, e quello che negavo
per mia sventura, è vero: i sortilegi
dei Sabelli feriscono nel cuore
e la nenia dei Marsi dà il farnetico.   35
Che vuoi ancora? Mare, terra, brucio,
più di Ercole cosparso di quel nero
sangue di Nesso, più della rovente
fiamma verde dell'Etna siciliana:
e finché non sarò cenere asciutta   40
sparsa al vento maligno, infierirai,
fucina dei veleni della Colchide.
C'è un basta? Oppure, quale cifra manca?
Dimmelo. Sborserò senza raggiri.
Sono pronto a qualunque penitenza.   45
Cento giovenchi? be', li avrai. Poesia
in mala fede? E sia: "O casta, o pura,
passeggerai tra gli astri stella d'oro…"
Castore grande e il fratello di Castore
offesi a causa d'Elena infamata,   50
piegati dalle suppliche, al poeta
resero gli occhi dopo averli tolti.
Così tu che lo puoi, ridammi il senno,
o indenne tra le macchie di tuo padre,
tu che non fosti mai la vecchia esperta   55
che profanava dopo i nove giorni
le ceneri di tombe proletarie:
cuore ospitale, vereconde mani:
e Pattumeio è frutto del tuo ventre:
e tuo è il sangue   60
che l'ostetrica lava nei lenzuoli
quando tu, forte puerpera,
dopo ogni parto balzi giù dal letto».

«A orecchie sorde effondi le tue suppliche.
Non così sordi al marinaio nudo   65
sono gli scogli che Nettuno batte
in alto mare nel profondo inverno.

Tu hai svelato i Cotittia, tu hai irriso
il rito della libera passione:
sarai punito. Fosti inquisitore   70
nella fattura sopra l'Esquilino
riempiendo del mio nome la Città:
perciò sarai punito. Forse invano
ho arricchito megere di Peligna
e filtrato veleni repentini?   75
Ma la tua morte sarà tarda, oltre
ogni speranza: tu odierai la vita
disgraziato, e l'avrai solo per questo,
per esser pronto sempre a nuove pene.
Tantalo padre dell'infido Pelope   80
che sempre manca d'un onesto cibo
invoca un po' di pace; e questo invoca
Prometeo avvinto col rapace in faccia;
Sisifo invoca solo di posare
il suo macigno al vertice del monte,   85
ma le leggi di Giove non lo vogliono!
Tu vorrai torri alte per gettarti,
spada norica per aprirti il petto,
corda per impiccarti irreperibile,
cupo, ristucco ormai di sofferenza.   90
E io galopperò sulle tue spalle odiose,
s'arrenderà la terra a me sfacciata.
Io che posso — e lo sai perché hai voluto —
dare moto alle immagini di cera
e strappare la luna giù dal cielo   95
per sortilegio, io che posso
risuscitare i morti già bruciati
e dosare la coppa delle voglie,
credi che piangerò sull'arte mia
perché non sappia agire su di te?»   100

Inultus ut tu riseris Cotytia
volgata, sacrum liberi Cupidinis,
et Esquilini pontifex venefici
inpune ut urbem nomine impleris meo?
Quid proderat ditasse Paelignas anus   60
velociusve miscuisse toxicum?
Sed tardiora fata te votis manent:
ingrata misero vita ducenda est in hoc,
novis ut usque suppetas laboribus.
Optat quietem Pelopis infidi pater,   65
egens benignae Tantalus semper dapis,
optat Prometheus obligatus aliti,
optat supremo conlocare Sisyphus
in monte saxum; sed vetant leges Iovis.
Voles modo altis desilire turribus,   70
modo ense pectus Norico recludere,
frustraque vincla gutturi nectes tuo
fastidiosa tristis aegrimonia.
Vectabor umeris tunc ego inimicis eques
meaeque terra cedet insolentiae.   75
An quae movere cereas imagines,
ut ipse nosti curiosus, et polo
deripere lunam vocibus possim meis,
possim crematos excitare mortuos
desiderique temperare pocula,   80
plorem artis in te nil agentis exitus?»

COMMENTO

ODI

LIBRO PRIMO

1.

Per la cosiddetta edizione del 23, vd. la *Nota sulla cronologia* a p. 545; Mecenate, il massimo dedicatario, diventerà anche l'unico: «Col tuo nome cominciò la mia poesia, col tuo nome doveva chiudersi...» (*Epist.* I 1,1).

1. Gaio Cilnio Mecenate discendeva da una famiglia di «lucumoni» (re etruschi) di Arezzo, già attestata come «potentissima» nel 352 (Livio X 3 e 5). Non faceva parte dunque della nobiltà originaria, e a Roma apparteneva (come Orazio!) alla classe dei «cavalieri», fondata sul censo.

3 sgg. Le gloriose gare olimpiche continuarono a essere celebrate fino al 393 d.C. (oltre un millennio dalla prima, 776 a.C.), e al tempo di Orazio, sebbene limitate al mondo greco, erano ancora prestigiose; ma l'apoteosi della «palma» (con la quale si usava premiare i vincitori, invece che con l'oleastro come al tempo di Pindaro) restava un po' ideale.

5. Era grande arte dell'auriga (e brivido per lo spettatore) il giro strettissimo intorno alle due *metae* (pilastri marmorei) che delimitavano la spina della pista.

10-11. *le tre cariche*: edilità curule, pretura e consolato, la fase culminante della carriera politica romana (i «Quiriti» sono i cittadini romani, elettori in parte formali e in ogni caso folla, *vulgus*, nutrito di «opinioni» e non di «certezze» come il filosofo, e perciò infedele anche a se stesso).

15. «A prezzi attalici», dice il testo con espressione che sa di proverbiale; Attalo III, ultimo re di Pergamo, morendo (nel 133) lasciò erede del regno e del famoso tesoro il popolo romano.

17. L'originale dà il nome del mare (Mirto è un'isola

dell'Egeo orientale): precisazioni del vago o del tipico che forse avevano un colore esotico che non è più tale per noi.

20. *Icaro*: il figlio di Dedalo, che volò da Creta sulle ali operate dal padre, precipitando in un punto che al tempo di Orazio si individuava non lontano da Samo, dove c'era un'isola Icaria bagnata da un mare omonimo (cfr. IV 2,2-4).

41. Musa della lirica.

42. *corde lesbie*: la poesia di Alceo e Saffo (sec. VI-V) nativi dell'isola eolica di Lesbo.

2.

La resurrezione, dopo i diciotto anni delle guerre civili. Tragedia troppo grande perché la fede e la speranza non siano, soprattutto, preghiera. Gli Dei punirono e gli Dei salveranno: Apollo, venerato da Ottaviano, Venere progenitrice della *gens Iulia*, il Dio della guerra; ma l'esecutore sarà un Giovane (si pensa ad Alessandro, al Napoleone del '96, *der Jüngling*, esaltato da Hölderlin) che pare, che *è* Mercurio «Vendicatore» e rivendicatore.

L'ultima guerra, quella di Azio (31), promette i suoi frutti e Orazio li spera e li intuisce. Forse il compito del rivendicatore è più forte del titolo di *Augustus*, conferitogli nel 27, e non decide la cronologia. Ma nel 27 ci fu una memorabile inondazione del Tevere (Dione Cassio, LIII, 20,1), che ricordò gl'innumerevoli prodigi che seguirono la morte di Cesare, evocati, con imprecisione che li fa cosmici, da Virgilio (*Georgiche* I 466 sgg., anno di pubblicazione 29). In Orazio si fanno simbolici, in senso storico e religioso.

5 sgg. Il Diluvio, di cui è evocatore principale Pindaro (*Ol.* IX, 49 sgg.), sommerse gran parte della terra: solo Deucalione e Pirra si salvarono.

7. *Proteo*: Dio marino, qui concepito come pastore di mostri del mare (un "sublime" che doveva piacere a Orazio).

14. *riva etrusca*: quella destra.

15. *il ricordo...*: la reggia di Numa, un complesso di antichissime costruzioni, denso di «memorie» (*monumenta*) ammonitrici.

20. *il fedele fiume*: fedele alla sposa, precisa il testo, con un termine (*uxorius*) che non ha corrispondente italiano. La tradi-

zione di Ilia (identificabile con Rea Silvia, madre di Romolo e Remo) sposa del Fiume, non pare attestata da altra fonte e perfino gli scoliasti la ignorano (lo pseudo-Acrone sa solo che fu invece sposa all'Aniene). Orazio dunque attinse a un filone prezioso e simbolico della leggenda. Molto ebbe da piangere l'ava dei romani: dal fratricidio del figlio (motivo molto vivo in Orazio, vd. *ep*. 7) al parricidio di Cesare; e questo spiega le frequenti piene del fiume della patria.

36. *Figlio*: Romolo, figlio di Marte.

39. *marso*: il soldato italico per eccellenza, si direbbe, per Orazio (II 20,18; III 5,9; *Ep*. 16,3); ma è lezione congetturale (né accettata da Villeneuve), contro *mauri* dei codici, che potrebbe indicare (più che certe truppe ausiliarie, come si giustifica) il soldato selvaggio che Marte ama. Ma qui c'è troppo bisogno, in tanto pessimismo, di un tocco di religiosità nazionale.

42-44. La «vendetta» di Cesare, in tutto il suo significato pregnante, era missione storica, eppure resta al di sotto di un essere divino («accetti»). Appunto questo ne esalta la grandezza.

50. *Pater* (sott. *patriae*) e *Princeps* furono i titoli ufficiali conferiti dal Senato a Cesare Ottaviano nel 28.

51-52. *i Medi*...: i Persiani, su cui è ancora da «vendicare» (tre volte in questa ode appare il termine) la disfatta di Carre del 53.

3.

Questa elegia contro la temerarietà e l'avventurosa audacia umana non è molto di gusto romantico e moderno. Ci sono attenuanti, a cominciare dall'occasione, la partenza (nel 19 per l'esattezza, ciò che apre problemi, di cui vd. a p. 545) d'un amico e d'un poeta come Virgilio, che poi effettivamente s'ammalò in viaggio e morì subito dopo il ritorno, a Brindisi. Ma l'attenuante principale è la posta in gioco, la vita, cioè tutto: per Orazio la morte non era, come per il mondo romantico, né mito né sogno né simbolo.

1. *la Dea*...: Afrodite. I «fratelli di Elena» sono Castore e Polluce, presenti come stelle, guida delle navigazioni.

4. *il Padre dei venti*: Eolo.

13-16. L'Africo corrisponde al libeccio e il Noto allo scirocco. Le Ìadi sono stelle che al loro sorgere, in maggio, e al loro tramontare in ottobre, portano pioggia.

19 sgg. Non è l'esaltazione della paura, è l'osservazione che la freddezza davanti al pericolo annulla una difesa dal pericolo. I monti Acrocerauni, in Epiro, annunciano la Grecia per chi viene dall'Italia; probabilmente questo «Adriatico» è, come altrove, il Canale d'Otranto, conosciuto e temuto da Orazio.

34. *il seme di Iàpeto*: l'umanità forgiata e ispirata dal grande ribelle, Prometeo, figlio di Iàpeto, che sottrasse il fuoco agli Dei e ne fece dono agli uomini. Di questo lo punì lo Zeus di Esiodo e di Eschilo; ma in Eschilo avverrà la conciliazione (nel perduto *Prometeo liberato*); non in Orazio che lo pensa dannato per sempre (II 13, 43; II 18,39; *ep.* 17,83).

43. *Dedalo*: simbolo, trasparente nel nome stesso, del genio inventivo, noi diremmo tecnico, non a caso vivente — ma come prigioniero — a Creta. Da dove tentò la fuga, insieme ai figlio Icaro (vd. I 1,20 e n.).

45. La più ardua delle opere di Ercole fu la violazione degli Inferi, per liberarne gli amici morti, Teseo e Piritoo.

4.

La primavera e la morte: sono due cose eterne dove la vita individuale si perde e si fa preziosa.

7-10. Venere ebbe i suoi culti, le sue «dimore» più famose a Citera (isola a sud del Peloponneso), a Erice in Sicilia, a Cipro; le Ninfe, entità dei boschi e dei monti, e le Grazie (trine, danzanti, velate), simbolo dell'armonia e della bellezza, accompagnano la Dea dell'amore. Vulcano evoca la ripresa dell'operosità umana: e anche questo fa preferire la più pittoresca lez. *urit* (a *visit*, fa visita).

13. *il rito del Fauno*: l'immolazione sull'ara in onore di una divinità particolarmente venerata nelle campagne (cfr. III 18).

15. *mano*: l'originale ha «piede»: e pare — senza bisogno di pensare, come Kiessling-Heinze, alla brutalità della morte, né è detto che essa sia «villana» anche nella forma — che l'uso fosse effettivamente tale nell'antichità.

16. *Sestio*: probabilmente Lucio Sestio Quirino, lui pure ex combattente nelle file di Bruto, alla cui memoria restò sempre devoto; ma l'Augusto, che l'ammirava, lo riabilitò fino a portarlo al consolato, nel 23.

5.

La seduzione e la tempesta dell'amore: simile al mare. *Topos* ellenistico e motivo oraziano di sempre. In quanto a Orazio, conosce già il naufragio, ma non ancora, come al tempo dell'ode III 26 dove torna un'immagine analoga — la rinuncia e perciò la vittoria.

13. *l'ex voto...*: il quadretto raffigurante la propria disgrazia: in Fedro (p. 203, ed. BUR) lo si vede usato da naufraghi per la questua. Qui Orazio dice di averlo appeso in segno di ringraziamento nel tempio di Nettuno.

6.

Marco Vipsanio Agrippa (63-12 a.C.), generale vittorioso a Filippi (42) e nella guerra di Perugia (41-40), vincitore sul mare di Sesto Pompeo (36) e ad Azio (31), consigliere prezioso dell'Augusto, «fu l'uomo migliore della sua età», come lo giudicò due secoli dopo Dione Cassio (LIV 29), ed è l'impressione che si ha ancora oggi. Lucio Vario Rufo (c. 74-14 a.C.) fu celebre poeta epico — c'è traccia d'un suo poema sulla morte di Cesare e sull'Augusto — e tragico: il suo capolavoro, il *Tieste*, fu del 29: l'ode oraziana dev'essere di poco posteriore. La quale non fu certo la pretesa ripulsa a una celebrazione di Agrippa: al contrario, è l'annuncio e perciò il plauso dell'opera promessa o iniziata di Vario, l'amico illustre e ammirato (*sat.* I 10,43-44, *ars* 55); e insieme una poetica in atto, una scelta. La lode è alta e implicita: l'*ethos* di Agrippa, misurato e nobile, è dato dal contrasto con quello degli altri eroi: l'evidenza della realtà lo faceva evidente nella poesia.

L'ascesa di Agrippa continuerà, sancita dal matrimonio con la figlia dell'imperatore, Giulia (23). E anche quella di Vario, che sarà il curatore del capolavoro postumo di Virgilio. E infine di Orazio, che smentirà la sua scelta e scoprirà un suo epos, spesso misconosciuto, ma grande e originale.

14. *casa di Pelope*: da Tantalo, il capostipite (di cui vd. II 18,41 e n.) e padre di Pelope, ad Egisto, uccisore di Agamennone, non c'è saga più densa di orrori e di delitti.

22. *tunica di diamante:* in Omero Marte ha un «manto di bronzo», e qui appare ancora più invulnerabile; l'*adamas*, l'«invincibile», fu metallo mitico, ma al tempo di Orazio il mito era diventato fantasia.

23-25. Merìone è eroe immane di Omero e Pindaro; il figlio di Tideo è Diomede, che con l'aiuto di Pallade poté colpire e allontanare dal campo Ares e Afrodite (*Iliade* V, 330 sg. e 596 sgg.).

7.

Per il dedicatorio e la situazione, vedi la *Nota sulla cronologia* a pp. 548-49.

1 sgg. Città di luce e bellezza, poi quelle della spiritualità, Tebe e Delfi, poi la lontana Tempe (la Tessaglia è terra periferica della cultura greca); seguono la prima e le più antiche. Ma a Orazio piacque più Tivoli di Sparta e Larissa, città di poco richiamo artistico e, la seconda, anche paesaggistico; però presenti e vissute. Tutta questa Grecia pare tanto vicina quanto lontana, per entrambi, dalla vista e dalla vita, l'Italia.

17. *Albunea:* era la ninfa che abitava le acque della fonte omonima, a Tivoli; e c'è la cascata e il bosco in alto, sacro a Tiburno, mitico nipote dell'indovino Anfiarao. Il luogo è ben riconoscibile, nel terreno sotto la cascata, freschissimo e ricco di frutteti. Porfirione c'informa che effettivamente Tivoli era una dimora della *gens Munatia*.

21. *il bianco scirocco...*: il Noto è vento che porta pioggia e che spesso fa il cielo bianco: nei climi marini può scacciare le nuvole. Non è necessario interpretarlo nel senso, oltretutto tautologico, di «sereno».

8.

La prima delle odi che diremmo «di situazione», tra il lirico e il morale: oggettivate ma spesso generiche e fredde. In questa l'interessante è nel paradosso dell'amore che «distrugge», come quello materno (di cui è *exemplum* quello di Tetide). Anche il nome è significativo. La potente Sibari fu per sempre rasa al suolo dall'odio, all'opposto di questo omonimo Achille mancato.

6. Il *Campo* (Marzio), spazio dedicato anche agli sport.

8. *morsi da lupo*: erano detti *lupati* certi morsi provvisti di denti irregolari, usati per cavalli particolarmente difficili (come potevano essere questi provenienti dalla Gallia, v. 6 del testo).

16 sgg. Una leggenda postomerica diceva che Tetide, sapendo che il figlio Achille sarebbe morto dopo la distruzione di Troia, cercò di salvarlo nascondendolo nell'isola di Sciro, in vesti di ragazza e confuso nel gineceo; fu Ulisse a scovarlo e prelevarlo.

9.

«Cogli la giornata», anche qui; ma soprattutto cogliere e gustare la giovinezza. L'evocazione di Alceo è vistosa: «Dà pioggia Zeus, dal cielo è grande tempesta, è ghiacciato ogni corso d'acqua... Abbattilo l'inverno! fa' fuoco, metti vino dolce senza risparmio, magari avvolgiti di lana morbida la faccia...» (Diehl 90). A volte Alceo darà solo l'avvio, come nelle odi del I libro 12, 14, 18, 37. Poesia da poesia, o poesia *docta*. Non manca certo nel mondo moderno né è caratteristica solo del cosiddetto «Decadentismo». È anche novecentesca: una lirica famosa di Eliot si apre con un verso di Cavalcanti: «Because I don't to turn again...»; e nessuno, anche senza controllare Cavalcanti, pensa che sia «imitazione» tutto: evidentemente, nulla.

10.

L'ode al Dio che lo protegge e che Orazio ama (cfr. II 7,13; II 17,27 sgg. e *sat.* II 6,5-6); Dio di completezza, che concilia il genio al gioco e la spregiudicata letizia alla bontà e alla pietà. C'è lo schema dell'«inno d'invocazione», il precedente di Alceo (attestato da Porfirione e confermato da un frammento) e la sorvegliatezza dell'Orazio migliore.

7-13. «Ermete, figlio di Zeus e di Atlante padre di Maia, trovò la lira; e quando rubò i buoi di Apollo fu scoperto dal Dio per via di divinazione. E mentre Apollo gli faceva gran minacce, lui gli portò via frecce dalle spalle: il Dio allora cominciò a sorridere e gli diede la verga divinatoria.. e ne ricevette la lira» (Scolio a *Iliade* XV 256). Lo stesso *ethos*, con grande sviluppo delle imprese di *enfant terrible* (senza però il particolare del furto della faretra) e gli stessi epiteti sono nel IV degli *Inni omerici*.

14-18. Allude all'indimenticabile episodio dell'ultimo canto dell'*Iliade*, dove Priamo va a chiedere ad Achille il cadavere del figlio. E fu infatti Ermete a guidarlo, col suo carro di doni, senza che nessuno lo fermasse.

19-23. Era guida dei morti: e conduceva gli eletti — omaggio allo spiritualismo pitagorico, prezioso in un non credente — ad un luogo privilegiato.

11.

Contro l'astratto futuro, che uccide e tormenta il presente.

4. *gli oroscopi d'oriente*: calcoli astrologici originari, d'una generica Babilonia o, come si diceva più spesso, Caldea. Cicerone (*De divin*. II 42-43): «credono (i *mathematici*) che la costituzione vitale dell'infanzia venga determinata da questo (dalla posizione degli astri): e ne sia formata l'indole, la natura morale, lo spirito, il corpo, ogni atto della vita, ogni evento e avvenimento. Che incredibile stortura (*deliratio*)!». Ma non lo era certamente per Orazio (cfr. II 17); e più gli togliamo fede (o timore) nel fato e più togliamo pathos e serietà a queste sue parole. Può essere illuminante il racconto che fa Tacito del caso di Trasillo, che lo lasciò in serio dubbio «se i fatti umani si svolgano per fato o per una immutabile necessità o fortuitamente» (*Ann*. VI 22).

12.

Apertura pindarica (*Ol*. II 1-3); e proemiale si direbbe tutta l'ode, più di quella del giovane Pindaro per cui Corinna ammonì di «seminare con la mano e non col sacco». Ma è seminagione vasta, dal mito alla storia, dalle origini di Roma al compimento del chiaro, rivelato, universale presente, nel simbolo di Marcello, ora — possiamo crederlo — promesso sposo di Giulia. Svolgimento che ha le sue radici nel mito e la sua ragione, direbbe Pindaro, in una «necessità divina» che è al di sopra degli uomini e dei loro giudizi. Al punto che non solo il repubblicano Catone è posto sul piano di Romolo, ma anche quel Tarquinio la cui caduta fu il fondamento storico-ideologico della "costituzione" e tradizione nazionale.

1. L'*heros* è mitico, non umano come l'eroe, il *fortis vir*.

6-7. Monti sacri alle Muse.

27. *Libero*: Dioniso, Bacco. — *la Vergine*: Diana, Dea della caccia e delle selve.

31-35. *Alcide*: Eracle, nipote di Alceo. I ragazzi di Leda sono Castore e Polluce, a cui Omero (*Il*. III 237) e Orazio stesso danno come caratteristica questo primato sportivo: e dobbiamo accettare *pugnum* invece di *pugna*, lezione che sarebbe più gradita. Assunti in cielo, appaiono stelle benigne ai marinai.

41-56. I Padri e gli eroi di Roma, in ordine non cronologico ma, arcaicamente, di qualità: i sacrali — Romolo e Numa Pompilio — che "impongono" il massimo avversario del cesarismo, e Tarquinio il Superbo, l'ultimo re della dominazione etrusca; i valorosi — Attilio Regolo, il martire della seconda guerra punica, come Emilio Paolo ne fu uno dei grandi caduti; Emilio Scauro che non perdonò al figlio di sopravvivere a una sconfitta (quella subita dai Cimbri nel 102) e suo figlio che si punì col suicidio; e Fabrizio che combattè Pirro, e prepara la categoria dei grandi Curi, maestri di stoicismo pratico: Curio Dentato, vincitore di Pirro, dalla memorabile incorruttibilità, e Camillo espugnatore di Veio (396).

57. *Marcello*: Quale? La logica storico-celebrativa proporrebbe il nome solenne di Marco Claudio Marcello, cinque volte console, conquistatore di Siracusa nel 212, durante la guerra annibalica; la poesia — qui, il linguaggio del trapasso tra la tradizione e la «stella della Gente Giulia» che ascende — e la suggestione del presente, parlano del figlio di Ottavia, sorella dell'Augusto e, nel 25, suo genero; si spegnerà improvvisamente nel 23, e sarà uno dei più gravi lutti della casa imperiale e del nuovo ordine. Virgilio lo ricorderà con eccezionale commozione nell'*Eneide* (VIII 860 sgg.).

63. *Nato da Saturno*: Giove.

70. *Seri*: i remoti Cinesi.

13.

Tra "situazione" e autobiografia; tra l'*exemplum* della gelosia, colorito da luoghi comuni, ed echi personali e giovanili: con un finale di eccezionale, frenata nostalgia e serietà.

14.

Sul simbolo e sulla metafora, perpetui, della nave, e della nave della cosa pubblica, Alceo aveva scritto una lirica che già l'antichità, più informata, leggeva come un'allegoria di tempeste cittadine. Orazio la ricorda e la fa ricordare anche nel metro; l'alcaica greca era già così classica che Orazio non dubita che si vedesse subito nel tragico simbolo la sorte di Roma. Per l'occasione e la data, in questo caso l'elemento esegetico più importante, vedi la *Nota sulla cronologia* a p. 546. Del "modello" resta un frammento: «Mi smarrisce un'insurrezione di venti. Sì, un'ondata rotola di qua, un'altra di là. Noi viaggiamo nel mezzo sulla nera nave e la brutta tempesta ci dà gran pena. La base dell'albero è immersa nell'acqua, la vela è aperta da squarci enormi, le gomene hanno ceduto» (Dich 74).

15.

Una delle poesie narrative, probabilmente giovanile, sulla scia di Bacchilide, almeno secondo il giudizio di Porfirione; certo tanto greca quanto è isolata nella lirica oraziana.

1. *Il pastore*: Paride, il "pastore" per eccellenza nella tradizione letteraria, da quando si ambientò il fatale giudizio sulla bellezza delle tre Dee, dato sul monte Ida, in un luogo bucolico.

2. *la sua ospite*: fu questa, s'intende, la sua vera colpa, il tradimento dell'ospitalità di Menelao, legittimo sposo di Elena.

4. Nereo è divinità marina; veramente virtù profetiche, paragonabili a quelle di Proteo, non risultano. Non importa. Importa questa bonaccia, propizia alla rivelazione, come tutti i silenzi (tale fu quella che annuncerà, secondo il racconto di Plutarco, la morte di Pan).

10. *Dàrdano*: capostipite della dinastia di Priamo.

11. *l'eterno scudo*: l'Egida, attributo di Pallade, misterioso per i credenti e intraducibile per noi: originariamente connessa col totem della capra, è tardivamente concepita come un manto e soprattutto come uno scudo con la raffigurazione e la potenza della Gorgone. — Foscolo nell'*Amica risanata* identifica Pallade con Bellona: «ella il cimiero e l'egida / or contro l'Anglia avara / e le cavalle ed il furor prepara».

17. *cnossie*: Cnosso, città di Creta, e tutta l'isola, aveva celebri archi e arcieri.

21 sgg. *il figlio di Laerte*: Ulisse. Nell'*Iliade* c'è lo stesso attributo per Stènelo (II 823) e per Diomede, figlio di Tideo (IV 404), ma lo stesso quadro ha un altro soggetto: «Si sdraiò la coppia (di Paride ed Elena) nel gran letto traforato; e intanto l'Atride passava fra la truppa simile a una belva, bramoso di scorgere Alessandro (Paride) dall'aspetto divino...» (III 448-450). — *Merìone*: vd. I 6, 23 e nota.

16.

Il titolo è dubitativo, s'intende, e il nome della dedicataria non appare nel testo: ma non è neppure da ignorare un titolo dato da molta tradizione manoscritta: *Palinodia Gratidiae ad Tindariden meretricem*. Gratidia fu il nome reale di Canidia (vd. nota introduttiva all'epodo 5), che Porfirione identifica con la Tindaride dell'ode seguente (v. 10 del testo latino). La tradizione manoscritta dunque dà tra le due odi un legame che non era in grado di cogliere, mentre è illuminante. Complementari, si fanno più vere. Dunque, un ramo d'olivo offerto a Canidia, o meglio a Tindaride ma «per Gratidia», proprio come dice il gramo amanuense? Non era poco accattivante, soprattutto per l'ex amataodiata, questa rivalità di bellezza con la figlia (sottolineata dallo pseudonimo, patronimico di Elena). Né era meno elegante e umano l'invito; Orazio non conosce questa figlia reale del calunniato ventre di Gratidia (*epod.* 17, 59 sgg.) se al v. 27 del testo c'è *fias* (né *reddas* del v. seguente significa restituzione). Alla palinodia segue l'invito, una promessa di musica e di pace: «Dioniso non farà guerra», il vino sarà "innocente". La figlia della liberta troverà più quiete o più letizia con questo poeta signore che col suo impetuoso Ciro. Esistevano anche allora buon gusto e bontà, come c'era già la grettezza del grammatico subito pronto ad attribuire ad ogni ospite femminile l'epiteto di *meretrix*.

2. *i versi dell'infamia*: i *celeres iambi* degli epodi 5 e 17 e, soprattutto, quelli davvero gettati nel fuoco.

4. *La Dindimène*: la Dea frigia Cibele, così chiamata dal monte Dindimo, la «Grande Madre» che i Coribanti celebravano con selvagge orge catartiche. — *l'Abitatore*...: Apollo, che a Pito o Delfi aveva il suo principale santuario, il più venerato oracolo dell'antichità.

13 sgg. Un mito improvvisato, nello spirito poco sacrale che la leggenda prometeica attraversò nell'età ellenistico-romana (vd. l'*Introduzione* al *Prometeo* eschileo di prossima pubblicazione nell'ed. BUR). Ma ciò che importa, il pentimento, sia pure con un po' di sorriso, c'è.

18. *Tieste*: fratello di Atreo, entrambi sovrani di Argo e rivali; Atreo lo cacciò dalla città. Tieste tentò di eliminare l'usurpatore per mano d'un ragazzo allevato per figlio ma in realtà figlio del fratello: Atreo lo scopre, lo fa uccidere ma viene a sapere la sua paternità. Celebre l'atroce vendetta: finse la pacificazione, e nel banchetto fece mangiare a Tieste le carni di due suoi figli. La nuova vendetta non mancò, gli orrori continuarono.

17.

2. *il monte Liceo*: in Arcadia.

3. *Lucretile*: il monte che domina la casa sabina di Orazio. Ustica del v.13 dev'essere un *pagus* situato nel luogo dell'attuale Licenza, «appoggiato» su un colle dalla parte opposta della valle.

24. *del poeta di Teo*: Anacreonte (570 c.-485), il poeta frivolo e triste: e così Tindaride enucleerà da Omero temi e dolorosi motivi d'amore (la sposa fedelissima e la maga marina, che nelle severe *Epistole*, nella I 2, sarà *meretrix*, fanno un bel contrasto).

34. Molto velata questa «disparità» che penseremmo sociale. Se le informazioni di Porfirione e le nostre ipotesi sono vere, la cantatrice è figlia di una liberta. Ciro, in ogni caso, è nome regale e ricorda *kyrios*, il signore, il padrone.

18.

Non crediamo che questa ode programmatica si riduca a un elogio del vino — per quanto possa divenire simbolico — e della «moderazione»; e ad una condanna delle violente orge per la Dea Madre. Riti drammatici, questi, agli antipodi di quella sorta di processione carnascialesca che immagina Pasquali (p. 9). Dioniso era una via di salvezza ed era una fascinazione mortale, quella che deprecò Catullo (*carm.* 63) e forse sentirà come una perdizione desiderata (Arianna, sua controfigura, si salvò in Dioniso, *carm.* 64, 249-264). Orazio conosce il Dio abbastanza per temerlo e seguirlo (III 25) e conosce l'uomo abbastanza per volere che molto del suo segreto rimanga nel fondo, in quello che oggi diciamo l'inconscio.

1. Alceo: «Non pianterai mai altra pianta innanzi la vite», citazione di Ateneo; non c'è altro, ma il tono non pare troppo grave. Il Pasquali, preoccupato di salvare l'originalità di Orazio, ricorda un *Lyaeus vitis inventor sacrae* di Ennio, che non ci pare necessario; e bene insiste sul valore di questi avvii come semplici «motti» e dà un esempio di Teocrito (cfr. I 9 e nota).

4. *Càtilo*: o Catillo, uno dei tre fondatori mitici della città.

8-11. Al *crepare* dell'originale viene dato di solito un senso caricaturale che ha spesso ma non sempre; e qui, ci pare, verrebbe troppo impropriamente esteso a Dioniso e Venere — termini di immensa estensione psicologica — e sarebbe in contrasto stridente col tono della lirica.

13 sgg. *la rissa*...: quella che esplose tra i Lapiti ospiti e i selvaggi Centauri alle nozze di Piritoo: soggetto del memorabile frontone del tempio di Olimpia, che Orazio avrà visto e di cui restano i famosi frammenti. Simbolo di due civiltà, o di quella che non è più ideale di civiltà.

15 sgg. *i Sitonii*: i Traci selvaggi, nemici del vero Dioniso; il

loro re Licurgo l'aveva perseguitato ed era stato punito con un vino che gli aveva tolto senno e umanità: violentò la madre, massacrò moglie e figlio.

17. *Dioniso*: *Euhius* è uno dei nomi, naturalmente allora familiari, del Dio, come *Lyaeus* (il liberatore) e *Bassareus* (nome trace connesso col totem della volpe).

20-22. Corni e *tympana* (questi a percussione) erano gli strumenti principali della danza orgiastica («berecinzio» è da *Berecynthia*, la regione asiana più famosa per il culto di Cibele).

23-26. I termini del testo latino hanno la più sottile ambiguità, e basta poco per trasformarli o nella mascherata che ci vede Pasquali o nel banale. Inutile dire che *vacuus* non è solo «vuoto» e *vertex* non è «capo» (a meno che Orazio stesso nel terzo congedo non «batta la testa» contro le stelle).

19.

Sacrificio per la duplice minaccia di Venere e di Dioniso, «il figlio di Semele», o, in termini moderni, per la pace dei sensi e dello spirito.

20.

Per un convito in Sabina si prepara vino sabino, scadente per gradazione (dice Galeno), per qualità — si deduce — e perfino per colore, si direbbe da un epigramma di Marziale (X 9). Ma è quello del giorno in cui Mecenate fu accolto in teatro da un grande applauso. Non fu storia, né un riconoscimento ufficiale, eppure fu vera gloria. E si badi che è simbolica anche la mancanza di tagli nel vino: niente vini illustri e non sabini.

4. *nella pece*: per chiudere ermeticamente il tappo di sughero.

5. *il teatro*: l'unico ancora, quello di Pompeo, quasi un chilometro in linea d'aria a sud del Vaticano (v. 10): echeggiò tutta Roma.

7. *amato*: *care*, più di *clare*, è lezione in armonia col tono dell'ode.

21.

Per un coro sacro in onore di Diana e Apollo — «il Dio chiomato» — cantato rispettivamente da due semicori di fanciulle e di fanciulli. Nell'estrema compostezza, c'è la commozione d'immensa tragedia, le guerre civili, e d'un'immensa speranza, il ritrovamento della via giusta, facile e chiara ma non battuta senza l'aiuto divino. Una data alta è probabile; forse i *ludi Actiaci* istituiti dall'Augusto nel 28, per gli Dei che l'avevano più protetto in quella vittoriosa e ultima delle lotte civili.

3. *Cinto*: il monte di Delo, l'isola dove Latona generò da Zeus Apollo e Diana.

7. *la luna*: "manca" nella lettera del testo: ma è dominante nella fantasia del credente. Diana è visibile nella luna, pur non identificandosi con essa, e «s'affaccia», spunta (*prominet*) nei luoghi della sua epifania (*quaecumque* è rettamente pronome di persona). Così proporremmo, invece che riferire il verbo a *coma*: una chioma di bosco che sporge anche tra le selve dell'Erimanto è un po' strana.

8 sgg. Per i luoghi: l'Algido è tra i monti Albani, e di un *nemus Dianae* resta il ricordo nel toponimo di Nemi; l'Erimanto è in Arcadia, scuro di pinete, come oggi (ricordato come una sede di Diana già nell'*Odissea*, VI 102); il Grago è in Licia, presso Patara; a Tempe, in uno dei luoghi più freschi di verde della Grecia, venne Apollo a purificarsi dopo l'uccisione del drago Pitone.

16. *Fratello*: Mercurio.

22.

Un episodio simbolico, come quello della caduta dell'albero, reale come ogni simbolo (la fantasia ne troverebbe di migliori): e lo comunica al tenero amico Aristio Fusco della satira I 9 e della «lettera» I 10. Il motivo dell'immunità dell'innamorato è antico nella letteratura, ma perenne nella vita, e non c'è ragione di negare realtà a Làlage. Ma non è lei il punto fermo, è la poesia, e la Sabina, luogo della saggezza, ma anche dell'armonia e dell'innocenza (v.1). Ironia? Si è molto insistito su questo motivo (e si legga oggi un articolo di Ceronetti in *La vita apparente*): ma troppe sono le sue facce e gradazioni, dalla crudeltà alla *caritas*... Quella di Orazio ha il suo punto focale. E anche quella del lettore.

6. *burrasche*: o calure. Il latino le permette entrambe, e perciò anche le assomma, forse: non senza *quelque méprise*.

8. *Idaspe*: in India. Non mitico ma lontano come un mito.

15. *Dàunia*: in Puglia (cf. III 30,13): la terra nativa. È il solo toponimo ricordato in termini mitici; non sappiamo quali «mostri» vi abitassero.

16. *Africa*: «la terra di Giuba» dell'originale era una perifrasi d'attualità: Giuba era stato insediato dall'Augusto nel regno di Numidia alla morte del padre omonimo (anno 25).

23. *saprò amare*: un caso del valore "volontaristico" non raro nel futuro latino.

23.

La fanciulla cerbiatta, timida e inseparabile dalla madre, è spunto anacreonteo: «dolcemente come un cerbiatto giovane, di latte, che abbandonato nella selva dalla cornuta madre, sbigottisce...» (39 D.) Un tocco particolare, — «non voglio infrangerti» — restituisce a questa convenzionale realtà umana la sua natura fittile.

10. *d'Africa*: della Getulia, a sud della Numidia, come precisa il testo, luogo che suonava pauroso a orecchi infantili, un po' come oggi l'Africa nera.

24.

È morto (nel 24, secondo una informazione di Gerolamo) l'amico grande di Virgilio e Orazio. È l'ora del dolore e della verità. E Orazio, che pensa soprattutto a Virgilio, non sa mentire a quel credente: non si risorge. Ma la religiosità di Orazio è proprio in questa accettazione (v. 24). — Di Quintilio Varo non sappiamo se non quanto ne dice Orazio, qui e nell'*Ars* (vv. 438-41): «Se recitavi qualcosa a Quintilio, ti diceva: "cambia qui, per favore, cambia anche qui": se dicevi che non eri capace, che ti ci eri provato due o tre volte per niente, ti faceva cestinare e rifondere versi che erano nati male».

3. *Melpomene*: Musa della tragedia.

16. *Orfeo*: il poeta mitico della Tracia, il poeta per eccellenza, il cui canto "agiva" sul mondo esterno: antichissimo mito spirituale, ha dato il nome alla religione che fu di Eschilo, Pindaro, Pitagora, Platone. È difficile pensare che Orazio ignorasse il pitagorismo di Virgilio: ma lo include nella grande, umana *pietas*, che chiede agli Dei cose umane e non salva, anzi neppure regge alla morte.

25.

Motivo che sarà in parte ripreso, anche da Orazio (vd. III 15 e IV 11), e certi spunti s'indovinano già presenti nell'arte ellenistica. — Il quadro non manca di realismo e forse di novità, come la forzatura semantica di *levis* e l'esaltazione indiretta della giovinezza attraverso l'odio e la devastazione.

19-20. *ai venti*: l'*Eurus* è vento che imperversa nell'inverno. Ed è lezione congetturale, contro *Hebro* dei codici. Certo è compagno dell'inverno: ma perché non lo sarebbe, più poeticamente, della giovinezza?

26.

L'invulnerabilità del poeta (cfr. I 22) e la gioia dell'amicizia si confondono. Ci si è chiesti (v. *Nota sulla cronologia* a p. 547) perché le corde lesbie siano nuove, ma forse basta a spiegarlo questa gioia piena di futuro. — Il destinatario è l'ospite dell'ode III 17 e della «lettera» I 14, dove piange la morte di un fratello: certo Quinto, se Lucio Elio Lamia sarà console nel 2 d.C. e vivrà ancora fino a una tarda e onoratissima vecchiaia. Viene spontaneo pensare che il «suo» Lamia sia sempre lo stesso. Era grande casato, che vantava ascendenza mitica (vd. III 17, 1 e nota); Cicerone ne conobbe e lodò molto il padre.

3. *mare crètico*: molto lontano, verso Creta.

5. *Tiridate*: re dei Parti per il periodo di pochi anni intercorso tra la cacciata di Fraate IV e il suo ritorno, sostenuto dagli Sciti tra cui il re si era rifugiato. Periodo di legittime apprensioni per l'usurpatore, certo seguito a Roma che trovava in lui un naturale alleato; il ritorno di Fraate non può essere posteriore al 30-29, *terminus ante* dell'ode.

8. *Pimplea*: o Piplea, la Musa, abitatrice di Pimple, luogo (e prima ancora sorgente) presso l'Olimpo.

27.

La poesia-situazione nel suo culmine: quasi "un mimo", come si dice, con comparse, due personaggi e una vicenda. Uno dei personaggi pare Orazio (un Orazio molto fittizio) e la vicenda, con tanti misteriosi sottintesi, diventa nulla.

5 *akinake*: il familiare gladio romano, ma detto in lingua persiana (cfr. Erodoto, VII 54).

21. *tempesta*: *Cariddi* dell'originale era il famoso mostro omerico che distrugge le navi: metafora frequente anche nella commedia.

25-27. Bellerofonte, cavalcando il cavallo alato, Pègaso, abbatté infatti la mostruosa Chimera, che già in Omero consta di tre nature ferine (*Il*. VI 181).

28.

Archita di Taranto («di cui fu il capo per lungo tempo» e con eccezionale successo, attesta Strabone), generoso amico e corrispondente di Platone, fu filosofo pitagorico e in particolare esperto di matematica applicata; «ammirato da gran parte degli uomini perché ornato di tutte le virtù» (Diogene Laerzio VIII 79-83). Un navigatore ne scorge la tomba (o meglio ne sa insepolto il cadavere, come pare dai vv. 25-26) «sotto il Matino», monte costiero dell'Apulia (Matinata sul Gargano ne è probabile testimonianza). Luogo troppo oraziano (cfr. IV 2, 28), come l'altro toponimo, Venosa, per non pensare che il navigatore sia proprio Orazio: perché non nel viaggio di ritorno dopo Filippi, secondo una rotta quasi necessaria e secondo lo stile, il piglio valoroso e sperduto che ricorda la "ballata" di Teucro (I 7)? Un dialogo drammatico dunque — il preteso monologo di Archita sarebbe arbitrario e artificioso — tra chi teme la morte e chi ha avuto la morte in quell'«Adriatico crudele» (altre testimonianze in realtà mancano, ma la fine di Archita, a giudicare dalle notizie estremamente incerte, rimase oscura). Del tutto inammissibile poi un'allusione non significative proprio di Venosa. Evidentemente il poeta non l'aveva rivista e il «lare paterno» o non era o non lo sapeva ancora perduto (vd. *Epistole*, II, 2,50-51). Ma la *pietas* verso il grande morto avrà — se non intera — la sua «ricompensa».

7-15. Il Walhalla negato: sono morti anche i più meritevoli dell'immortalità o quelli che più la sfiorarono: Tantalo, padre di Pèlope, privilegiatissimo dagli Dei ed ingrato (cfr. la I Olimpica di Pindaro); Titone amato dall'Aurora che lo assunse nella sua sfera celeste; il giustissimo re di Creta, Minosse; e Pitagora, il profeta della metempsicosi, che ebbe prova d'una vita anteriore, quella di Euforbo, eroe troiano, figlio di Pantoo, del quale riconobbe lo scudo offerto in un tempio prima che si controllasse il nome sopra inciso.

18. *Le Erinni*: o Furie, le Dee che vendicano le colpe umane.

21. *Proserpina*: Dea degli Inferi, che secondo un'immagine antica (adombrata dal *caput* dell'originale) recide un capello al morituro.

27-28. Il Noto (vento del sud) travolse Archita; ora l'Euro (di sud-est, la direzione di chi viene dalla Grecia...) tormenta l'Esperia, l'Italia.

29.

L'Augusto prepara una spedizione nell'*Arabia felix*, la favolosa terra biblica di Saba; siamo nel 25 (l'anno dopo si farà, senza successo). L'amico Iccio (futuro destinatario dell'*epistola* I 12), avviato sulla strada dello stoicismo, si arruola e non con intenti esclusivamente militari. Una bella incoerenza, che è difetto grave per Orazio e comico in Iccio.

13. *esotiche*: nell'originale molto vagamente «cinesi».

15-17. I soliti *adýnata* (impossibili) della «letteratura».

18. *Panezio*: di Rodi, stoico del II secolo, particolarmente influente e ammirato dalla cultura stoicizzante romana.

20. *cenacolo*: una *domus* (si diceva anche *familia*) ideale e ideologica (per es. vd. in Orazio stesso *Epist*. I, 1, 13).

30.

Molte — invocate, future — presenze divine: i nomi stessi degli Dei erano linguaggio per gli antichi. In termini nostri, c'è l'amore, l'eleganza, il desiderio e la giovinezza degli uomini «mercuriali», come Orazio. Occorre dire che raramente la sua reticenza è così luminosa? Si parla troppo usualmente di etère e qualcuno, con triste coerenza, pensò che Mercurio è il Dio del lucro.

31.

Preghiera senza desiderio, senza rimpianto e senza condanne: il Dio ha dato senza errore diverse fortune; darà al poeta la giusta, la sua. — È il 9 ottobre del 28, quando fu consacrato da Ottaviano il tempio promesso in voto ad Apollo dopo la vittoria di Azio; giorno di compimento. I toponimi sono copiosi e non veramente specifici: ampie sono le ricchezze del mondo. C'è molto dello spirito delle future *Epistole*.

2. *pàtera*: sorta di larga coppa sacrale.

9. *Cales*: in Campania.

13. *restituisce*: mentre il «vino sabino» è "dato" dalla propria terra, simbolo di legame fedele.

32.

Non c'è per un poeta — che nulla di mondano chiede agli Dei, ha detto nell'ode precedente che questa pare perfezionare — voto più prezioso della poesia futura. Futura e dunque vaga: un «canto latino» che rinnovi quello di Alceo. Non importa se già avviene. Ma il desiderio ha avuto la sua provocazione? Così sarebbe accogliendo la lezione *poscimur* in luogo di *poscimus* («io t'invoco, mia cetra...»); forse questa è più attesa, ma anche così attesa e ovvia che l'altra diviene quasi *lectio difficilior*. E certo non c'è occasione, auspicio, stimolo migliore dell'essere ascoltati, «richiesti».

11. *il fanciullo*: Cupìdo, l'amore.

12. *Lico*: nome che non compare nei frammenti superstiti di Alceo.

14. *guscio di testuggine*: da cui Mercurio, l'inventore, ricavò la cassa armonica della lira (e fu tale in effetti un antichissimo strumento di cui resta un esemplare nel Museo di Argo).

33.

L'amore non corrisposto: un destino, o una maligna volontà di Venere. Amara realtà per Orazio, ma passata; presente per il poeta Albio Tibullo, che però per Orazio resta sempre un po' più fortunato e sensibile che non compassionevole (cfr. la «lettera» I 4) e merita anche un po' di "letteratura" facile, di gusto settecentesco (il motivo è in Mosco).

20. *Mirtale*: vd. nota all'*ep*. 5.

34.

La rivelazione del Dio supremo, nel simbolo più classico e immediato, il fulmine nel cielo senza nubi. Non miracolo, dunque, quello che Lucrezio negava con ironia scientifica (VI 400 sgg.) e Orazio non cura. Tutto appare diverso, perché la Tyche, l'evento che pare caso, che per il filosofo è male perché irrazionale e incontrollabile, viene da Lui. La metanoesi fu certa; in che misura, resta un segreto di Orazio. Con quale intensità e portata —

dal banale stato d'animo al «Dio non dei filosofi e degli scienziati» del Pascal miracolato — si deciderà sempre secondo il giudizio o il pregiudizio che ognuno si è formato di Orazio; noi lo crediamo piuttosto ricco di interiorità che di "forma".

2. *folle sapienza*: «paradosso» cristiano e paolino; esplicita espressione di Gregorio di Nazianzo (*Contro Giuliano* 79) e di senso immediato. Difficile definire questa sapienza che si abbandona e che è sempre stata poco definita e in sostanza negativa; e così precisare questo porto a cui si torna, tra la fede passata degli avi e la propria che si cerca. Ma Dio padre (*Diespiter* è espressione sacrale) non era, non è mai acquisizione povera. Nell'ode seguente troverai i suoi primi e maggiori punti fermi.

12-15. Nei termini familiari all'antico: lo Stige, il Tènaro (oggi Capo Matapan) da cui si scende agli Inferi, e l'estremo occidente, dove sono le colonne d'Ercole e la catena dell'Atlante (almeno al tempo di Orazio, nonostante l'eco mitica del Titano che regge il cielo. Espressione uguale in Euripide, *Ippolito* 3).

20. *da Lui*: nell'originale l'insistenza è data dall'anafora di *hinc* (*theothen*, direbbe Pindaro). Proponiamo anche all'ultimo verso, invece del vulgato *hic*, la lezione *hinc*, non meno confermata dai manoscritti. La stessa efficace 'genericità' e la stessa anafora è in un passo di Virgilio (*Eneide*, I 234 e 235).

21. *con urlo acuto*: cfr. Pindaro (*Ol.* VII, 67-69): «Atena fu suscitata dentro un grido immenso...».

35.

Il 27-26 fu anno di grandi progetti: una spedizione in Britannia guidata dal Cesare stesso (Dione Cassio LIII 25) e una contro gli Arabi, che sarà effettuata due anni dopo da Elio Gallo senza successo. Ma non questi progetti sono l'occasione dell'ode, che è piuttosto un commento e una speranza, non tanto del successo quanto del senso loro, la ricostituzione morale di Roma. La stessa allusione ai Massàgeti, popolo scitico estraneo a ogni politica reale, lo conferma. L'occasione vera è l'intuizione della «Tyche divina» dell'ode precedente, che questa continua e completa. La Fortuna opera nella storia, oltre l'ambito angusto e difensivo dell'individuale; ed è ingiudicabile e perciò più riconosciuta e accettata che pregata.

2. *che tu ami*: la Fortuna aveva ad Anzio un culto particolare in un tempio famoso, con le immagini della Dea *equestris*, cioè

guerriera, e *felix*, protettrice della fecondità. In età più mistiche diverrà luogo d'un ascoltatissimo oracolo (Macrobio, *sat*. I 23, 13).

10. *di Bitinia*: provenienza illustre, forse per i materiali; ma il vascello catulliano (*carm*. 4) dovette avere la parte maggiore della suggestione. Il testo aggiunte un'altra delle problematiche e per noi spente precisazioni oraziane (il «mare di Carpanto», nell'Egeo).

15. *tiranni*: il tiranno che vive nel terrore è un simbolo obbligato della «diatriba» e della letteratura e della poesia che ne sentono l'influsso. Ma Orazio pensa a quelli, anche pindarici, della Sicilia arcaica; ciò che forse spiega meglio l'immagine della colonna (v. 17, se non si tratta, semplicemente, di un singolare *pro plurali*, «le logge» della reggia): perché non pensare allo straordinario caso della colonna votiva di Ierone a Delfi, che rovinò miracolosamente il giorno stesso della sua caduta? Per Kiessling-Heinze la colonna sarebbe — con poca immediatezza — il simbolo del potere. Altri cita Ennio, *regni... summam... columnam* (203 Valm.), che è un semplice traslato.

21-24. La *Necessitas* — l'*Ananke*, l'inflessibile — è l'esecutrice della Fortuna divina (la lez. *serva* è più esplicita di *saeva*, ma il significato non cambia). Regge strumenti che non vorremmo credere attributi (piuttosto tautologici come Kiessling-Heinze), e meno ancora i simboli del carpentiere come pensano altri, ma quelli della crudeltà (da cui forse derivò l'antichissima lez. *saeva*) dell'*Ananke*: i chiodi della crocifissione, il raffio della rimozione del giustiziato, il cuneo che abbatte colonne di città condannate, il piombo fuso delle sevizie.

25. *ti veli di nero*: se il mutare di veste è, nella fantasia di Orazio, luttuoso. Forse è la deposizione d'una veste sfarzosa; altre letture sono peggiori.

38. *l'Oceano rosso*: il Mar Rosso, sulle cui rive abitavano gli Arabi, era sentito come un golfo dell'Oceano che circonda tutte le terre.

36.

Festa per il ritorno d'un amico, presumibilmente dalla guerra cantabrica (27-24; cfr. v. 6); e anche qui Orazio tende a farsi spettatore.

9-10. *un comune obbedire*: la comune *paideia* (ma secondo altri *rex* indica il capo riconosciuto nei giochi infantili) fu sancita dalla celebrazione comune del rito con cui s'inaugurava la vita responsabile: l'indossamento della *toga virilis* che sostituiva quella listata del *puer*.

11. *segnato bianco*: secondo l'uso di indicare nei propri fasti con un segno bianco i giorni felici e con uno nero quelli sfortunati.

14. *saliare*: il ritmo vivace e robusto dei Salii, sacerdoti di Marte.

16. La *gara*, parrebbe dall'espressione *amystis* (cioè «a bocca non chiusa»), d'una bevuta senza prender fiato.

18. *apio*: fibra vegetale con cui si legavano le corone.

37.

È appena giunta la notizia della morte di Antonio e Cleopatra (settembre del 30). Il racconto, veramente romanzesco, che ne fa Dione Cassio (LI 2) fa luce sullo stato d'animo che ispirò l'ode. Ad Azio (2 settembre 31) la guerra fu decisa (vv. 12-13), ma invano Ottaviano si gettò all'inseguimento fino all'Asia, in pieno inverno; anche il particolare del cacciatore forse non è ozioso, ma piuttosto «appiattito» nel tempo, tanto le vicende apparvero precipitose. Ottaviano tornò in Italia e, sempre nell'inverno, riprese la caccia con tale velocità — facendo perfino trasportare le navi sull'istmo di Corinto — da sconvolgere ogni possibile piano di difesa. Antonio, dopo tentativi di conciliazione e di resistenza, finì appassionatamente la vita tra le braccia della regina, ad Alessandria. Ma tra lei e Ottaviano si combatté un atroce duello di astuzie, in cui la regina tentò ogni mezzo, compresa la sua femminilità, per riottenere il trono o per evitare la cattura. Riuscì in questo, uccidendosi con eroica lucidità. L'ode riflette quel vortice di eventi, nella velocità dei trapassi (ne vedremmo il più efficace nel *-que* del v. 14 latino, che distingue a agglutina i due momenti) e nell'espressione (quivi comprese le mancate cesure, di cui vedi la *Nota*, a p. 547). Notevole il silenzio su Antonio, condannato invece nell'*ep*. 9: carità di patria ma anche, informa Dione, severo silenzio decretato dal vincitore.

1. Il «motto» è di Alceo, nell'apertura di un'alcaica occasionata dalla morte del tiranno: «Ora ci si deve ubriacare, selvaggiamente bere, perché Mìrsilo è morto» (*fr*. 8 C).

3-4. *nel triclinio*: il testo dice «il pulvinare», i cuscini, o meglio l'intero apparato del *lectisternium*, cerimonia in cui le divinità presenziavano in immagine a banchetti sfarzosi, come quelli dei «sacerdoti Salii».

15. *mareotico*: di Marea, località che dava il nome al lago Mareotide, che lambiva a sud Alessandria.

20. *di Tessaglia*: l'Emonia dell'originale è il nome mitico di questa terra, a volte però esteso anche alla Tracia: e questa avrà inteso Orazio, se pensava all'inseguimento di Ottaviano.

24-25. Antonio e Cleopatra avevano considerato il progetto d'una resistenza estrema in Spagna o sul Mar Rosso.

27-29. È per sempre rimasto nella leggenda e nell'arte questo morso di serpenti da cui «la morte prese subitana e atra», come dice Dante che non dovrebbe aver letto l'Orazio lirico (*Par.* VI 78). In realtà, nel tragico mausoleo di Alessandria, serpenti e armi furono sottratti alla regina, che però riuscì a uccidersi, pare, con uno spillone avvelenato, come dimostrò l'autopsia.

31. *liburne*: navi da guerra leggere, cfr. *ep.* 1,1.

38.

Il primo dei congedi dell'edizione tripartita è quello della serenità, il secondo dell'ispirazione orgogliosa, il terzo della gloria.

2. *intrecciate*: da fibre di tiglio (*philyra*).

LIBRO SECONDO

1.

Il libro «filosofico» è dedicato a un personaggio autorevole e soprattutto severo, Asinio Pollione, di cui Tacito ricorderà l'aspra fierezza (*ferocia, Ann.* I 12) e che perfino Catullo, tra i giovanotti della sua generazione, rispettò (12, 6-7). Cesariano benemerito, console nel 40 — consolato immortalato dalla IV ecloga di Virgilio — e presto trionfatore, rifiutò di combattere contro Antonio, da cui era stato beneficato. Oratore già classico per Quintiliano (X 1, 113), poeta tragico (Virgilio, *Bucoliche* VIII, 10), si avvia a scrivere la storia delle guerre civili, che fa cominciare col primo triumvirato (del 60, consolato di Metello Celere, v. 3); Orazio crede nell'opera. Che sarà scritta e letta (Tacito, *Ann*. IV 34, Svetonio, *Caes.* 30 e 55...).

20. *scena attica:* o, nel linguaggio classico, il «coturno», calzare dell'attore tragico, *di Cecrope,* il mitico primo re dell'Attica; e ben si poteva e si può dire la tragedia una creazione tutta ateniese.

21 sg. Le missioni civili del patrono e del senatore.

38-45. La tragedia civile, culminante nella sconfitta — per mano romana — e nel suicidio di un giusto, Catone, a Utica, presso Cartagine, è più che storia: è nemesi sacra, la vendetta di una divinità protettrice di Cartagine (e del re mauritano Giugurta) e perciò battuta. Forse Giunone, come sarà nell'Eneide, o un'altra divinità non a caso femminile come l'Astarte fenicia? Il Dio del luogo e del popolo è concetto basilare di tutte le religioni arcaiche, ebraica compresa.

59. *del poeta di Ceo:* Simonide (556-468 a.C.), il classico della lamentazione funebre, la *naenia*.

2.

Sulla vera gloria, la *virtus,* che negli *exempla* perpetua la sua epopea. Tra i quali c'è il dedicatario stesso, pronipote e figlio adottivo dello storico; proprietario di miniere (Plinio, *Nat. hist.* 34,2) e potentissimo a corte, d'un potere privato e morale che lo faceva, dice Tacito, «emulo di Mecenate», anche nello stile raffinato e noncurante che celava «un'energia all'altezza delle enormi incombenze» (*Ann*. III 30). Ma Orazio coglie e ammira, sotto l'apparenza del privilegio, l'eguaglianza dell'*usus,* che ha in sé il suo limite (cfr. *Epist*. I 12, 4). Concetto in astratto anche epicureo: ma l'identificazione totale della felicità col valore e il tono cupo e duro fanno dell'ode una vera «diatriba» stoicocinica in versi.

5. *Proculeio:* G. Proculeio Varrone Murena, che ridivise — informa Porfirione — la propria eredità tra i fratelli rovinati dalla guerra civile.

9-12. Il *sapiens* è re, come diceva il paradosso stoico; più che se possedesse tutta la ricchissima Africa costiera, dalle città fenicie alle loro colonie, prima fra tutte Cartagine.

13-16. Paragone frequente: vd. per es. Orazio stesso, II 2, 146 e Seneca, *Cons. ad Helv*. 11,3.

18. *Fraate*: «Il più criminale fra tutti i re dei Parti — dice Giustino — di regola parricidi». Oltre al padre, re legittimo, eliminò trenta fratelli e altre persone pericolose, provocando con i suoi delitti una rivolta che lo costrinse a rifugiarsi — dopo la sconfitta inflitta ad Antonio nel 36 — tra gli Sciti per qualche anno (cfr. I 26 e n.). Nessuno è «più felice del re dei persiani» diceva il *vulgus* (e disse anche Orazio, III 9,4), ma la sapienza ripristina il significato vero delle parole (vv. 20-21: lo stoico Crisippo aveva scritto un trattato *ad hoc,* vd. Diogene Laerzio, 7, 122).

3.

Dellio (già ufficiale di Antonio nella guerra contro i Parti nel 36 e passato poi a Ottaviano) fu uomo di molte esperienze; ma anche lui ha da imparare l'arte stoica della *aequabilitas,* l'impassibilità costante in ogni evento (anche felice), e quella, tutta classica e più urgente, di morire.

9. *più vecchio...*: nell'originale, «dal segno più interiore», cioè di annata segnata su un'anfora vecchia, in fondo alla cantina.

22. *nere sorelle*: le tre Parche che filano il tempo di ognuno.

29. *Ìnaco*: il primo re di Argo, figlio di Tetide e Peleo e padre di Io: nessuna regalità pare più antica.

37. *piccola nave*: la barca di Caronte.

4.

«Uno scherzo», dice Pasquali; ma uno scherzo commosso. L'argomento è grave, eterno, e perfino storico: forse fu sempre l'amore ad abbattere le barriere di razza. Gli esempi sono poesia, che prepara quella che viene ritenuta una beffa (ma sarebbe spiritosa?) ed è un'iperbole; non importa se non è vera. Importa la fede. Semplicemente si scopre in una schiava (si è pensato a una prigioniera di guerra germanica) un essere umano e il segno della sempre «regale» virtù in una vittima della Tyche.

4. *Briseide*: la concubina che Achille dovette cedere ad Agamennone, causa dell'ira fatale. Orazio avrà inteso l'amore dai pochi lentissimi versi del congedo da lui (*Iliade* I, 348). — L'attributo ormai tradizionale del *niveus color* fu immaginato in età ellenistica.

7. *Tecmessa*: personaggio dell'*Aiace* sofocleo, ignoto a Omero.

14. *figlio di Tessaglia*: Achille, di Ftia.

5.

Quattro figure evanescenti e come assenti compongono questa «situazione». Al centro è Làlage, che cresce all'amore e non lo sa. E neppure l'anonimo (ma un manoscritto dà un nome, A. Gabinio), l'impaziente, sa che l'amore l'attende. Cloride pare una statuaria immagine surreale. Il ragazzo di Cnido ha qualcosa di leonardesco.

13. *Ti seguirà*: come Venere prometteva a Saffo: «scappa da te, sì: presto ti seguirà...» (nell'ode completa, 1 Diehls).

6.

Tristezza, angoscia, bisogno di pace, un pensiero quasi lamentoso di estremi anni tranquilli: perché? Si è pensato a una malattia. Ma qui si parla di viaggi e, soprattutto, di *militia*: ma sarebbe stata forse un po' comica tanta stanchezza di guerra nel poeta da troppi anni campestre. Perché non sospettare un'imminente partenza per la guerra cantabrica? Un desiderio dell'Augusto che lo voleva spesso con sé (vd. Svetonio, *Vita*)? Perché fare così convenzionale il participio futuro dell'apertura? E anche quella rotta, che effettivamente Augusto farà, al ritorno? Ad ogni modo la minaccia, se ci fu, si dissipò, non lasciando altra traccia che questo attestato d'amicizia e una nostalgia futura che non si avverò.

1. *Settimio*: probabilmente un intrinseco dell'imperatore (vd. Svetonio, *Vita*) e il «coraggioso e galantuomo» dell'*epistola* I 9.

6-7. *un colono...*: vd. I 18 e n. 4.

11-13. La campagna tarantina, dove passa il Galeso (oggi Gallese), e c'era l'uso (non esclusivo del luogo) di avvolgere di pelli il vello prezioso delle pecore; e dove regnò Falanto di Sparta, fondatore di Taranto.

15. *l'Imetto*: monte dell'Attica famoso per il marmo e per il miele.

16-19. *Venafro*: «da cui viene l'olio migliore», conferma Strabone; oggi nel Molise. Non c'è invece altra testimonianza dell'Aulon («il vallone»), certo nei pressi.

7.

Per il ritorno di un commilitone della guerra civile, dal *nomen* significativo (forse un liberto del generale?), rimasto fedele alla causa «repubblicana»; probabilmente beneficiò dell'amnistia politica del 30. Molti i ricordi, culminanti in quello di Filippi (ottobre 42), in cui è stucchevole vedere convenzionali autocaricature. Al contrario, è evocato il valore di quell'ala destra testimoniato dalle fonti, soprattutto da Plutarco (*Bruto,* 41-42). Se c'è «vergogna», fu quella che un soldato battuto sente solo quando è veramente soldato.

10. *si lasciò lo scudo*: per questa lettura del passo, molto discusso, vd. anche Orazio, *Le lettere,* a cura di E. Mandruzzato, ed. BUR 1983, p. 16.

13 sgg. *Allora...*: la salvezza fu un miracolo... Per restare in tono, come quello che salvò Paride avvolto in una sorta di nube, per intervento naturalmente di Afrodite (*Iliade* V 314 sg.).

21. *l'offerta*: un magnifico banchetto rituale.

23. *ombra mia di alloro*: l'allegoria è imposta dalla lettera stessa del testo (con una sottolineatura lessicale, il raro *lauru* per *lauro*).

8.

Madrigale divertito per Barìne, spergiura impenitente e impunita. Certo, «i giuramenti d'amore non entrano nelle orecchie degli Dei», diceva un proverbio già callimacheo; antichissimo motivo di cui Pasquali dà un'ampia documentazione. Ma il centro della lirica non è questo: è la libertà, nel concreto quella di Orazio. Guardiamoci dunque dal credere che sia lui la vittima dello spergiuro. Non per questo condanniamo Barine, viziata dal privilegio della bellezza, quasi inconsapevole del suo potere. Forse una bellezza così impassibile è più che umana, e non resta che riderne, come fanno appunto gli Dei. — Perciò il madrigale non stona in questo libro «filosofico». Non si direbbe, ma Barine assomiglia alla Circe della seconda *epistola* stoicizzante, ciò che spiega il particolare, altrimenti pesante ed enfatico, dei vecchi e troppi amatori.

9.

Per un dolore profondo dell'amico Valgio Rufo, poeta molto stimato nella cerchia di Tibullo (*Corpus Tibullianum* 4, 1, 180) e da Orazio stesso (*Sat.* I 10,90): non si tratta d'un figlio (lo pseudonimo non lo permette), ma certo d'un giovane amato come un figlio: caduto forse in guerra, come fanno pensare quelli che diciamo «esempi» e sono in realtà immagini. Valgio deve rinnovarsi; la poesia può essere — come ogni passione intellettuale — la via o l'avvio d'un rinnovamento.

13. *il vegliardo...*: Nestore, che vide, dice Omero, «tre generazioni d'uomini», fu salvato a prezzo della vita, dal giovane figlio Antiloco, come racconta la sesta Pitica di Pindaro.

16-18. Un'altra morte prematura ed eroica, quella di Troilo ucciso da Achille. Lo stoicismo dei superstiti non è gratuito: Nestore parlò davvero del figlio morto con serenità (*Od.* III 108 sgg.) e nessuno dei parenti «frigi» (troiani) di Troilo, né il padre Priamo né le sorelle, in Omero, ne fanno il nome.

21 sgg. I luoghi dicono i trionfi: il vassallaggio dell'Armenia (dove passa il fiume Nifate), la restituzione delle insegne perdute a Carre, la sottomissione del re dei Geloni (attestata dal *Monumentum Ancyranum*) che ne limitò le scorrerie.

10.

Perfetto equilibrio di poesia per il perfetto equilibrio dell'anima, la «linea mediana d'oro». Non sarà un assurdo punto d'incontro tra due negatività, ma un'intuizione creativa che determina le due negatività, i due «eccessi».

11.

Temeritas, temere, è espressione grave; nei filosofi, il contrapposto della *ratio,* che è tutto il bene. Questa parola buttata a metà (v.14) ispira tutta l'ode gaudente ma angosciosa, leggera ma nel fondo tragica e anche sconfitta (quasi come l'*epistola* I 8). Il mondo si restringe in una, due persone, il tempo, che «non chiede molto», in un attimo.

12.

Se c'è *recusatio* — la commissione poetica rifiutata, motivo che la critica cerca anche troppo in Orazio — è almeno indiretta e secondaria; il centro dell'ode è Licimnia, la donna di Mecenate (cioè la moglie Terenzia, precisano gli scoliasti per decoro, ma è lo pseudonimo a dare sospetto), per la quale Orazio scrive o scriverà versi che in verità non sappiamo individuare. La stessa *re-*

cusatio poi finisce per essere insieme un incoraggiamento all'opera storica di Mecenate (di cui non abbiamo traccia) e una critica, magari involontaria, per i versi lambiccati che scriveva e, purtroppo, pubblicava (Seneca ne dà, sdegnato, qualche esempio).

3. *Numanzia*: nella Spagna settentrionale, fu espugnata da Scipione nel 133 dopo dieci anni di resistenza feroce, in cui si ricorse ampiamente all'antropofagia (Valerio Massimo, VII 6 *ext.* 2).

4. *il mare di Sicilia...*: teatro principale della prima guerra punica: vi si combatterono le battaglie di Milazzo (260 a.C.) e delle Egadi (241).

5-6. *Làpiti...*: vd. n. a I 18, 13. — *Ileo* (l'«uomo della selva») è uno dei centauri.

7-9. *i figli della Terra*: i Giganti (vd. III 4, 67 sgg. e n.). *La casa di Saturno* è l'Olimpo ma anche il cielo; il divino è sempre luce, ma per l'antico era già visibile negli astri e nelle stelle.

10. *appiedata*: calco dal greco, *pezós (logos),* la prosa, ma sempre lingua latina. E per l'autore furono tali, come si sa, satire ed epistole.

12. *re*: non saranno mancati regoli barbarici e soprattutto cantabrici nei recenti trionfi.

18. *giorno sacro a Diana*: festa che cadeva il 15 agosto.

22-23. Achemene fu il capostipite della dinastia dei «re dei re» persiani (vd. Erodoto VII, 123); Migdone figurava addirittura nel mito (*Iliade* 184 sg.) come re d'una ricchissima Frigia (quella del re Mida) poco simile a quella dei tempi di Orazio.

13.

Un rischio abbastanza singolare — la rovina d'un vecchio albero proprio là, in Sabina — diviene il simbolo dell'imprevisto, e il vero imprevisto è la morte, che ridicolizza la prudenza e perfino la paura. Orazio ritrova per l'incidente il tono paradossale di certi epodi; e poi, per la morte, un tono di fiaba. Il nesso è immediato: della morte trionfa la fama, o meglio la poesia. Laggiù è vittoriosa molto più che in terra: la folla scopre che esistono parole profane degne d'un silenzio rituale. Di più: il misterioso «inganno» (*Ars* 151) prende anche tre forme mitiche che sono tre categorie.

5. *del villaggio*: Ustica probabilmente (vd. I 17,13 e n.), piuttosto che la già lontana Mandela.

9. *della Colchide*: nell'estremo est del Mar Nero; il paese della terribile maga, Medea (vd. *Epod.* 5,59). Orazio in tutta l'ode ha presente la quarta Pitica di Pindaro.

16 sgg. Gli esempi del terrore: la tecnica di guerra dei Parti (indimenticabile la descrizione del disastro di Carre in Plutarco, *Cras.* 24) e, per loro, la solida formazione della legione e la prigionia. Ma il primo? Perché il marinaio è fenicio e perché proprio il Bosforo? Se nome e toponimo non sono oziosi, forse Orazio osservò che i maggiori navigatori della storia non s'avventurarono mai, al contrario dei greci, oltre quello stretto. Erano le loro colonne d'Ercole? Timore ingiustificato, come in fondo tutte le paure precise; il Bosforo non è pericoloso (e «letterariamente» le Simplègadii dopo la spedizione degli Argonauti, fermarono i loro terribili movimenti, dice Pindaro, *P.* IV 206-9). Paure d'un tempo e di sempre: il presente *perhorrescit* ha un senso.

26. *Proserpina*: vd. n. a I 28, 21. — *Eaco*: il giustissimo re di Egina, padre di Peleo e avo di Achille, eroi venerati. Con Minosse, degno giudice delle anime.

28. Saffo, come dopo Alceo, i poeti di Lesbo (vissuti nello scorcio dei VI sec.) e massimi ispiratori di Orazio con Archiloco e Pindaro, sono delineati, qui tra le ombre, con evanescente verità.

38. *il mostro*...: Cerbero, altrove trifauce (anche in Orazio, II 19,31); dalle cento teste come Tifone pare fosse anche in Pindaro (scolio a *Iliade* VIII 368).

42-43. *il dolce suono*...: come in Pascoli: «si muta / il suo dolore in sua felicità», e parla proprio Saffo (*Solon,* nelle *Odi conviviali*). Un *laborum sono,* dopo i versi precedenti *(querentem, sonantem... mala)* stupisce certo meno del faticosissimo *laborum... decipitur* («n'ont plus le sentiment de leurs peines», Villeneuve) o del *laborem* (lez. di parte dei mss.) *decipitur* («audace estensione dell'accusativo greco», Kiessling-Heinze), ritenuta anche *lectio difficilior*. Proporremmo questa lettura facilissima d'una lezione facile. E il semplice «ingannare», dicendo meno, esprime di più. — *Prometeo*: la sacra leggenda eschilea è volutamente tradita: il Titano, che non patì nell'Ade ma su una vetta della Scizia, si riconciliò con Zeus (vd. il saggio introduttivo al *Prometeo incatenato* nell'ed. BUR) e risalì tra gli Dei. Al contrario di Tantalo («il padre di Pelope», e il lettore antico di Orazio e della prima Olimpica di Pindaro intendeva subito) e al contrario di Orione, il cacciatore che offese Artemide e ne fu ucciso; nell'Ade continua una fantomatica caccia (*Odissea,* XI 582).

14.

Ancora la fiaba della morte, come nell'ode precedente, ma in chiave di disperazione. L'orrore è proprio quello di divenire fiaba, *fabulae manes.* La poesia è dimenticata, la sapienza non nominata, la *pietas* compassionata. La morte è quasi una colpa: l'erede «merita» quel vino prezioso perché vive. E non festeggia una morte che l'ha fatto ricco — non tutti gli eredi sono così banali e fortunati — ma la vita, che a chi la perde appare quasi come una giusta orgia.

6. *Plutone*: divinità dei morti, rapitore e sposo di Proserpina.

8. Gerione e Titio sono grandi colpevoli e dannati, come Danao e Sisifo più oltre; mancano, ora, le *sedes discretae piorum* dell'ode precedente.

15.

La prima ode etica nello studiatissimo ordine dei primi «tre libri»: etica e perciò anche politica. Non a caso inserita nel severo libro secondo, è un preludio delle odi romane; ed è un preludio innocente di tutta una letteratura stoicizzante, in prosa e in versi, ispirata all'ideale del *sapiens* sotto l'aspetto — storico e politico — del romano antico: come questo Catone *intonsus,* potente di *virtus,* non meno dell'uomo che accetta dalla sorte la propria capanna. Perché i *fortuìta,* secondo un *paradoxon* stoico basilare, non contano, non esistono.

4. *Lucrino*: lago presso Baia.

5-6. Il platano, gradito per l'ombra, è sterile, ma l'olmo «sposa la vite» (come il pioppo dell'*epodo* 2).

13. *Catone*: il censore (234 c.-149 a.C.). — *chiomato*: e, s'intende, anche barbuto. Non dimentichiamo che la barba sarà parte integrante della divisa del filosofo stoico-cinico, fino — idealmente — a Giuliano autore del *Misopogone,* apologia della sua barba filosofica. Pare che i barbieri comparissero a Roma più tardi ancora dei grecizzanti; e si disse che fu Scipione l'Africano il primo a usare il rasoio.

19. *logge*: nel testo, «misurate con una *decempeda* (pertica di quasi tre metri) privata»: cioè non usata solo per le grandi (e sacre) spese pubbliche. Le cattedrali, diremmo noi (anch'esse sempre devotamente restaurate nei secoli, come quei templi, vv. 25-7). E per di più volte a nord, per fruire della frescura.

16.

Lode dell'*otium* — quale? L'atarassia epicurea, la vita privata, l'assenza di impegni? — o piuttosto nostalgia della pace? La differenza è quella che intercorre tra il precetto e il sentimento, che annulla il precetto. Troppa angoscia, nello sfondo, troppo «delirar di battaglie». La pace è il poco, la mite rassegnazione, l'*hic et nunc* d'una saggezza che dà tutto per scontato; e la poesia, che dona a Orazio non meno di ciò che dà a Grosfo la ricchezza (non era necessario dire che vale di più). Doppia aristocrazia, con un disprezzo per il *vulgus* spirituale che era del *philosophus* in genere, ma per eccellenza dello stoico.

7. *Grosfo*: un Pompeo Grosfo che Orazio, nell'epistola I 12, raccomanda a Iccio (di cui vd. qui I 29 e n.), amministratore di latifondi siciliani di Agrippa.

9. *littori consolari*: che facevano largo al console.

21. *L'angoscia...*: e viene da pensare — non importa se i termini sono tutti diversi — al «cavaliere, la morte e il diavolo» di Dürer.

36. *lana intinta...*: i *dìbapha,* stoffa «bagnata due volte». Un preziosissimo vestito che Orazio riduce alla sua «realtà».

17.

Mecenate, che soffriva di inquietanti febbri continue (Plinio, *Nat. Hist.* VII 172), confessa all'amico la sua angoscia, senza metterla in caricatura come in un distico citato da Seneca, che lo prese alla lettera, con sdegno (*ad Luc.* 101, 10-11). Orazio capisce, ma la reazione è sorprendente: quei lamenti gli tolgono coraggio perché i loro destini, secondo gli astri, sono legati fino alla morte (e così sarà). Dunque Orazio non solo condivideva con molti del suo tempo la fede nell'astrologia, ma aveva accuratamente studiato il suo oroscopo. I suoi dubbi (vd. 23-30) sono quelli delle diverse ipotesi di ricerca. Intervengono anche gli Dei e Orazio ne ha avuto la prova: bisogna dunque impetrare il loro aiuto, ognuno secondo i suoi mezzi (vd. anche III 23) e la sua intuizione religiosa. Astrologia e fede, necessità e provvidenza, non sono contraddizioni (e noi non ne abbiamo di meno gravi sui massimi problemi) ma dialettica.

18. *il Gigante*: *gigas* è la lezione di tutta la tradizione; la correzione *Gyas* è giustificata dall'esattezza mitologica: i tre figli «dalle cento braccia» di Urano e Gaia sono, secondo Esiodo, Cotto, Briareo e Gia.

24-27. Il Capricorno è la costellazione di dicembre, il mese di Orazio, e dominante sui mari italiani (ma Orazio chiama *fluctus hesperii* quelli che portano a Venosa, vd. I 28, 26 del testo); certo nel suo oroscopo non mancava l'ascendente problematico della Bilancia e dello Scorpione.

30 sgg. Per Mecenate l'influsso pericoloso di Saturno è neutralizzato da quello benefico di Giove: certo a questo si dovette la miracolosa guarigione salutata con festa quando riapparve in pubblico (cfr. I 20). Per il miracolo di Orazio, cfr. II 13: ma qui non sorride. Che si sorrida su miracoli veri, ovviamente, è un pudore del razionalismo.

43. Mecenate aveva dunque promesso un tempio a una divinità che sapevano loro. Non ne abbiamo altra notizia.

18.

«Quasi» una diatriba, di cui ha il motivo classico dell'avaro e lo spirito requisitorio; non però nel nome della *virtus* ma in quello della morte. Per Virgilio la terra è *iustissima* — «la vera giustizia» — perché compensa secondo i meriti, per Orazio perché appiana i privilegi.

7. *Attalo*: vd. I, 1, 15 e n.

8. L'attività esemplare della matrona romana era la filatura della lana; queste mogli di *clientes* d'un altissimo patrono filano, e per lui, porpora: un servizio che diventa un elegante omaggio.

14. Questo *Amico* (così si chiamava eufemisticamente il patrono) era Mecenate, ma senza che fosse proprio detto. La mancanza di articolo favoriva l'elegante ambiguità.

15-16. la *ricchezza*: materiale e morale: analogamente *beatus* indicava sia la «felicità» del *philosophus* che quella più dozzinale del denaro. — *unica*: in senso quantitativo, come s'intende generalmente? Non diremmo.

19. *tu...*: il «tu» caratteristico della diatriba.

37. *il nocchiero...* Caronte; l'*Orcus* dell'originale è un pauroso, cioè vuoto, oltremondo.

38-39. Di questo tentativo di corruzione da parte di Prometeo non c'è altra testimonianza e non è degna del personaggio mitico; ma non era più l'età dei miti.

41. *Tantalo*: cfr. *epodo* 17, 80.

19.

Una rivelazione: interiore come tutte, simbolica come è lecito: ma non solo e non soprattutto di Dioniso. Questa non è un'ora di ebbrezza ma di speranza, di possibilità, di poesia ventura. Una leggenda che «apre mille strade» direbbe Pindaro: non solo la follia sacra delle Menadi, ma i prodigi già evocati da Euripide nelle Baccanti, Arianna sposa del Dio come attestava Esiodo (*Theog.* 947 sgg.), i persecutori puniti: Penteo tiranno di Tebe, lacerato dalle donne invasate — tra cui la madre — e Licurgo, re dei Traci, che colpì le Baccanti e fu fatto cieco e immerso in ogni sventura (come racconta l'*Iliade,* XXIV 132 sgg.). Di più: nella lotta dei Giganti contro gli Dei, Dioniso si trasformò in leone e batté uno degli empi. E scese nell'Ade. Dioniso è un nucleo di polivalenza, di equivalenza, di equilibrio perfetto e aereo: lo spirito di Prassitele e di Leonardo. *Medius.*

20. *la gloria*: visibile nella «corona» (il termine *honor* è impreciso) che Venere donò per le nozze ad Arianna e Dioniso trasformò nella costellazione omonima.

26 sgg. Gli interpreti vedono qui allusione ai memorabili viaggi del Dio (di cui vd. Diodoro Siculo, IV, 2, 5 sgg.) ma prevale la sua onnipresenza, anche — o soprattutto — in luoghi segreti.

20.

Dopo l'ode dionisiaca, quella della trasfigurazione. Il poeta si fa cigno come Dioniso fu Leone ed è in ogni cosa: la morte è elusa, il volo non finirà, il sepolcro è «vuoto», non tanto per quel volo ma perché la cenere è nulla. Trasfigurazione spericolata; lettori e traduttori debbono evitare certo realismo che forse non fu avvertito, capace di ridurre la nobiltà del volatile. Proprio il cigno è il termine meno traducibile, perché esso non appartiene veramente alla storia naturale; era l'uccello di Apollo e poteva fare instancabili voli.

6. *chiami*: proporremmo questa in luogo delle altre tre interpretazioni del problematico *vocas:* la più seguita, «inviti» (a casa, al convito), ha qualcosa di sospeso, di improprio e forse di banale; e infatti si è pensato, all'opposto, un «chiami» (sul cataletto, secondo l'uso mortuario), lettura troppo malaugurata. Non migliore il querulo «mi chiami: amato!». Ma i due grandi e realistici amici non si nascondevano quell'origine, antico danno (*sat.* I 6, 45-46) che il cammino percorso rendeva glorioso come ogni svantaggio di partenza. Ma Orazio sarebbe andato anche oltre ciò che sapeva, pensava l'amico. Il punto di partenza era l'inizio d'un percorso senza termine; e *sanguis pauperum* pare un'epigrafe, quasi un epiteto eroico: non ci stupisce più il vibrato nominativo: *non ego...*

12. *sicuro*: *tutior* è lezione congetturale (di Bentley. La tradizione manoscritta oscilla tra un enfatico *ocior* — non è la velocità del volo che conta, anzi lo sentiamo lento e alto —) e il greve *notior* («più famoso» di Icaro, volatore sventuratissimo).

13 sgg. Il volo è su tutta la terra, dunque, oltre i confini dell'impero: gli Iperborei sono il leggendario popolo nordico di Pindaro e di Erodoto e i Daci i barbari dell'attuale Romania che saranno annessi da Traiano.

LIBRO TERZO

L'INNO DEI VALORI (1-6)

Carmina non prius audita: un poema nuovo e unico, dunque. Nuovo in Orazio e rispetto al suo unico predecessore, Pindaro, perché i tempi permettevano di continuarlo solo trasfigurandolo, cioè trasfigurando il mito in storia. Pindarico è il linguaggio, non solo nel perpetuo contrappunto, ma nella sostanza, nella logica: nei legami violenti e primari — ma del tutto «moderni», Giove-sapienza, sapienza-felicità — e nelle premesse, ma coscienti: la nascita (la *phyà*) e il compenso per gli Eroi. La *phyà,* al contrario che in Pindaro, non ha ascendenze, se è taciuta perfino quella di Cesare Augusto. Negare poi il *mysterium* — orfico, come è chiaramente detto, vv. 2, 37-42 — significa negare la spiritualità classica o almeno qualunque autenticità, anche poetica, in Orazio. Ma, s'intende, l'assunzione alla immortalità è per gli Eroi; è il secondo e forse «logico» riconoscimento, dopo quello della Tyche divina, che Orazio rende al mistero della storia. È chiaro che il volere divino privilegia uomini che restano partecipi di quella perpetuità. Fede remota e insieme pensiero attuale, di Posidonio e di Cicerone. Gli Dei, custodi di valori eterni, di fati smisurati, parlano secondo un altro tempo: così, nella logica di Giunone, Ilio fu «già» distrutta da Laomedonte che prevaricò provocando la nemesi futura. Il piano storico è assorbito da quello etico-religioso.

Il nodo, come nel poema virgiliano, è Enea, vittima privilegiata. Con lui Ilio continua in Roma, destinata a eventi senza paragone maggiori a patto che la nemesi non venga negata da un «ritorno», «contr'al corso del cielo». Niente ridicolizza queste immense intuizioni come un'interpretazione letterale, in questo caso il vago e vecchio progetto di Cesare di trasferire in oriente la capitale dell'impero, riferito dal solito Svetonio (*Iul.* 79). È chiaro invece quanto Orazio deprechi quello che avverrà, in forme come sempre imprevedibili, l'orientalizzazione dell'occidente, e ne vedesse già i maligni sintomi (cfr. anche l'ode I 18).

Il canto dei valori non poteva tacere sulla poesia, che tutto, foscolianamente, perpetua, e che simboleggia l'armonia, l'ordine universale. Per questo Cesare Augusto è al centro della quinta ode, quella della poesia e del poeta «nato» ad essa, lui pure, non per discendenza terrena. Lo *scelus* si è risolto. C'è una guerra, una «violenza» che «imita» quella degli Olimpici.

1.

1-2. Apertura pregnante: c'è il *vulgus* dei non *philosophi* ma corretto da un termine religioso, *profanum* (e rituale è la formula *favete linguis*). E c'è l'aristocrazia confessata dell'artista (*odi*) e l'orgoglio dell'arte.

17. *Campo*: nel campo Marzio si tenevano ancora le elezioni per le magistrature.

27-30. *All'ingiusto...*: allusione al famoso aneddoto di Damocle, che Dionisio il grande ospitò alla sua splendida mensa facendogli pendere sul capo una spada trattenuta da un crine di cavallo (Cicerone, *Tusc.* V 61).

36. *valli*: *Tempe*, la verdissima valle del basso Peneo, era spesso antonomastica.

41-42. Arturo e il Capretto (o «i Capretti») tramontano, per la seconda volta, rispettivamente il 29 ottobre e il 29 settembre; la prima volta in primavera. Orazio avrà pensato al secondo periodo.

66. *Achemenidi*: la dinastia persiana di Ciro il Grande, di Dario e di Serse.

2.

20-23. Un pensiero commosso evoca e traduce antiche sentenze: «morire è bello andando tra i primi / per il valoroso che lotta per la patria...» (Tirteo, *fr.* 10) e «la morte trovò anche chi fugge...» (Simonide, *fr.* 65).

29. *le scuri*: dei *fasces* dei littori consolari: la *virtus* non dipende dal giudizio del *vulgus*.

31-42. Chi trova questa concezione poco oraziana (o *hasardée,* dice Villeneuve) pensa che qui si lodi la discrezione di un Mecenate e si condanni l'imprudenza di un Gallo: ma mi pare che guasti troppo la coerenza lirica. Il *mistero di Cerere* è l'orfismo, che aveva il suo maggior centro storico ad Eleusi. Chi rivela e profana i misteri va evitato con orrore: le immagini della dimora e della nave erano espressioni tradizionali di questo ostracismo sacro.

43-47. Il mistero della giustizia: Zeus è sentito, arcaicamente (vd. anche Eschilo, *Sept.* 601 sgg.), giudice di popoli e non dei singoli. Ma la Nemesi, che Pindaro dice «figlia di Zeus», raggiunge il singolo: come e dove, è solo sfiorato. «Sempre», s'intende, e così sentiva Orazio, senza usare questo avverbio filosoficamente rigoroso ma religiosamente superbo.

3.

10-13. Due manifestazioni opposte e convergenti della potenza divina: il fulmine della tradizione — che Giove lancia non al *sapiens,* ma sul mondo — e la conflagrazione universale di cui parlavano gli stoici.

14 sgg. *Polluce...*: fratello di Castore, più eroico se sacrificò metà del suo soggiorno celeste per dividerlo con lui (vd. la decima *Nemea* di Pindaro); questi e i seguenti sono i maggiori tra gli assunti (al «fuoco» del cielo, l'*aithér* dei greci) e tra loro c'è l'Augusto. Quirino-Romolo congiunge mito greco e storia, storia di Roma e perciò del mondo.

50. *del nipote...* Romolo era figlio di Marte ma soprattutto discendente del troiano Enea. E «troiana» è la «Ilia romana» dell'ode III 9. Gli Dei vedono altri, immensi disegni.

109. *Dio del sole*: Apollo, che già costruì le mura di Priamo. La Dea per abbatterle si servirà di nuovi Argivi, cioè altri popoli, quali che saranno; non solo greci come non solo di Argo, s'intende (il culto che la Dea vi aveva non ha che valore simbolico).

4.

6. *Calliope*: «questa» (Musa, dopo le altre otto nominate) «è la preminente fra tutte» (Esiodo, *Theog.* 79).

16-18. Ha un senso che il Vulture sia detto degli Apuli e insieme fuori della terra di *Apulia,* la Puglia? Per questo molti preferiscono la lezione di qualche cod. *Pulliae* («le soglie di Pullia la nutrice»). Ma ha senso che appaia qui, tra prodigi e spazi idealizzati (vv. 36 sgg.), il nome della nutrice? Ci pare che stoni. E sia invece tutt'altro che illogico — in questa logica — che un miracolo avvenga fuori dei piccoli confini del quotidiano. Ma forse c'inganniamo in ogni caso: *Apuliae* può essere una facile dittografia che ha sostituito un toponimo come *Dauniae.* Svista antichissima: già così leggeva Porfirione, che ragionando con un buon senso poco pindarico e notando una metatesi quantitativa per lui ingiustificata, pensò alla solita balia che racconta le favole (*fabulosa!*): tanta esaltazione della balia non è più accettata dai sostenitori della lez. *Pulliae,* s'intende; è possibile invece che questo nome sia nato proprio dall'interpretazione del grammatico.

51. *il folle Bosforo*: quello degli Argonauti (vd. n. a II 13, 16)? Seguono nomi di popoli disparati, e, gli ultimi, nemici di Roma (i Còncani erano una tribù cantabrica), almeno potenzialmente: ciò che favorisce il nesso con l'Augusto, ma sempre nel motivo della poesia salvatrice, delle *grotte di Pieria* (delle Muse).

59. *nutrito di guerra*: e si poteva dirlo di chi aveva raccolto un esercito a diciannove anni e aveva ben di rado deposto le armi; Orazio finirà per proclamarlo il maggior condottiero di tutti i paesi e, si direbbe, di tutti i tempi (*Epist.* II 1, 18-19); sempre che *militia,* contro l'interpretazione generale, sia riferibile, con vantaggio della poesia, a Cesare e non alle sue «coorti» (la preziosità dell'uso participiale di *altus* testimonia a favore).

67 sgg. La Titanomachia oraziana — motivo remoto, che ha la sua prima grande testimonianza nella *Teogonia* esiodea: vv. 664 - 735 — ha, ovviamente, un significato moderno (vd. la nota generale) e una sorta di appiattimento prospettico, che pone sullo stesso piano miti successivi dell'assalto di potenze terrestri al cielo. Idealmente tutte. Sono nominati, promiscuamente, Oto ed Efialte omerici (i «fratelli» del v. 81), che tentarono di scalare il cielo sovrapponendo montagne (*Od.* XI 305 sgg.); Tifeo, il mostro sepolto sotto l'Etna (Pindaro, I Pitica), alcuni Giganti (Mimante, Reto, Porfirione, Encelado) e tre blasfemi, Orione, Titio e Pirìtoo che tentarono violenza rispettivamente ad Artemide, Era e Persefone. Per il *Gigante dalle cento braccia* Esiodo dà tre nomi, Cotto, Briareo e Gia; è legittimo il sospetto che da quest'ultimo nome (Gyas-Gyges) derivi il *gigas* dei codici. Non è però espressione unica di Orazio (vd. II 17, 18 e n.)

5.

3-6. Nel 27 l'Imperatore pensava a una spedizione contro i Britanni e contro i Persiani; dovrà accontentarsi d'un vassallaggio un po' formale dei primi e d'una pacificazione onorevole con i secondi, sancita (nel 20 a.C.) dalla restituzione delle insegne e proprio di quei prigionieri di Carre che qui Orazio condanna all'obbrobrio (il sacrificio di Regolo avrebbe avuto proprio questa sapienza, di non creare un precedente gravissimo).

16. *Scudi celesti*: gli *ancilia,* scudi sacri — uno dei quali caduto dal cielo, una sorta di investitura di Marte, e in esso «riposava la sorte dell'impero», disse Ovidio, *Fast.* III 379 — e affidati da Numa al collegio dei Salii.

20 sgg. *Regolo*: Marco Attilio Regolo, console nel 255, cadde prigioniero — quell'anno, durante la prima guerra punica — dei Cartaginesi; e poi inviato a Roma con il compito di trattare della pace o almeno di uno scambio di prigionieri (Livio, *Per.* 18). L'episodio celeberrimo — già esaltato da Cicerone, *De off.* III 99 sgg. — è stato a torto messo in dubbio perché ne tace uno storico vicino ai fatti e accurato come Polibio, che però non era romano ed era puro storico.

69. *senza più legge*: l'uomo e il cittadino coincidevano, almeno nel mondo arcaico della *polis*: e il prigioniero, che poteva equivalere allo schiavo, perdeva come questi anche i diritti civili sulla moglie e sui figli.

77-78. Delle raffinate torture dei cartaginesi c'erano ricordi imprecisi: si raccontava delle recisione delle palpebre e di chiodi che impedivano il sonno.

82 sgg. Si allude al compito primario del *patronus,* la difesa

giuridica dei *clientes,* e al primo dei *negotia,* il soggiorno e l'amministrazione delle proprie campagne.

6.

15-18. Orazio ricorda due assalti falliti contro i Parti: secondo Porfirione, Carre (anno 53, in cui cadde Crasso) e la sconfitta di Decidio, generale di Antonio, inferta da Pàcoro figlio del re Orode nel 40. Gli storici moderni aggiungono quella del 36 subita da un altro generale di Antonio al comando di due legioni. La parte di Monese non è attestata. Mommsen esclude la prima; ma essa è la maggiore. Orazio non vuole essere esatto: quei nomi indicano due spedizioni, *impetus,* spezzate per inosservanza religiosa (il primo caso è attestato da Cicerone, *De div.* I 29), quella di Crasso e quella di Antonio, comunque questa fosse articolata.

21-26. Allude al tragico anno 31, anno di discordia, in cui Roma fu minacciata dai Daci sul Danubio e assalita dagli «etiopi», gli africani di Cleopatra (e i romani di Antonio, ancora una volta ignorati, cfr. I 37).

51 sgg. È evocata l'età eroica e severa, quella della prima guerra punica (cfr. II 12,5) di Pirro (il re dell'Epiro che invase l'Italia e fu battuto nel 275 da Curio Dentato) e di Antioco III re di Siria, sconfitto presso Magnesia nell'inverno 190-189; Annibale fu battuto a Zama nel 202.

58. *Sabelli*: i sabini, e non a caso; del resto godevano davvero fama di antica virtù montanara.

7.

Riappare, con uno stacco troppo violento per non essere intenzionale, l'Orazio minore (o per molti maggiore), con un'ode-situazione di pretto gusto ellenistico, dove tutto è privato, piccolo e borghigiano. Quel tanto (o quel poco) che poteva esserci di gustoso è forse dato dalla versione popolare, grossolana e ingenua, di antichi miti.

1-3. I nomi greci arieggiano sia il mito che i nomignoli dei greculi (Asterie, cioè «stellina», Gyge, e dopo Cloe). L'amato — amante, marito — è partito per affari per la Tinia, penisola di fronte a Bisanzio, e ha fatto tappa a Orico nell'Epiro.

7. *Amaltea:* la capra che aveva nutrito Zeus fu poi trasforma-

ta in costellazione, sorgente intorno all'equinozio d'autunno, quando si scatenano le tempeste marine.

9. Cloe pare la padrona di casa (edizione popolare delle eroine tentatrici e deluse) e si serve di un intermediario che non risparmia per persuadere, come avveniva nelle scuole di eloquenza, gli *exempla* letterari: come quello di Bellerofonte di cui s'innamorò la moglie di Preto che, rifiutata, lo calunniò come seduttore presso il marito; questi lo mandò a combattere la Chimera (*Iliade* VI 155 sgg.). Peleo fu invece tentato da Ippolita, egualmente respinta e calunniatrice, e il marito lo abbandonò disarmato fra i terribili Centauri (Pindaro, *Nem.* IV 54 e V 26). Ma riuscirono vincitori l'uno e l'altro. Storie ad usum delphini dove forse è divertente la sincera avversione per i guai: starci, sarebbe stato più comodo per i due virtuosi.

8.

Il primo di marzo è il giorno dei *Matronalia,* festa delle matrone e perciò dei matrimoni. Ma anche del celibe Orazio: è il primo anniversario (anno 29) dell'episodio o del segno divino della caduta dell'albero (II 13 e n.). Mecenate ne è troppo coinvolto (vd. II 17) per non partecipare; del resto l'orizzonte politico di Roma — di cui Mecenate era *praefectus* — era il più limpido.

11. Come si sa, sulle anfore si graffiva il nome dei consoli dell'annata. Un console Tullo si ha nel 33 (un po' vicino) e nel 66 (l'incredibile vino romano resisteva decenni, cfr. III 21,1). Le anfore erano conservate in soppalchi vicini al soffitto, dove si annerivano di fumo.

16 sgg. *Cotisone*: battuto da un Marco Crasso nel 29 (Dione Cassio LI 22), che nello stesso anno sconfisse pure gli Sciti (cfr. i vv. 20-21). Per la Persia non c'era da preoccuparsi, giacché Fraate faceva una politica che noi diremmo distensiva e l'Augusto — pare pensare Orazio — aveva come asso nella manica il rivale di quello, Tiridate, esule in Siria. Anche in Spagna la guerra cantabrica era praticamente vinta.

9.

Il «contrasto» amoroso, il piccolo mimo in versi, è genere popolare e dotto, antichissimo — il primo esempio pervenuto è in Saffo — e di sempre; ricordiamo solo, honoris causa e per contrasto, certi sonetti dell'Angiolieri, di veridicità autobiografica indubitabile. Non così questa ode amebea: siamo ancora nel gusto dell'oggettivazione. La persona di Orazio non traspare che nell'accenno alle grandi ire (cfr. *Epist.* I 20, 25) e — secondo Lidia — alla sua mutevolezza. Ma se non c'è una propria storia, c'è forse una di quelle severe tristezze e dure nostalgie che Orazio non comunica.

7-8. Gloria letteraria, come si pensa? Ma l'amore basta alla sua gloria e sfida quelle del mondo (Ilia fu madre di Romolo, cfr. I 2, 17-18). I precedenti letterari che si citano hanno somiglianze esteriori. In ogni caso quella gloria non può riferirsi a Orazio, celebratore di nessuna donna.

10.

Un fatto di costume di sempre (fino a ieri), la serenata, fu nell'antichità anche un genere letterario, il *paraklausìthyron,* di cui il titolo dà la traduzione. Quello di Orazio, privo di mollezze, ricorda l'autore degli epodi.

16. Nel testo c'è l'immagine della carrucola del montacarichi.

19. Un «padre etrusco» insinua l'idea d'una educazione o d'una ereditarietà poco severa, secondo la cattiva fama di quel popolo.

23. Perché della Pieria? Forse il marito era di laggiù? O era dato reale, un tocco epigrammatico?

11.

A Làlage (II 5) era permesso essere immatura all'amore; a Lide no. Occorre mobilitare poesia e mitologia. Le cinquanta Danaidi ebbero la stessa colpa; per orrore dell'amore, fuggirono gli altrettanti pretendenti dall'Egitto ad Argo, guidate dal padre Danao. Raggiunte e costrette alle nozze, uccisero, per istigazione del padre, lo sposo durante la prima notte. Tutte meno la gloriosa Ipermestra. Le colpevoli, negli Inferi, si sforzeranno in un folle lavoro, trasportare sempre acqua in una giara forata. La saga delle *Supplici* di Eschilo viene modernizzata in favola e romanza; la storia ideale della Verginità sfiora la morale ridanciana della novella boccaccesca di Nastagio degli Onesti.

3. *tu testuggine*...: vd. IV 3,22 e nota a I 32,14.

21. *Issione, Titio*: grandi colpevoli dell'Inferno antico.

12.

Piccola romanza sul dramma della ragazza costretta alla virtuosa solitudine: molti gli echi letterari, prezioso o almeno raro il metro, perenne la situazione; ma con un'ambientazione greca, suggerita dall'onomastica e dall'esempio, certo popolare in Grecia, di Bellerofonte che cavalcò il cavallo alato Pegaso.

13.

Nei *Fontanalia* usava sacrificare un animale alle sorgenti, versarvi vino puro e gettarvi corone di fiori. Quello di Orazio è un gesto usuale, ma la poesia eterna le cose che nomina (*perché parlo...*). È naturale pensare che la fonte «di Bandusia» (un nome di ninfa, pare) fosse presso la casa di Orazio e perciò fosse quella che ancora oggi sgorga un po' a monte e «balza» su rocce (artificiali, come probabilmente era anche allora), «brillando» (non si parla di trasparenza) più come il vetro antico che il nostro. E c'era un leccio, che non c'è ragione di moltiplicare come si fa di solito. Uno solo dice di più (e uno solo è negli esempi raccolti da Pasquali). La tradizione medioevale di una fonte omonima presso Venosa — per cui Orazio non mostrò mai nostalgia — non ha valore.

14.

Per il ritorno dell'Augusto dalla guerra cantabrica, nel 24. Festa «vera», non solo pubblica, ma ciò che è di più, privata: anzi pubblica perché sentita da ogni cittadino. Anche l'Imperatore sembra che torni soprattutto alla sua famiglia, che è la prima del mondo. La festa solitaria di Orazio non è priva di sapienza e di malinconia, quella di saper rinunciare e di essere in un'età più capace di rinunciare. Interessante la «data» della giovinezza, il 42, l'anno di Filippi.

2 sgg. Ercole è l'eroe per eccellenza e quella in Spagna fu l'estrema delle sue peregrinazioni (vd. in Diodoro Siculo, IV, 17 sgg., la più ricca e sentita narrazione dell'intera saga).

6. *la Sposa...*: l'amatissima, eletta, bellissima Livia.

8. *la sorella*: Ottavia, vedova di Claudio Marcello (e poi sposa di Marco Antonio): era la madre di Marcello, la grande speranza per la successione, morto giovanissimo nel 23 e pianto da Virgilio nel sesto dell'Eneide.

22. *il duello coi Marsi*: la guerra sociale (91-89).

24. Spartaco, il sollevatore degli schiavi, portò il suo esercito a successi e percorsi enormi prima d'essere battuto e ucciso, dopo due anni (nel '71), presso il Sillaro.

15.

L'odio per Canidia si è riacceso, nonostante il ramo d'olivo (cfr. I 16 e 17), e trova le solite dolorose, meschine ingiurie? Foloe è Tindaride lodata solo per ferire la madre? Non proseguiamo con poco rigore su un romanzo, ma un romanzo ci fu; oppure non è che il solito pezzo convenzionale, per altro non molto dimostrato.

16.

Partes divitum, un'espressione il cui calco moderno avrebbe un significato classista ed economico totalmente assente nel testo. Lo illustra la sua antitesi, *nil cupientes.* Dunque, la ricchezza è il desiderio, cioè il male. Tutti nasciamo ricchi, come con un peccato ereditario: per salvarsi occorre essere «transfughi», abbandonare questo *vulgus* nativo in cui i «ricchi» hanno raggiunto solo il successo dell'errore. Orazio nell'ottica di questo «paradosso» interpreta tutto, la vita, il mito e la storia. L'esperienza lo conforta (vv. 28 sg.). E Dio è con lui, con loro (vv. finali), perché è l'ordine: in realtà è loro, la loro coscienza.

1-9. Acrisio, re di Argo, custodiva la sua donna, Danae, in una torre di bronzo. Ma Zeus vi penetrò in forma di «neve d'oro», racconta commosso Pindaro (*Pyth.* XII 29-31), perché doveva nascere da lei Perseo, vincitore della Medusa. Con Orazio comincia l'avvilimento della saga, fino, diremmo, al quadro di Tiziano in cui la pioggia è di zecchini.

17. *dell'augure d'Argo*: Anfiarao, che preconoscendo il destino, riluttava ad associarsi alla spedizione dei «sette» contro Tebe; la moglie lo persuase (o secondo qualcuno ne rivelò il nascondiglio) perché corrotta dall'oro. Anfiarao infatti trovò la morte nella spedizione, inghiottito dalla terra.

20. *l'eroe macedone*: Filippo, padre di Alessandro Magno. La corruzione dei nemici faceva parte dei suoi normali metodi di guerra.

53. *dei Lestrigoni*: cioè di Formia, che si credette fondata da un Lestrigone, Lamo (cfr. III 17,1).

64. Mìgdone è il re antichissimo della Frigia (*Iliade* III 184

sgg.) e Aliatte il padre del più ricco degli uomini, Creso, re di Lidia, contigua alla Frigia.

17.

È la vigilia del giorno natalizio di Elio Lamia, di cui Orazio è ospite, e sarà festa elegante e raccolta; rinfrescherà, la cornacchia l'annuncia.

1. *Lamo*: vd. I 26 e n., e III 16,53.

10. *Marìca*: Ninfa a cui era sacra una selva lungo il Liri (Marziale XIII 83,1).

19. *è giorno tuo...*: il giorno dedicato, dice il testo, al *Genium*: entità divina che accompagna ogni uomo dalla nascita, ma più o meno identificata col proprio io più autentico e profondo. «Genio» non traduce l'intraducibile e meno ancora lo spiega. Giorno «dedicato al *Genium*» non era solo il compleanno, anzi una fonte escluderebbe per questa ricorrenza i sacrifici cruenti; Orazio però sacrifica un agnello per il compleanno di Mecenate (IV 11, 6 sg.). Vedi *Epist*. II 2, 187 sgg.

18.

Per il sacrificio a Pan, al Fauno, il Dio famigliare della campagna. Ma la sua festa (v.6) ricorreva in febbraio; ne sono sorte ipotesi del tutto infondate, senza pensare semplicemente che in dicembre cade il compleanno del padrone di casa. L'8, per l'esattezza, e le none cadono il 5. Sono questi i preparativi? O piuttosto l'esattezza anagrafica era, come sarebbe oggi, oziosa? Le none non sono un semplice numero, ma un giorno, un ritorno, un ritmo.

11. *il villaggio*: vd. I 17, 13 e n.

13. Tregua tra gli eterni animali simbolici. E il Fauno — o almeno Luperco, divinità a cui poteva sovrapporsi — aveva appunto il compito di salvare le pecore dai lupi.

19.

Tèlefo è giovane, innamorato e appassionato di storia sacra o mitologia; ora si è perduto nella terza delle sue qualità. Ma a Orazio importa far festa. Il dove, il come e il perché hanno l'aria dell'improvvisazione. Prima di tutto, onorare l'augure Murena che sarà il terzo (ma l'anfitrione) del festino; il numero perfetto, il tre, attraversa l'ode. Il poeta ne abusa portando al multiplo delle Muse le sue coppe. Gli altri si accontentano del tre delle Grazie. Il vero perché della festa e della fretta si scopre alla fine, dove ogni parola è spietata: il poeta, che si mostra così sitibondo e un po' illogico, brucia d'un amore tardivo e perciò complesso, su cui tace, chiudendo ottimamente l'ode.

2-3. Per Ìnaco, vd. II 3,21 e n. — Codro, ultimo re di Atene, durante una guerra con Sparta, sapendo dall'oracolo che solo la sua morte per mano nemica avrebbe stornato l'espugnazione della città, riuscì, sotto mentite spoglie, a farsi uccidere da uno degli spartani, che difatti tolsero l'assedio. Il tempo intercorso tra i due re richiedeva sottili conoscenze dei miti.

4. Da Èaco nacquero Peleo e Telamone, dalla epicissima discendenza (a cominciare da Achille).

7-8. *il prezzo*: particolare che non avrebbe senso se fossero ospiti di Murena.

9. *l'acqua*: dell'*hypókauston* probabilmente, il termosifone terragno delle ricche case romane. Certo fa freddo, e la scena pare ambientata tra i Peligni, nelle attuali montagne abruzzesi.

10. *l'ora*: ecco la fretta, di dimenticare, s'intende, quella che Telefo non ha.

13. *per la nuova luna*: le calende (originariamente il mese era lunare). Al desiderio non è difficile trovare i perché.

16-17. Numeri canonici (*cyatha commoda*, si diceva). Ausonio scriverà un poemetto sull'*Enigma del tre* che si apre così: «Tre volte bevi, o altrettante volte tre. Così è una misterica legge: chi tre volte beve, chi per tre moltiplica il tre, con i dispari tre (*imparibus... ternis*) forma, nel segno del nove, il cubo...» (*Griphus ternarii numeri*, 1-3).

18. *il numero trino...*: il testo latino riflette usi oggi inesistenti e presenta un'apparente difficoltà: perché *imparis*? Anche le Grazie sono «dispari» (molti perciò interpretano come «eccessive»: ma il poeta vuole proprio l'eccesso, *insanire iuvat*). È il dispari delle Muse, non quello delle Grazie... parliamo pure, per una volta, di un epiteto «esornativo».

38. *del limpido tramonto*: *Vesper* è propriamente la stella del tramonto ma il calco italiano è troppo preciso e meno immediato.

20.

Descrizione di una statua che sembrò a Orazio e a molti lettori bella e potrebbe anche esserlo, se esistesse (rappresenterebbe un efebo, simile al Ganimede dei versi finali, col piede su un ramo di palma). (Nireo in realtà non fu un efebo ma «il guerriero più bello giunto sotto Ilio», *Iliade* II 703).

21.

Corvino desidera per il convito vino vecchio: la prodigiosa enologia romana permetteva una analogia perfetta del vino con la vita dell'uomo, età e carattere. E Orazio offre un vino coevo: più mite e, diciamolo, più stanco. Qualunque cosa porterà sarà bene. Non porta che benefici, soprattutto quando è un simbolo; fa ricchi i poveri, fa giovani i vecchi, restituisce l'eleganza d'un tempo. Sarebbe lugubre, dopo aver spezzato un'anfora nata con noi, spegnere le lampade: le sostituirà la luce. Il simbolo della fine diventa un sentimento di perpetuità, e l'ultima parola è la più luminosa delle lingue antiche.

1. *Nata con me...*: espressione molto intensa. Né è da escludere che l'anfora fosse — come, si direbbe, la saliera di II 16,14 — un ricordo di casa: e fu chiusa con un desiderio sconosciuto che solo una grande occasione — non meramente mondana, dunque — può sostituire (vv. 5-6).

3. *litigio...*: non è nei gusti di Orazio il convito disordinato (cfr. I 27), ma tutto è eccezionale questa volta.

7. *Corvino*: Marco Valerio Messalla Corvino (64 a.C. - 9 d.C.) fu un personaggio. Generale a Filippi contro i cesariani, accettò il ramo d'olivo (non offerto senza calcolo) dei vincitori; seguì Antonio, ma la sua politica lo disgustò e passò a Ottaviano, battendosi bene ad Azio. Certo ebbe legami profondi con Orazio, di cui fu compagno di studi, ad Atene, e di guerra a Filippi, nella gloriosa ala destra (vd. II 7). Oratore lodato da Cicerone (*Bruto,* I 15,1) e da Orazio stesso (*sat.* I 10, 37 sg., *Ars* 370 sg.), diede nome a quel circolo letterario che ebbe in Tibullo il maggiore esponente.

9-12. *la parola di Socrate*: a cui faceva capo la *sapientia* stoica o stoicizzante; come conferma l'esempio di Catone, che non può essere se non il Censore, anche se nessuna fonte ne conferma la simpatia per il vino (mentre una, troppo di parte, la denuncia nell'Uticense: ragione di più non solo per tacerla, ma per precisare che si parla dell'«antico» spostando magari a quell'avo non più incrinabile la debolezza dell'ammiratissimo nipote). Pare invece che Messalla — attesta un poema perduto di Mecenate ricordato da uno scoliasta — fosse del vino un forbito lodatore.

14. *tortura*: perché fa parlare, dice la verità. «Agudeza» frequente, anche in Orazio.

15 sgg. Da qui la commozione di Orazio si associa al ricordo d'un passo del Pindaro conviviale, l'*Encomion 5* Puech («e il povero allora è ricco» ne è la spia).

22.

Il fondo sabino — sotto il Lucretile e circondato di boschi — è opportunamente affidato alla protezione di Diana. Un pino messo a terreno sancisce la promessa.

3-6. Diana-Artemide, Dea lunare, veniva identificata con Giunone in quanto regolatrice dei parti. Veniva raffigurata anche con tre volti, simbolo dei «tre aspetti» della sua essenza.

23.

Come nella *Fonte di Bandusia* o nella *Festa del Fauno* Orazio scopre, nel *rus*, il *rusticus*. Fìdile — «la parsimoniosa» — è una contadina che crede nella protezione del Divino, ma è in particolare devota ai Lari, ai suoi morti, il culto tradizionalmente specifico dei poveri e perfino degli schiavi che così venivano ancora protetti dagli antenati sconosciuti. Via al Divino opposta a quella di Orazio, che aveva «cominciato da Zeus» e sempre celebrato, anche in Sabina, gli Olimpici; ma non vale meno; ciò che conta è quella che si dirà la «purezza di cuore».

2. *al nascere della luna*: il giorno dei Lari era il novilunio, o come dice Catone «le calende» (lunari).

9. *ruggine*: la temutissima malattia del grano, così detta dalle macchie color ruggine che produce sulle foglie.

14-15. Sui pascoli alti dell'Algido e di Alba i collegi dei pontefici facevano allevare appositamente i tori per i grandi sacrifici pubblici.

22. *senza debito*: *immunis* era detto di chi era esente da *munera*: obblighi più che «doni»; è poco — e perciò poco convincente

— che la mano di Fidile sia senza doni (che del resto fa), come si traduce spesso. Pasquali, non per primo, difende energicamente la traduzione «innocente». Noi conserveremmo un valore etimologico.

25-27. *i Morti avversi*: offesi da qualche nostro errore. Per Fidile dipende da loro tutto, all'opposto che per Orazio e gli stoici che attribuivano alle potenze provvidenziali solo la cura delle grandi cose. Fidile li sente nelle piccole, cioè nelle sue. Ma li accontenta con poco, con una focaccia di farro cosparsa di sale grosso, fatta ardere sulla loro ara, davanti alle loro immagini di legno.

24.

Il linguaggio più prosastico, il tono più impersonale — a dispetto di tanti *loci communes* oraziani, oltre che diatribici, Orazio si riconosce poco — per le cose che più contano: il bene e il male, la patria romana. Per la quale l'Augusto operava leggi moralizzatrici: Orazio ricorda che bisogna andare alla radice, che tutto dipende dalle coscienze e che senza queste la legge è nulla. A un gesto pio dell'imperatore viene data un'interpretazione strana (vv. 51 sgg.): Con questo non si può parlare di pessimismo, se la grande scelta, anche con uomini così miseri — o semplicemente così come noi e come oggi — è sempre aperta.

13. *i Geti del freddo*: che abitavano l'attuale Bessarabia ed erano nomadi come gli Sciti e vivevano, come gli Svevi (Cesare, *De bell. Gall.* IV 1), in una sorta di comunismo primitivo. *Rigidi* in genere s'interpreta in senso morale; ma forse qui c'è più bisogno d'un tocco di colore, analogo a quello degli Sciti, che d'una connotazione morale, in sostanza pleonastica.

14. *iugeri senza metratura*: una sorta di *oxýmoron,* o contrasto verbale, perché lo iugero è una misura che diremmo catastale (1/4 di ettaro). Non si insiste tanto sulla proprietà comune quanto sull'assenza di un concetto, quello di «misurare» la terra.

34. *delle città*: non solo l'*Urbs,* dunque. Il titolo di *pater patriae* sarà conferito ufficialmente all'Augusto solo nel 2 a.C.

55-56. *in Campidoglio*: Svetonio (*Aug.* 30): «Ricostruì edifici sacri crollati per vetustà o distrutti da incendi e li dotò, quelli e altri, di offerte straordinariamente ricche: si pensi che nel penetrale di Giove del Campidoglio fece depositare sedicimila libbre d'oro, pietre preziose e perle per un valore di cinquanta milioni di sesterzi, come unica offerta». Il gesto fu certo popolare; ma Orazio gli ricorda che il plauso del *vulgus* non conta e approva quell'offerta come una mera eliminazione del pernicioso metallo.

65-66. *cerchiello*: come si chiamava quando il gioco esisteva da noi; consisteva in una «ruota» (*trochós*) che si faceva correre guidandola con un bastoncino ricurvo. — Il gioco dei dadi, come tutti quelli d'azzardo, era vietato per legge da sempre, salvo il periodo dei Saturnali (vd. Plauto, *Mil. glor.*, e il *Digesto* XI 5,2), e fatto sempre.

68-69. La *fides*, di più della lealtà, era la virtú primaria del romano; anche *socius* e *hospes* non corrispondono ai banali derivati moderni. Ma è proprio un mondo «moderno» che Orazio sente e rifiuta.

25.

La prima rivelazione di Dioniso (II 19), immensa e indifferenziata, era stata anche terrore (vv. 11-12): questa è «rischio amato». È il Dioniso ispiratore di poesia. Probabilmente sono state scritte da poco le odi romane che sono, come sempre la poesia, una promessa. Più tardi, senza nulla negare, avrà parole più realistiche e anche più deluse sull'ispirazione dionisiaca (*Epist.* II 2,77 sg.).

10. *nuovo...*: *recens* ci pare da riferire piuttosto al poeta che alla poesia, come s'interpreta generalmente, non solo per il timbro della parola ma per lo stesso costrutto (la *variatio* è più vivida d'un asindeto insieme piatto e abbondante).

14. *si risente*: da uno stato ineffabile, non dall'eterna veglia dell'orgia, e il suo *stupor* è, come quello di Orazio, rivelazione felice. I luoghi che seguono sono quelli più sacri al Dio, la Tracia con la sua montagna nevosa e il suo fiume (l'Axios, o Mariza nel suo corso non greco).

23 sgg. È espressa la potenza del Dio, signore delle Ninfe (le Naiadi) e delle Menadi a cui infonde forza terribile come quando dilaniarono Orfeo o massacrarono l'empio Penteo (cfr. II, 19, 22-24).

26.

Dopo la rivelazione di Dioniso creatore e la certezza del canto «più che umano», questa rinuncia all'amore e alla poesia non può che completare la precedente. Si tagliano i ponti col passato per battaglie più alte. E infatti la poesia erotica riapparirà da ora tardiva, inattesa, giustificata (IV 1).

Un rito, come tante volte: quello del soldato (o del campione, cfr. *Epist.* I, 1, 4-5) che appende al tempio i suoi trofei e i suoi strumenti (vv. 6-8). Questo è il tempio di Venere Marina, tradizionalmente protettrice della navigazione sul mare e di quella d'amore. Per tanta rinuncia, Orazio chiede una soddisfazione: vedere Cloe soffrire un po' di quel male. Per guarirne.

9. *Cipro...*: i famosi luoghi del culto. La neve antonomastica, al solito, è quella della Tracia (*Sithonia*).

27.

Un addio indolore, d'una eleganza vagamente montaliana. Da una situazione velata si sviluppa la fiaba — come nell'ode per Ipermestra, III 11 —, quella di Europa, figlia di Fenice, amata da Zeus (*Iliade* XIV 321). Essenziali al mito sono la forma taurina del Dio (inutile ricordare l'origine totemica) e il ratto (e il *raptus:* Europa è attratta con idillica violenza dal toro, che subito la porta sul mare fino a Creta, dove le nasceranno i giustissimi re, Minosse e Radamanto). Dunque anche Galatea va oltremare, per mari che Orazio conosce (vv. 21-23): a Creta? L'augurio, iperbolico, conserva l'affetto. Ma al di sopra di tutto c'è il volere degli Dei felici, e la folla di presagi che forse mandano.

1 sgg. I presagi sono nove, compreso quello che suscita Orazio per stornare il malaugurio della lupa che taglia la strada (l'Appia, che va a Brindisi) presso Lanuvio.

20-22. Cfr. I 28, 22 sgg. e la nota introduttiva.

47-48. Secondo Omero i sogni che «si compiono» (in greco *krainein*) escono da una porta di corno (gr. *keras*), quelli che «ingannano» (gr. *elephairesthai*) da una d'avorio (gr. *elephas*); vd. *Od.* XIX 562-8. Favolosa tautologia, che in latino si fa oscura e dotta (vd. anche *Eneide* VI 893-6).

49-50. Che Europa si chiedesse davvero se era meglio cogliere fiori o andare sul mare (preferendo la prima cosa, commentano Kiessling-Heinze) sarebbe inferiore perfino al suo senno turbato. Un po' infantile, come tutto il suo linguaggio, diremmo invece l'uso di *melius* per *verius*. Ma ha ragione, dopo un miracolo così straordinario e repentino, di dubitare della realtà.

61-62. Europa, molto tenera verso se stessa, non vuole, neppure s'immagina la putrefazione d'un corpo che sente pieno di succo, come un frutto.

28.

Per la festa di Nettuno, il 23 luglio, usava fare capanne sul Tevere e passarvi la giornata in letizia. Orazio preferisce un giorno tutto musicale, insieme a Lide, non senza vino (per la precisione sarà un'anfora del 59, consolato di Bibulo e Cesare). Ma sono musiche adatte: aprono con Nettuno, trascorrono alle Nereidi marine, poi, per virtù di nessi musicali, a Latona madre di Apollo e Diana (*Cinzia,* v. 15) e conclusivamente a Venere e più conclusivamente ancora (tale pare il significato tecnico di *naenia,* «chiusa» secondo Festo) alla notte.

29.

L'invito è un'occasione di confidenza. Sembra un monologo ammonitorio, ma esiste un modo di ravvivarsi reciprocamente i comuni «memento». Far parte agli amici del proprio stato filosofico era normale, ed è frequente nelle *Epistole*. In questa confidenza è forse il vero epicureismo dell'ode, dominata da una condanna del desiderio che ha colore stoico. Mecenate è così immerso nel suo dovere da dimenticare di essere felice: bisogna provvedere. Il presente è tutto, ma è un risultato. Dio può modificare il futuro «che non è nostro», diceva Epicuro, ma non *l'avvenuto* dell'anima. Sentenza che non ha nulla a che fare con quella di Epicuro secondo la quale il buon passato consola nella vecchiaia e nella sofferenza; non viene in mente che una massima di Pindaro (*Ol.* II, 29-32); e sarà anche, con evidente dipendenza, di Seneca (*Ad Luc.* XII, 9).

3. *bàlano*: pianta orientale, da cui si ricavava un olio profumato.

10. *le muraglie...*: le case di Mecenate sorgevano sull'Esquilino e comprendevano una torre panoramica da cui s'immaginerà che Nerone contemplasse l'incendio di Roma (Svetonio, *Ner.* 38). E di là poteva davvero vedere i colli di Tivoli, di Èfula e quelli su cui sorgeva Tuscolo. Al nucleo della leggenda di Circe si aggiunse quella di Telegono, figlio suo e di Ulisse, che uccise il padre senza riconoscerlo e ne sposò la vedova, Penelope (Igino, *Fab.* 127). «Una chiacchiera», osserva Efestione.

17 sgg. Il padre di Andromeda, salvata da Perseo dal mostro

marino, fu Cefeo; la loro costellazione sorge il 9 luglio. «Il 15, al mattino sorge il Cane Maggiore (Antecanis),... il 20 il sole passa attraverso il Leone... il 26 comincia a mostrarsi la canicola» (Columella XI 2,51). (*Antecanis* è la traduzione del greco *Procyon*).

26-28. Popoli remoti, della Cina e della Russia attuali; la Battriana apparteneva alla Persia, di cui fu re Ciro, remoto nel tempo.

50 sgg. Difficile non pensare alla Fortuna di Dante (che non dovrebbe aver letto le odi), come è teorizzata e raffigurata nel VII canto dell'*Inferno* («ella s'è beata...»).

64. *i Diòscuri*: Castore e Polluce, presenti come costellazione che guidava i naviganti.

30.

Un congedo di gloria per l'intera opera, riproposta in un probabile anno 23 (vd. *Nota alla cronologia* a p. 545). Vi dominano un poeta lontano, Pindaro, e un luogo presente, la sua terra, dove Orazio sarà ricordato con verità.

1. *ricordo*: il *monumentum* non è il tempio a cui Pindaro paragona la sua poesia altrettanto duratura; è insieme il mausoleo — di un poeta che lascia la poesia per la sapienza, dice nella coeva prima *epistola* — e il ricordo degli uomini. E forse la poesia è di questa natura ed è infatti più duratura della pietra.

10-11. Il *Pontifex maximus* e la *Virgo maxima,* la prima delle Vestali, costituivano la massima autorità religiosa di Roma. Non pare che si alluda a una cerimonia specifica.

13. *Dauno*: il re mitico della terra di Orazio (cfr. I 22,15).

16-18. Cfr. IV 3,15 e nota.

LIBRO QUARTO

1.

Una «supplica», alla lettera, perché il pericolo è vero, l'amore rifiutato è reale, l'esaltazione della giovinezza ha una sostanza dura e tragica.

5. Per Cìnara, vd. la n. a IV 13.

12. Un Paolo Fabio Massimo, console nell'11 a.C., al tempo dell'ode (anno 15 c.), tenendo conto che l'età minima per il consolato erano i 35 anni, ne aveva almeno trentuno: già troppi forse per identificarlo con il destinatario.

26. Il flauto era strumento essenziale nei frenetici riti di Cibele, la Dea «berecinzia», come era detta per il monte Berecinto in Frigia, terra del suo culto.

32. *Salii*: collegio di sacerdoti.

2.

Antonio Iullo era figlio del triumviro Marco Antonio e della prima moglie Fulvia. Dopo la loro morte fu allevato dalla matrigna, la ripudiata Ottavia, sorella dell'Augusto, e gli fu destinata una carriera splendida: sposò una figlia di Ottavia, nel 13 fu pretore, nel 10 console. Nel 2 a.C. avverrà la rovina: la scoperta d'una relazione con Giulia, figlia dell'Augusto, deciderà il suo suicidio e la relegazione di lei.

Ora siamo negli anni 16-13, tra la partenza dell'imperatore per la Gallia, dove i Sigambri sono penetrati e hanno battuto Lollio, e il suo attesissimo ritorno. Si è più o meno sempre pensato che questa esaltazione di un Pindaro inimitabile nasconda una *recusatio*, un rifiuto di poesia, ovviamente pindarica e in onore di Augusto, forse già vincitore dei barbari. Ma sarebbe strano l'incoraggiamento che viene dato subito dopo a Iullo (vv. 33 sgg.); e Orazio farà ancora poesia pindarica e ne ha fatta non poca. Si penserebbe piuttosto a un elogio ricevuto; la lode può avere provocato la modestia o, meglio, un'altra caratterizzazione di sé, solo in parte vera. È vero cioè che, nel pindarismo, Orazio è ape quanto Pindaro fu aquila. Non è solo inferiorità di fantasia, è anche superiorità di gusto o di «cura».

Né l'esaltazione dell'Augusto coincide col pindarismo. Ma è felicissimo che Orazio chieda a Iullo, che era anche poeta (autore d'una mitica *Diomedea*), un omaggio che esaltava insieme lui e l'imperatore, e in lui insieme il poeta e il suo grande ruolo, taciuto ma vistoso: la sua ascesa era il simbolo vivente della conciliazione augustea.

2-4. Sarà, dunque, ricordato, ma come esempio di audacia impossibile. Vd. la nota a I 1,20.

11. La parola di Pindaro è spesso nuova, non pare solo nei ditirambi di cui non abbiamo che frammenti, soprattutto nel senso più strettamente grammaticale delle famose parole composte; ma per Orazio la parola può sempre essere rinnovata dal contesto (*Ars* 47-48).

13-16. Piritoo, re dei Lapiti, uccise i Centauri che tentarono il ratto d'Ippodamia, violando l'ospitalità; per Bellerofonte, vd. I 27, 25-27 e n. In questa e nelle due strofe seguenti si ricordano gli Inni o i Peani, gli Encomi, gli Epinici e i Treni (lamentazioni).

17-20. Dunque la poesia immortala tutto: anche il cavallo Ferenìco di Ierone. — *elea*: dell'Elide, la regione d'Olimpia.

26. *Dirce*: la fonte presso Tebe, tanto ricordata da Pindaro. Anche per Orazio si danno i luoghi: il Matino (vd. I 28, nota introduttiva) e Tivoli, non lontana dalla villa sabina e dove il poeta possedeva una casa, come attesta Svetonio.

31. *insistita*: *plurimum* è solitamente riferito a *nemus*, ma non vorremmo perdere l'efficacia di quell'*enjambement*. L'opera dell'ape è intensa, ma non ampia, mentre occorre l'ampiezza del bosco.

35-36. *trascinerà*: nel trionfo, lungo la Via Sacra.

53. Ostia preziosa, quella di Orazio, e segnata dalla luna: le corna ne imitano l'esilità e la curvatura del terzo giorno (numero sacrale) e sul pelame rosso spicca un segno bianco, come nel bue Api (non ne è detta la forma; circolare è quella d'un toro descritto da Mosco, II 84, e quella d'un cavallo omerico; «per tutto il resto era rosso, ma sulla fronte portava un bianco segno rotondo, come una luna», *Il.* XXIII 454-5. La somiglianza anche verbale con questo passo non può essere casuale e può spiegare l'insolita pesantezza dell'espressione oraziana).

3.

La gloria, dunque, molto tempo dopo averne dichiarato il diritto. La reazione di Orazio non si può dire che religiosa: merito e gloria lo trascendono. Melpomene, la Musa del terzo congedo, non è solo simbolo, ma mistero.

3-6. Le gare sull'Istmo celebrate da Pindaro e già al suo tempo antichissime, continuarono, presso un bosco vicino all'attuale canale di Corinto, almeno fino al tempo dell'imperatore Giuliano (sec. IV d.C.). Il *cocchio acheo* allude a quelle di Olimpia, nell'Elide, che faceva parte della vecchia provincia romana dell'Acaia.

8-10. C'è l'eco d'un trionfo augusteo.

15. *canto eolio*: Saffo e Alceo, come si sa; nell'epistola XIX, anni prima, aveva scritto (vv. 32-34): «Fui l'esecutore latino di Alceo: il suo nome, non ancora pronunciato da altri, feci famoso. Ma dove la mia voce è nuova, vorrei per il mio libro occhi limpidi e nobili mani».

22. *testuggine d'oro*: cfr. nota a I 32, 14.

4.

Le incursioni dei Reti, stanziati dall'Inn «fin sopra Verona e Como» dice Strabone (che parla al presente), atrocemente selvagge (vd. Dione Cassio LIV 22), dei Vindelici, tra Inn e Danubio, e dei confinanti Genauni e Breuni, imposero una campagna che venne affidata ai figli di Livia e figliastri dell'Augusto, Tiberio (il futuro imperatore) e Druso; discendenti di quel console C. Claudio Nerone che insieme al collega Livio Salinatore (antenato materno dei due giovani) battè Asdrubale sul Metauro, nel 207, dando alla guerra annibalica una svolta decisiva. La campagna fu risolta brillantemente nel 15-14, con perdite minime da parte romana (Velleio II 95-2, cfr. qui IV 14, 32). Anche senza l'intervento personale dell'imperatore del quale parla Svetonio nella *Vita Horatii*, c'era di che accendere il sentimento di Orazio: mai il «delitto» delle guerre civili, trauma di tutta la sua vita, era parso meglio riscattato dalle generazioni nuove. Ne nacquero due odi pindariche, questa e la posteriore IV 14: nuovissimo pindarismo, perché dal tutto nuovi erano i tempi e la «verità» che lo ispirava: non il mito ma la storia che si proietta nel mito e ne riparla il linguaggio, nei passaggi, nella gnome, nella sottile simbologia. L'insolita luce pindarica si riverbera sui concetti e i termini più moderni: *mens, indoles, doctrina*, e l'ereditarietà stessa del valore è la *phyá* pindarica privata della sua prima faccia, quella orfico-empedoclea.

1 sgg. Lasciamo al nesso aquila-fulmine la sua ancestrale imprecisione. Tardiva è invece la tradizione del ratto di Ganimede come opera dell'aquila; l'epiteto di «signora» e «regina» degli uccelli è antico e soprattutto pindarico. Forse l'aquila adombra l'attacco dalle zone montane, e quello del leone, che assale i pascoli, da sud (la manovra «da direzioni diverse» come dice Velleio, non è molto chiarita dalle fonti).

29-34. Porfirione: «Secondo una tradizione, i Vindelici, cacciati di sede dalle Amazzoni, si trasferirono in terra straniera e si stanziarono sulle Alpi; e avendo imparato per esperienza che formidabili armi (da getto, *tela*) erano state contro di loro le scuri, accolsero l'usanza militare di quelle». Parrebbe una spiegazione di ciò che Orazio, con un inciso inconfondibilmente pindarico, dice di ignorare, enucleando invece un simbolo misterioso che per un attimo dà un colore di mito alla storia (vd. anche la n. 84). Ma Pasquali la giudicò una «digressione meschina e perfino ridicola».

74. *dono del farro*: era antico uso dell'esercito rusticano premiare il valoroso con un sacchetto di cereali (*adorea*, spelta o grano, con cui si faceva il classico farro); la voce arcaica sopravvisse, rarissima, nel senso traslato di vittoria.

84. *cervi... lupi*: si ripete il motivo della guerra come caccia belluina, con cui s'apre l'ode. E così torna il simbolo della bipenne, strumento arcaico (e immagine pindarica, *Pyth*. IV, 263) a cui la fantasia assimila la storica scure dei barbari.

100-6. *L'Idra*: il derivato moderno non dice più nulla del mostro acqueo (da *hydor*) e confuso ucciso da Eracle a Lerna paludosa. Il secondo mostro fu quello che custodiva nella Colchide il vello d'oro, preso da Giasone; il terzo prodigio è quello dei denti del drago seminati dal re di Tebe Codro — ne era genero il glorioso Echione — da cui nascevano i guerrieri Sparti.

5.

L'Augusto partì per la Gallia subito dopo la scorreria dei Sigambri, nel 16, da lui respinti; sarà di ritorno solo nel luglio del 13.

1. *da buoni Dei*: come discendente per madre da Venere (e con questo epiteto si chiude la lirica oraziana) e figlio adottivo del *divus Caesar*. O, secondo l'interpretazione più diffusa, «per bontà degli Dei»; l'estensione semantica dell'ablativo latino permette perfino che i due significati si sovrappongano.

4. *Padri*: i componenti il Senato.

17. sgg. Sono le benemerenze del "buono Augusto" secondo i propositi, la propaganda, i desideri, e anche in parte notevole i reali giudizi dei contemporanei (vd. per es., a proposito di sicurezza, che cosa ne dicevano i marinai d'un aneddoto di Svetonio, *Aug*. 98). Al v. 24 i figli *ripetono*, cioè continuano, la stirpe, anche visibilmente; ma non ci parrebbe opportuno il sottinteso d'una garanzia di paternità (il passo dell'epitalamio di Catullo, 61, 221-5, ha tutt'altro spirito).

6.

Preghiera per il *Carmen Saeculare*, non c'è dubbio, e con lo stesso spirito di umile supplica. Ma è davvero «preludio», come dice Villeneuve e si pensa sempre? Si invoca l'ispirazione, o piuttosto si prega che il rito non perisca, resti nei cuori, prima di tutto dei coreuti, simbolo della nuova, innocente generazione? Questo fa pensare il significato immediato di *servare* del v. 35. Che quella poesia sia preghiera e rito, non muoia, come non cessa mai il viaggio della luna e non finirà la protezione di Apollo che volle la nascita di Roma: questo augura il poeta. Il vendicatore d'ogni blasfemia (vv. 1-5) non poteva impedire la distruzione di Troia, la colpevole (cfr. III, 3), ma stroncando Ilio (*Iliade* XXI 276 sg.) ne salvò l'onore (non fu vinta che con l'inganno, e inganno sacrilego, vv. 21 sgg.) e procrastinò la fine. Perché? Non era degna del Dio un'angusta compassione; evidentemente questo permise la salvezza di Enea, per «l'alto effetto/che uscir dovea di lui», come dice Dante, che dipende da Virgilio. Fu certo preghiera di Venere, la madre, ma fu necessario il giudizio di Zeus e l'intervento di Apollo. Gli eventi si sapevano come avvennero, e non si pensava a diverse e astratte concatenazioni. Occorse anche il consenso di Giunone, il suo patto (vd. sempre l'ode III 3, 59-114). Questi greci, questo Achille sulla cui ferocia si insiste, non furono molto diversi, tutto sommato, nel pensiero di Orazio e di Virgilio, da quei romani di Dante che furono esecutori inconsci di disegni provvidenziali.

1. Il mito di Niobe è già in Omero: «Niobe... a cui dodici figli perirono nella casa, sei figlie e sei figli nel fiore degli anni. Questi spense Apollo con l'arco d'argento, irato con Niobe, e quelle Artemide saettatrice, perché quella si mise alla pari di Latona dal bel volto...» (*Il*. XXIV 603-7). — *grandi parole* è felice calco greco (Sofocle, *Ant*. 126) che non esclude del tutto, dalla blasfemia, l'idea della grandezza.

5. *Titio*: cfr. II 14 e altrove; non chiaro l'epiteto di *raptor*.

37. *Talia*: una delle Muse.

39. *Xanto*: non quello della Troade ma quello della Licia, su cui sorgeva Pàtara (vd. III 4,2).

40. *delle vie*: traduce l'epiteto greco del testo.

44 sgg. I giovani coreuti erano figli dei più illustri *Patres* del Senato: potremmo forse dedurne da Orazio stesso qualche *nomen*.

62-63. Ed è probabile che Orazio alludesse alle parole dell'epigrafe protocollare (vd. n. al *Carmen Saeculare*).

7.

Un ricordo, una «risposta», una conferma dell'ode I 4, che ha quasi lo stesso ritmo, la stessa occasione, la stessa sostanza. Ma non c'è più il monito di godere la stagione fuggente. La morte non spegne i valori ma spegne dell'uomo anche il valore. Questo dice l'allegoria di Minosse.

15. Il primo degli Eroi e i più ricchi dei re.

22. *Torquato*: probabilmente il dedicatario dell'epistola I 5, un avvocato famoso, di cui restò classica per secoli un orazione per Mosco.

24-27. Non salvano né la protezione divina (Ippolito, devoto a Diana, morì a causa della sua castità), né l'amicizia (non siamo molto informati sulle diverse tradizioni del mito; una dice che Teseo, non potendo liberare l'amico, scegliesse di restare con lui nell'Ade).

8.

A Gaio Marcio Censorino — futuro console dell'8 a.C. —, «un uomo messo al mondo perché gli si volesse bene» dice Velleio (II 102, 1), Orazio parla con una comunicatività insolita, e con il pindarismo più tranquillo, d'una verità tutta pindarica: la poesia è il riconoscimento e il premio più duraturo del valore. Immortalità senza oltremondo. Avvicinandosi la fine, Orazio deve aver deciso definitivamente per una mortalità senza eccezioni, neppure quelle delle odi romane. Eppure la poesia «strappa» alla morte le sue vittime. È la contradizione dei *Sepolcri* foscoliani, la morte smentita dal valore e dal ricordo ispiratore e da tutto ciò che per definizione è vita. Le «ricche isole» che nella giovinezza gli erano state fantasia e fuga (*ep*. XVI, 62), sono ora una metafora e una realtà.

4. *tripodi*: il maggiore dei doni; era d'uso al tempo di Pindaro offrirlo ai vincitori (*Nem.* I 13).

7. Parrasio di Efeso fu pittore rivale di Zeusi, vissuto ad Ate-

ne alla fine del sec. V, e Scopa di Paro fu scultore (ne restano copie di opere sufficienti per intuirne lo stile) un po' più tardivo.

15-18. L'Augusto «inaugurò onoranze molto simili a quelle per gli Dei immortali alla memoria dei condottieri (*duces*) che avevano portato l'impero del popolo romano dal nulla al tutto; e non solo ne ricostituì le imprese individuali con lapidi superstiti ma anche dedicò statue a tutti, con raffigurazione trionfale, in entrambe le logge del Foro...» (Svetonio, *Aug.* 31, 5). Questo Foro s'incentrava nel tempio di Marte Ultore, la cui costruzione durò decenni, e che doveva essere un vero tempio della gloria, dove «chi ritornava vincitore recasse le insegne del trionfo» (*ib.* 29,2). Impossibile che Orazio non pensasse a questa solenne iniziativa (in realtà, col confronto della poesia, esaltata).

18 sgg. Gravi e antichi sospetti d'autenticità pesano su questi e altri versi dell'ode; le cause dei sospetti furono e sono alcune mancate censure e "l'errore" d'aver confuso Scipione l'Africano, che ricevette il *cognomen* dalla vittoria di Zama, con l'Emiliano che distrusse Cartagine. In omaggio alla metrica qualcuno ha tagliato o lasciato versi per ridurre tutto in quartine; in omaggio alla storia, altri ha osservato che questo «incendio» può essere quello delle navi fatto dall'Africano. Modesta difesa d'un verso ispirato: Cartagine fu "già" incendiata il giorno di Zama. Ancora oggi intuiamo così quel grandioso duello di generazioni. Personalmente conserverei un dubbio, se necessario, per i vv. 15 (da *non celeres*) - 19 (fino a *rediit*); il verso fluirebbe più naturale. O solo più facile. In realtà Orazio dice cosa grave: che non solo il ricordo, le parole incise, durano meno della parola poetica, ma anche le stesse opere; i versi sgg. su Romolo, confermano. Altra questione, le Muse della *Calabria*, l'attuale Salento: si pensa sempre a Ennio. Ma questi non era *calaber* o non lo era più di Orazio stesso. Casuale l'imprecisione geografica? Orazio non dovette escludere se stesso più facilmente di quanto dimenticasse la sua poca simpatia per i «vecchi poeti».

26 sgg. Per Romolo figlio d'Ilia, vd. nota a I 2,18, per Eaco, vd. nota a III 19, 4; Eracle è l'eroe assunto in cielo per eccellenza; i Tindaridi sono Castore e Polluce.

9.

Per Marco Lollio, console del 21. Ma console «non d'un solo anno», com'è detto con un'espressione ciceroniana che trasforma una carica, platonicamente, in un simbolo di grandezza morale. Le parole di Orazio hanno il tono inconfondibile della verità; e si può credere che non avrebbe mutato opinione dopo la sconfitta del 16, come non la mutò l'Augusto. Solo più tardi Lollio si mostrò malevolo e intrigante (Tacito *Ann.* III 48), avido (Plinio, *Nat. hist.* IX 118) e perfino corruttibile: accusato di avere accettato doni dai Parti, si tolse la vita nel 2 a.C., con soddisfazione generale, disse Velleio; il quale sintetizza: «uomo in tutto più voglioso di denaro che di rettitudine e pieno di pecche nella più profonda delle ipocrisie» (II 97). Tipico giudizio a posteriori, certo; ma in ogni caso quello di Orazio non fu che l'infortunio sempre possibile di chiunque, in ogni tempo, crede che la povertà di spirito possa tranquillamente convivere con le ricchezze del mondo.

7-12. Tutti i poeti, dunque, e tutti i «generi»: i grandi corali, Pindaro e Bacchilide (nato a Ceo il 517 c., più volte presente in Orazio), Alceo, Stesicoro (c. 640-555) che «resse sulla lira il peso del canto epico» (Quintiliano, X 1, 60) e infine due tipici poeti dell'io, del "quotidiano".

17 sgg. Per Teucro e Stenelo, vd. I 15 e note; Idomeneo e Deìfobo furono valorosi caduti del campo troiano.

10.

Avverrà che l'amato Ligurino (vd. IV 1) perderà la potenza che Venere gli concede: ma la sua anima indugerà in quel privilegio perduto, a stupirlo e torturarlo. Il ragazzo si farà uomo, semplifichiamo noi, estranei a queste esperienze interiori; il sogno si farà realtà, pensa Orazio.

11.

Sono le Idi di Aprile (il 15), compleanno di Mecenate, festeggiato in omaggio all'amicizia, anche se è un triste simbolo del tempo: di fronte al quale bisogna essere valorosi. È l'atmosfera, più stanca, del festino con Lide (III 28), dove la compagna di canto è detta, con reticenza oraziana a volte suggestiva, *strenua*; e anche qui c'è un mito eroico, quello di Bellerofonte, che vinse valorosamente la Chimera cavalcando Pegaso, ma ne fu disarcionato quando mirò all'impossibile, al cielo, all'eternità (Orazio ricorda certo la settima *Istmica* di Pindaro). Fu, come quella analoga di Fetonte, la pena per un divieto religioso (*nefas*) non rispettato.

12.

Il tono del discorso e la qualifica di *cliens* escludono che questo Virgilio sia il poeta (morto nel 19 a.C.; l'ode probabilmente è molto posteriore). Una primavera improvvisa, senza geografia (il nord è la Tracia, come in Grecia, da cui spirano i venti *Ornithii*, cioè degli uccelli, informa Columella, XI 2, 21; quando viene la rondine, che come si sa è Progne, che uccise il figlio Iti per punire lo sposo Tereo re d'Atene, «della casa di Pelope», per il suo incestuoso tradimento). Ancora più improvvisa pare l'idea di Orazio.

11. *il Dio*...: Pan.

16. *nardo*: per profumarsi (cfr. II 11 e *ep*. 13, 12).

18. Gli *horrea Galbiana*, attestati da un'epigrafe, cioè i magazzini di Sulpicio Galba, evidentemente fornitissimi, erano ancora in piena attività al tempo di Porfirione (vd. nota *ad locum*).

26. *le fiamme nere*: del rogo, s'intende.

13.

Nell'ultimo libro, quello delle conclusioni, pare chiudersi una lunga vicenda: l'ode ha una violenza e una complessità che anche alla più prudente e neutrale filologia ha fatto sospettare un po' di verità e di vita. Semplicemente c'è molta reticenza su molta, dolorosa, meschina realtà biografica; ma una reticenza che finalmente confessa l'amore — ora che la «fiaccola» d'un'esistenza comincia a estinguersi — con l'inconfondibile voce della sincerità (vv. 21-26). E solo ora Cìnara, la buona, l'abbandonata, è «vendicata»: dal tempo, s'intende. La realtà, che è quasi tutta un luogo comune, giustifica i molti luoghi comuni. E vd. la nota introduttiva all'epodo 5.

14.

Celebrazione — posta in posizione di rilievo, subito prima del congedo — di Cesare Augusto come condottiero, il maggiore d'ogni tempo (*Epist*. II 1, 18-19). È la somma dei risultati, a volte magari più diplomatici che militari, ma la pace sicura ne è la conclusione. La fantasia però indugia ancora sulla campagna germanica del 15-14, di cui vd. l'ode IV 4. «Tre lustri» dalla conquista di Alessandria dopo Azio: lo svolgimento è appiattito perché la storia si dissolve, pindaricamente, nell'istantanea volontà della *Tyche* divina, come nella più "storica" delle odi romane (III 3).

14. *il primo*...: Tiberio (detto dopo Claudio, v. 29), il più anziano, nato nel 42, quattro anni prima di Druso.

21-22. Quando le Pleiadi tramontando — in novembre — portano tempeste.

26. *Dauno*: vd. I 22,15 e III 30,13.

31. *stendendoli*...: come mannelli di spighe mietute.

40. *allo spirare dei comandi*: non penseremmo al troppo ovvio «achèvement des campagnes» (Villeneuve), ma al termine dei comandi diretti e affidati formalmente dal Senato. Da allora, dall'occupazione di Alessandria, la Fortuna ha stabilito che la sovranità, la responsabilità e il merito di ogni campagna militare sia dell'Augusto, sotto qualunque comando (cfr. *nam milite tuo* e i vv. 33-34, *te copias*..., ancora più espliciti). In termini politici, l'Augusto divenne quello che diciamo il capo delle forze armate, e Dione Cassio fa osservare non pochi casi di questo mutamento sostanziale del concetto di *imperator*.

51-52. Per i Sigambri, vd. IV 2 e nota.

15.

Se è una *recusatio*, si direbbe, alla lettera, il "rifiuto" di cantare le guerre di Cesare Augusto perché la pace augustea le ha superate, chiuse, perfino annullate. Questo è insieme il senso del suo principato e la redenzione della storia.

5-6. Vd. il *Carmen Saeculare* 59 sgg. e *Epist*. I 12, 27-29;

20. E le guerre civili ne guastarono molte; il pensiero poteva tornare alla distruzione di Perugia del 40.

IL CANTO DELLE GENERAZIONI

Saeculum, oltre il significato normale di generazione, ha un'accezione singolare che il grammatico Censorino (*De die natali*, anno 238 d.C.) definisce «lo spazio più lungo della vita dell'uomo, tra i limiti del parto e della morte». È chiaro che non c'è corrispondente esatto nelle lingue moderne: la generazione è concetto genealogico e il secolo un computo cronologico al quale gli antichi erano estranei. L'aggettivo *saecularis* è ancora meno traducibile per il significato specifico che assunse: i *ludi saeculares*. Cesare Augusto li celebrò nel 17 a.C., al compimento dei 110 anni d'un oracolo greco della Sibilla Cumana (in realtà con un'anticipazione minima che ha dato luogo a discussioni sproporzionate). Questo oracolo del 126, di cui Zosimo (principio del sec. VI) tramanda il testo greco completo, comincia così: «Ma quando giunga il tempo più lungo della vita per gli uomini, questo che s'avvia al cerchio di 110 anni, ricordati, romano... di sacrificare agli Dei immortali nella pianura presso l'acqua infinita del Tevere...»; segue l'accurata descrizione del rito, esattamente quello che si volle eseguire nel 17.

Ma non dobbiamo dimenticare che la Sibilla, invocata in un momento grave, in cui esplose la prima reazione degli Italici contro Roma (ciò che conferma una fonte indipendente, Flegonte di Tralle del II secolo d.C.), parlava del presente, e prometteva infatti il dominio sicuro «su tutta la terra italica e tutta quella dei Latini» (vv. 36-37). E, ci pare, si riferisce a una scadenza: e, salvo errore, allude a un altro rito eseguito circa 110 anni prima. Ma non era la scadenza che contava; diremmo che contava il contrario di una scadenza, era cioè già superato il tempo proibito o minimo. Mai solennità religiosa ha avuto un tempo così poetico e solenne, quello di dover essere *unica* nella vita d'un uomo. Noi, abituati a feste puntuali, fitte e numeriche, non l'abbiamo percepito; ma la Sibilla si preoccupava proprio di questo; ancora l'annuncio che gli araldi diffonderanno per le vie di Roma in quel già felice anno 737 dalla fondazione sottolineava che quella cerimonia nessuno «l'aveva vista né l'avrebbe vista mai più». Bisognava anche pregare e meritare che avvenisse ancora nel futuro; era *nefas* promettersi eterni giubilei.

Invece Claudio, con astrattezza numerica di erudito, celebrerà i ludi come un centenario, quello di Roma, nel 47 d.C., troppo presto. Domiziano rimedierà ricelebrando quelli augustei nell'88; e così Settimio Severo nel 204. Gli altri sarebbero caduti al tempo di Costantino e Licinio: invano, naturalmente. Ma quando Zosimo dirà che da allora — e dunque con una logica religiosa che era anche quella dei tempi — *a causa* di quella omissione, l'Impero finì, non possiamo dargli torto.

I *ludi* mancati sarebbero stati, secondo la tradizione, gli ottavi. E la tradizione, tramandata da Censorino ma non senza altre conferme, rinvenne celebrazioni a distanze regolari di 110 anni, ma in contrasto con altre date. Rivederle e discuterle porta a scarsi risultati; crediamo invece che ci sia una confusione con riti per Dite e Proserpina. Il nesso tra questi e i *ludi* è stato scoperto, con compiacenza di erudito («non mi pare fuori luogo dare un'informazione non proprio usuale») e — perché no — un po' di «boria delle famiglie», da Valerio Massimo (II 4): la sua antichissima *gens* aveva avuto una sorta di privilegio sacro in quei riti per gli Dei Inferi che risalivano a un'antichissima storia miracolosa che dispiace di non avere lo spazio per riferire. Non s'identificavano affatto con i *ludi saeculares* e, celebrati in occasioni drammatiche, non ebbero ricorrenza. I *saeculares* li completarono: aggiunsero cioè all'invocazione agli Dei inferi la preghiera agli Dei celesti. Fu questo il loro significato e sarà la loro fortuna. A un antico non sfuggiva come a noi. Meno che mai a un esperto come Aurelio Agostino, che distingue nettamente tra i due riti; convinto ovviamente che tutti gli Dei fossero demoni maligni — concetto basilare del cristianesimo originario —, se pensava, all'opposto dei vecchi credenti (come Zosimo) che i *saeculares* avevano fatto più male che bene alle sorti di Roma, sentiva un vero orrore all'idea che per ignoranza si fosse arrivati a invocare la protezione, il vassallaggio diretto, del dantesco re «della Città di Dite» e di Proserpina che laggiù «regge» (il Medioevo era già cominciato; *De civitate Dei*, III 18).

Ma per gli spiriti religiosi di tempi più antichi e occidentali non c'erano vere potenze divine del male (come dirà bene Salustios, 12) e le Dee della morte erano quelle che «tutto generano» (v. 7 dell'oracolo); la morte sacra restituiva la vita. Fu la generazione augustea, con i suoi massimi esponenti, i suoi dotti, i suoi sacerdoti, il suo poeta, a scoprirne, certo con commozione, l'immenso significato simbolico. Era il simbolo e la preghiera della resurrezione dei tempi. La perfetta coincidenza dell'oracolo della Sibilla con quegli anni particolarmente prosperi e risolutori — la pace interna, le vittorie esterne, i successi diplomatici, e pare perfino la felicità dei raccolti, cfr. la fine dell'epistola I 12 — non poteva essere caso; una commissione di dotti fece le sue ricerche. E si curò che il rito fosse eseguito non solo nel modo più solenne, ma più scrupoloso: *Achivo ritu*, si precisò.

Ne abbiamo la descrizione. Una fortunata scoperta archeologica del 1890 ha restituito gli *acta* (o *commentarium*) marmorei della celebrazione, conservati ora nel Museo delle Terme. Sono 168 linee, spesso lacunose, che costituirono un cippo conservato nel luogo dei *ludi*, il *Tarentum* o *Terentus* nel Campo Marzio; esattamente quello del miracolo dell'antico *Manius Valesius* (l'avo dei Valeri) e dove fu ritrovata, pure, sepolta appositamente a venti piedi di profondità (cfr. Valerio Massimo) l'ara di Dite. La cerimonia iniziò *dalla* notte, prezioso particolare, quella del 31 maggio, con un sacrificio officiato dall'Augusto in onore delle Parche; il primo giugno sacrificarono l'Augusto e Agrippa in onore di Giove; la notte, furono offerti pani sacri alle Ilitìe; il secondo giorno, sacrifici in onore di Giunone e preghiera di 110 matrone; la notte sacrificio per la Terra madre; il terzo giorno offerta di pani ad Apollo e Diana sul Palatino. Quindi seguì il coro di 27 giovanissimi e altrettante fanciulle non orfani, cantato sul Palatino e poi ripetuto sul Campidoglio. *Carmen composuit Q. Horatius Flaccus*, suona la chiusa del *commentarium*. Come ogni particolare, anche «peani cantati in latino» erano stati previsti dalla Sibilla greca. Erano stati intercalati ludi, di uso primitivo perché, pure raccomandò la Sibilla, «la commozione si fondesse col sorriso».

1. L'inno fu cantato, informano gli *Acta*, prima sull'Aventino, dove sorgeva il recente tempio di Apollo (cfr. I 31 e n.), Dio a cui l'Augusto era devoto e a cui veniva assomigliato, poi sul Campidoglio dove sorgeva il tempio maggiore, a Giove Ottimo Massimo. L'apertura è in onore delle due divinità celesti (e Diana è non meno onorata, per la sostanza di questo atto liturgico che dava uguale dignità alle potenze della notte e a quelle della luce) e la chiusura è in onore di Giove; che alcuni critici trovano, chissà perché, assente o secondario. Al contrario, ha la presenza del tangibile (è nel «cielo» del v. 31, *Iovis* nel testo) e la trascendenza della causa suprema (*quod dictum est*).

14. *Ilitìa*: l'apertura della settima Nemea di Pindaro sembra illuminare il concetto di questi versi: «Ilitìa, consigliera delle Parche / dal pensiero profondo, / figlia d'Era possente, / ascolta, tu che vegli sulle nascite...» (trad. Mandruzzato, *Pindaro, L'opera superstite*, Cappelli 1980); e la notturna Diana (come Era) ha l'epiteto di *Lucina*, «che dà alla luce». Le Parche, Dee della morte, invocate subito dopo (v. 25), identificate con le Moire greche nel testo degli *Acta*, derivano il loro nome, attesta Varrone, da *parere*, partorire.

17 sgg. *porta... alla luce*: altra interpretazione, «fa crescere»; probabilmente sovrapposte in un'unica immagine. — *il volere dei Padri*: cioè del Senato, fonte del diritto. Si allude, con termini insieme prosaici e grandi, alla *lex Iulia de maritandis ordinibus* del 18, che premiava i matrimoni e la loro fecondità (Dione Cassio, LIV 16).

26 sgg. *ciò che fu detto*: come nell'espressione evangelica *tò rhethén*: perciò detto una volta sola (*semel*), ovviamente, cioè per sempre, dal Fato divino, identificabile con Giove, ma in ar-

monia con tutto l'Olimpo e attraverso la voce profetica di Apollo. I presenti pensavano all'oracolo che fu la salvezza dai pericoli di allora. Ma l'oracolo è come istituzionalizzato, e ora c'è altra salvezza: l'esorcizzazione del *scelus*, la rinascita dei valori e della prosperità perduta. *Peracta* non "sottintende" affatto *bona*.
— *il compimento*... *serba*: è la realizzazione della profezia, della promessa divina, che veramente la conserva: il tempo religioso è invertito rispetto a quello storico. È perciò preferita la lez. *servat*, «*difficilior*», a *servet*, sebbene più diffusa e attestata.

37 sgg. *Se Roma è vostra opera*...: come fu detto nelle odi "romane". Ma ora è anche apparsa l'*Eneide*. Preziosa "innovazione" l'attributo etico dell'eroe, *castus*, e non *pius*.

49-50. «Il primo giugno (attestano gli *Acta*) sul Campidoglio l'imperatore Cesare Augusto sacrificò un bove maschio a Giove Ottimo Massimo, e così un altro M. Agrippa...», e segue il testo dell'invocazione. Il colore degli animali è raccomandato dall'oracolo: scuri per le Moire (vv. 7-8) e «tori completamente bianchi» per Zeus (v. 12). Negli *Acta* è sottolineata insistentemente l'osservanza liturgica: *ut in illeis libris scriptum est*.

54. *le scuri d'Alba*: quelle dei *fasces*, simbolo del diritto statuale di Roma, il cui *imperium* ebbe la sua prima sede in Alba Longa, fondata dal figlio di Enea, Iulo.

57-60. Questo Olimpo di valori, sentito quasi icasticamente nelle abituali personificazioni e simboli (come la Cornucopia), resta più astratto in italiano. La *Fides*, non a caso prima, è concetto più intenso che «lealtà» ma perché più vissuto.

65. *altari*: alla lez. *arces*, seguita dal Villeneuve, è preferita *aras*, non meno attestata dalla tradizione.

67. *sacro ritorno*: il nuovo *lustrum*, cioè le cerimonie purificatrici che si ripeteranno nelle ricorrenze: come avverrà con Domiziano, e lo stesso termine userà Marziale: «hic colat ingenti redeuntia saecula lustro...» (IV 1,7).

69. *l'Algido*: cfr. n.a I, 21,8.

70. *i Quindecemviri*: il collegio incaricato di custodire e interpretare il *corpus* degli oracoli della Sibilla.

EPODI

1.

Anno 32: Ottaviano prepara l'inevitabile scontro con Antonio e Cleopatra, che si risolverà ad Azio nel settembre dell'anno seguente. Mecenate dovrà partire; Orazio decide di accompagnarlo, per l'egoismo dell'affetto. Tutto è di una sconcertante sincerità; anche l'inconscia speranza di restare è forse tradita da un'esuberanza letteraria (vv. 11-14) che non avrà in un'occasione che riteniamo analoga (vd. n. all'*ode* II 6). E restò; con Mecenate, pare, se questi fu *praefectus urbi* proprio nel 31 (Dione Cassio LI 3; e anche il silenzio di Orazio ha il suo peso. In contrasto però con la prima delle *Elegie per Mecenate*, vv. 45-48). Ma anche il labile, significativo momento restò, anzi fu suggello d'una edizione, si può credere, ampliata e depurata, degli *iambi* della giovinezza "premecenatea".

1-2. *liburne*: navi leggere a due ordini di remi. Al contrario degli enormi vascelli di Antonio, con remeggi incredibili (Plutarco, *Ant.* 64) e «castelli» che meritavano questo nome enfatico, non tecnico.

12 sgg. *dovunque*...: come gli amici del disperato Catullo (*carm.* 11). Orazio sarà invece esatto nell'ode II 6.

31-32. A Tuscolo, meno evasiva e lontana di Baia, c'erano ville ambiziose, tra cui quelle di Lucullo e di Cicerone; tanto meglio situate e prestigiose quanto più vicine all'antichissima acropoli, di cui restano tracce suggestive, fondata da Telegono, nato da Circe e da Ulisse.

34-36. Cremete è il tipo del padre e del "vecchio" nella commedia «palliata», avaro soprattutto agli occhi del giovane, figlio o nipote, spendaccione. Ma il Cremete che seppellisce il tesoro come il vecchio dell'*Aulularia* non risulta nelle commedie superstiti; né conta che grammaticalmente *avarus* si riferisca al soggetto.

2.

Affari e sogni. Cioè il problema della felicità e anche della libertà; il gesto finale ha l'invincibilità dell'abitudine, che domina tutta una vita. Comincia già, in chiave allegra e acuta, tra parodia e comprensione, gran parte della problematica oraziana.

22. Priapo, il simbolo fallico della fecondità, era di prammatica nei campi; Silvano era divinità campagnola simile, o assimilabile, al Fauno.

55-56. La faraona era recente e apprezzatissima scoperta della cucina romana (Varrone, *De re rustica* III 9) e il francolino è «fra tutti i gusti, il primo dei volatili», per Marziale (XIII 61).

61. *i Terminali*: in onore del Dio Termine, assimilabile con Silvano, festa che cadeva il 23 febbraio: l'agnello era di prammatica (Ovidio, *Fasti* II 655).

67-68. I *vernae* (schiavi non acquisiti), spesso bambini, felici intorno al focolare, dove le immagini dei Lari (i Morti) scintillavano, erano il coronamento simbolico della fattoria felice: vd. anche Marziale, III 58, 22.

69. Di un *faenerator Alfius* parla anche Columella (I sec.; I 7,2), attribuendogli un detto celebre che non ha a che fare con questo epodo. Non si può credere con Villeneuve che il personaggio derivasse da qui. Fu forse personaggio solo proverbiale, a cui Orazio ha dato corpo e anima?

3.

Un'improvvisazione conviviale? Così è certo sentito l'epodo; e Mecenate rideva. Si direbbe ancora dei primi tempi dell'amicizia-clientela.

7. *Canidia*: l'amata-odiata (vd. nota all'*ep.* 5) già divenuta maga, come Medea figlia di Eeta re della Colchide. La quale, quando giunsero gli Argonauti in cerca del «vello d'oro», fu presa d'amore per Giasone, gli permise di superare una terribile prova «misturando con olio antidoti di aspri dolori e gliene diede perché si ungesse» (Pindaro, *Pyth*. IV 220). Ma fu terribile nelle vendette, tra le quali entra in argomento quella su Creusa, sposata da Giasone — contro la parola data —, che finì tra atroci dolori per via della stessa mistura. Analoga quella del «sangue di Nesso», di cui era imbevuto l'indumento indossato da Eracle, che morì non meno atrocemente (vd. le *Trachinie* di Sofocle e l'*Ercole impazzito* di Seneca).

4.

Porfirione e lo pseudo-Acrone individuano questo schiavo dalla scandalosa fortuna in un Menodoro, divenuto Pompeo Menas con l'affrancamento; non basta per negare fede a quegli scoliasti, più angusti che arbitrari, il fatto che non risulti che a Roma fosse *tribunus militum*. Le fonti riferiscono che fu ammiraglio di Sesto Pompeo negli anni 39-36 e che defezionò; poi che tornò (scontento dunque) alle vecchie bandiere per passare ancora a quelle di Ottaviano. Nel periodo intermedio poté anche ricoprire una carica che dava fastidio, ma che contava poco, finita ogni guerra terrestre. Nei codici alcuni titoli di origine dotta tramandano un altro nome, certo Vedio Rufo, identificato dai dotti moderni o con un Vedio «scioperato grande» e «mascalzone» raro di una lettera di Cicerone datata nel 50 (molto presto), o con altri di cui parla Tacito (un po' tardi, ma con l'origine servile). Probabilmente i dotti antichi pensarono a quello di Cicerone perché questi marciava in carrozza, suscitando la stessa irritazione di Orazio.

9. *libero davvero*: secondo il significato sostanzialmente intensivo del superlativo (e comparativo) latini. Secondo altri è la mancanza di ritegno nel dire il proprio parere, ma non doveva esserci molta soggezione da parte del pubblico.

11. *triunviri*: i *triumviri capitales*, magistrati competenti per reati notturni, coi quali l'interessato ebbe a che fare al punto di stancare il banditore, che durante l'esecuzione andava ripetendo l'imputazione del condannato.

16-17. Una legge proposta da Roscio Otone nel 67 stabiliva l'onore delle prime 14 file negli spettacoli ai cavalieri (la nobiltà sedeva nell'«orchestra»). (Forse Otone era ancora vivo; certo viveva nella sua legge e in essa era offeso).

18-20. Siamo dunque al tempo della guerra contro l'esercito navale di Sesto Pompeo, molto denigrato dai seguaci di Ottaviano (cfr. anche l'*ep.* 9). Tra i quali c'era già Orazio, che però ha anche motivi politici — oltre quelli personali — di disprezzo.

5.

La magia nell'antichità era così diffusa e temuta — perfino sacrifici di infanti rapiti sono attestati — che una denuncia di stregoneria (vd. *ep.* 17, vv. 68 sgg.) non era inverosimile. Ma si sentiva e si sente anche subito il lato parodistico e grottesco di questa scena quasi shakespeariana, e più ancora del suo seguito, l'ultimo epodo.

Canidia appare di scorcio nel terzo epodo; nelle satire è protagonista di un vero sabba (I 8) e il secondo libro si chiude col suo nome. Nome pronunciato troppo spesso e troppo seriamente per essere quello d'un personaggio fittizio o semplicemente macchiettistico. Sul serio, s'intende, dietro la maschera della beffa. È facile avvertire l'odio offeso. Porfirione ci dà poche ma preziose informazioni che non può avere enucleato dal testo: che si chiamava Gratidia, che era napoletana di nascita, *unguentaria* di professione e di condizione liberta. Abbastanza per dedurne, se non il romanzo che ci fu, almeno lo schema di quella storia, fondandoci sul tono di molti versi, indimostrabile ma inconfondibile, e sui nessi più spontanei: la vita ha la sua ripetitività.

Se la beffa grottesca fu espressione e cauterizzazione dell'odio, e se l'odio fu figlio dell'amore offeso, Gratidia-Canidia possiamo vederla nella Frine traditrice dell'epodo 14, liberta come Gratidia e Frine come, secondo il linguaggio di ogni innamorato tradito, ogni traditrice, e bellissima: come la Neera dell'epodo seguente il cui peccato — almeno secondo la nostra interpretazione — è quello di aver offeso la bellezza. Amore grande, se fu così, raro e proprio dei grandi passionali; ancora più raro che si ripeta in una vita.

Ogni morte dell'amore ha le sue doglie. Furono quelle della confessione a Pettio (*ep.* 11)? Quella che si dice la ragione non bastava. E perché il nome Inachia? Per ogni lettore di poesia significava Io, la mutata, la «stravolta» come la rappresenta Eschilo nel *Prometeo*. C'era un senso di mostruosità e d'ingiustizia subita — in lui — e insieme il dramma di «non riconoscerla più»? Come sempre, altre donne aiutarono. La virulenza e la volgarità ebbero il loro valore terapeutico; ci rimise la presunta ninfomane dotta degli epodi 8 e 12. Profanava il confronto. La salute pare che venisse dagli amici, e quali amici: quando Orazio non si confidò più con Pettio ma con Mecenate, mostrò più solidità. Poi, la caricatura si scatena. Orazio doveva essere sui ventisette anni.

Urgeva abolire il nome, oltretutto troppo bello, e Gratidia, la cara alle Grazie, divenne Canidia, la canuta. Il *cognomen* scomparve, ma crediamo che fosse l'altrettanto bello Mìrtale, l'ornata di mirto, perché così la chiama in un'ode troppo seria per criptonimi inutili (I 33). I profumi dell'unguentaria divennero gli unti stregoneschi che trasformeranno Lucio-Apuleio in un asino. E soprattutto la traditrice divenne una respinta. Respinta da un certo Varo; poiché un criptonimo non è mai banale, non escluderemmo che questo Varo sia proprio il più serio degli amici, il critico, uomo al di sopra di ogni sospetto. Irremovibile, oggetto di vane fatture, poté costituire uno dei particolari più divertenti della farsa. L'epodo 15 ha toni tragici perché la tragedia c'era, in Orazio; nel 17 la commedia prevale, ma per lui la fattura durò tutta la vita.

Passati i tempi e lo stile degli epodi e delle satire, passarono anche caricature e pseudonimo. Ma è notevole che la parola *gratus* sfugga nelle odi I 33 e IV 13: il nome era stato rimosso, ma l'etimo no. Questo motivo della canizie è così banale e insistente che lo spiegano molto meglio le ragioni della psicologia che quelle della tradizione letteraria illustrate dal dottissimo Pasquali. Produsse alcune di quelle odi di "situazione", convenzionali e mediocri, che non confonderemmo con quelle della vita (la III 10, per esempio). Ma non c'è dubbio sulla verità della canizie, finalmente avvenuta, della feroce ode per Lupa (la prostituta: Frine invecchiata), la IV 13. Qui, alla fine della vita, il velo è squarciato quanto ci occorre: l'amore è confessato mentre viene, con lugubre gioia, affossato. E soprattutto c'è un concatenamento prezioso, Cìnara; fu per Gratidia che Orazio l'abbandonò. Ne ricordava i bei litigi nati dalla fierezza (*proterva*), la bontà (IV I, 4), la generosità (*epist*. I, 14,34). Non ripetiamo volgari giudizi di collegiali: ci sono tanti modi per una donna di essere *rapax*, rubatrice, rapinosa, e di fare il suo uomo *immunis*, privilegiato: altro che il denaro.

I molti pseudonimi hanno sempre fuorviato i lettori di Orazio. Pare invece che si raggruppino di qua e di là da questa linea di nomi e situazioni trasparenti. Solo al di qua ci sono le figure evanescenti degli anni dell'ambigua «sapienza» e magari gli inevitabili «amori leggeri». O meglio responsabili, cioè epicurei.

Abbiamo proposto un ritorno di Gratidia (I 16 e 17). Non rinveniamo altra destinataria dei *celeres iambi* e perciò identificheremmo Tindaride con «la Chia» dell'ode-confessione. La distanza sociale è presente, pesante; e se pace non ci fu, quel peso fu fatto ancora più sentire. Ecco la «moglie di Ibico, il povero» (III 15). Fu una meschinità? Certo. Ma forse è migliore di una vacuità poetica. Anche questa è meschina, senza essere vita.

1 sgg. il bambino, che si può pensare alle soglie dell'adolescenza, parla pateticamente un linguaggio più grande di lui, imparato a scuola. È di "buona famiglia" o almeno libero, se ha la toga listata di porpora e la *bulla*, un medaglione appeso al collo. — *Lucina* è la Dea dei parti, Giunone o Diana.

20. Iolco è la città favolosa della Tessaglia, terra della stregoneria, come pare fosse questa Iberia dell'estremo Mar Nero, presso la Colchide di Medea; e «di Colchide» ribadisce l'originale. La ricetta pare ancora quella di Medea, ma questa volta perfezionata ed eseguita a puntino (vv. 72 sgg.).

42-43. Far scendere la luna era il capolavoro dell'arte magica. Canidia, un po' enfatica, fa calare tutto il cielo, qui e alla fine, con un vero cataclisma.

63. *della figlia di Creonte*: Creusa, vd. *ep*. 3, n. 7.

6.

Contro un nemico degli amici: o di un amico, Virgilio, se si tratta del Mevio dell'*ep*. 10, come è evidente e come conferma l'epigrafe di molti codici (altre danno i nomi di Bibaculo, dedotto certo da *Sat*. II, 5,41, e di un impossibile Cassio Severo, famoso maldicente — vd. Tacito, *Ann*. I 72 — morto però nel troppo lontano 32 d.C.). E poi c'è la fedeltà, vagamente protettrice, che Orazio ebbe sempre per Virgilio, meno giovane ma più fragile; debbono essere i primi tempi della loro amicizia se cominciò non molto dopo il ritorno di Orazio dalla «guerra di Filippi» (Svet., *Vita Horatii*). I maestri sono dichiarati: Archiloco di Paro e Ipponatte, dei cui epigrammi fu vittima il nemico suo Bupalo.

7.

Il più fremente, il più oratorio, il più giovane componimento sul motivo, che attraverserà tutta la lirica oraziana, dello *scelus*, il delitto, la colpa originaria, che da ora diventa la colpa di tutta una generazione. Vd. la *Nota sulla cronologia* (p. 546).

8.

La destinataria dev'essere la stessa dell'*ep*. 12. Rivale perdente di Inachia, forse, e tutte e due forse tentati rimedi: vd. nota all'*ep*. 5.

9.

Si direbbe la prima reazione alle prime notizie di Azio (2 settembre 31): poche, confuse e frammentarie, ma capaci di trasformare l'apprensione e la speranza in entusiasmo. La vergogna della corte orientale è dissipata; Antonio è costretto a una resistenza senza speranza, come quella di Sesto Pompeo, già battuto a Nauloco nel 36. Si festeggerà con Mecenate, come allora; ma Orazio anticipa con l'aureo cecubo adatto al mal di mare. Crediamo poco agli effetti salutiferi del cecubo: dev'essere una delle esuberanze allegre di Orazio, in omaggio alle esperienze nautiche di Mecenate, se partì per Azio (cfr. *ep.* 1), o almeno di tutti gli altri vittoriosi. Secondo molti invece questa *nausea* sarebbe una prova dell'effettiva presenza di Orazio su quei mari.

7-8. *il condottiero di Nettuno*: Sesto Pompeo «sacrificava al Mare e a Posidone presumendo d'essere detto figlio loro» (Appiano, V 100).

9-10. Nella flotta abbondavano gli schiavi affrancati (vd. anche il caso di Pompeo Menas dell'*ep.* 4).

17. *vegliardi invertiti...*: gli eunuchi della corte di Cleopatra (cfr. I 37). Il lusso e la mollezza della corte orientale, trasportati sul campo, erano disgustosi per quei buoni soldati romani (tra cui fu Orazio stesso).

19-21. La storia informa della defezione di Aminta e dei suoi «Galli» (cioè Galati asiani) prima della battaglia. Ma Orazio sa il particolare pittoresco, prodromo e augurio della vittoria.

22-23. Orazio parla a chi sa, e noi capiamo poco: pare che una parte di navi antoniane si siano rifugiate, in un porto, forse nel golfo di Ambracia. Ma dai versi seguenti appare chiaro che Antonio, *il Nemico*, finalmente vestito da soldato col *sagum* e non da re orientale, è in fuga.

10.

Mevio — come Bavio — fu grande (e pare pedante) nemico letterario di Virgilio, che rispose con un verso squisito: «Chi non odia Bavio, ami la tua poesia, Mevio» (*Bucoliche* III 90). Orazio, meno colpito per quanto bellicoso (cfr. *ep.* 6), saluta con maledizioni allegre (come non sono quelle della famosa invettiva archilochea, che non si può dire imitata) questa gradita partenza.

9-10. *Orione...* Vd. I 28, 25 e III, 27, 20.

12-16. La nave di Aiace d'Oileo, di Locri, fu affondata nel viaggio di ritorno da Posidone, perché Aiace aveva detto «parole immani», sacrileghe, contro Pallade (*Odissea* IV 499 sgg.). Particolari probabilmente non casuali, che tradotti in termini prosaici possono significare presunzione, specificamente letteraria. *Manus* non può riferirsi che a una piccola parte dell'esercito acheo.

24-25. La Tempesta, le *Tempestates*, erano oggetto di cerimonie propiziatorie o, come appunto qui, di ringraziamento.

11.

Sul filo della disperazione, del cinismo e quasi dell'allegoria. La «sorpresa» epodica non manca: dopo la confessione, che Villeneuve chiama perfino elegiaca, più che il pentimento regna la fatalità.

19-24. Versi discussi perché in effetti la confessione era oscura per i non informati. Lasciamola un po' tale. Quali palliativi? Tanti. E quali armi? I rivali ricchi, si pensa in genere, con troppa coerenza; ma la vera disparità è con Inachia.

30. *lupetto*: come suona il criptonimo *Lyciscus*.

12.

La punta, se c'è, penseremmo che è nelle ultime parole, dove la patetica ninfomane, che si esprime con un po' di letteratura, nomina infelicemente la capra, l'animale che più offende l'olfatto dei romani e al quale più assomiglia.

11-12. Ingredienti di certi cosmetici erano la creta e la costosa *crocodilea*, estratta da un piccolo coccodrillo che «vive di fiori profumatissimi: per questo ne sono ricercate con tanta cura le interiora, impregnate di un profumo delizioso» (Plinio il Vecchio, XXVIII 108-9).

18. Per Inachia, vd. *ep.* 11.

21. *Lesbia*: la confidente-mezzana, confidente anche di Inachia, dunque. C'era un Aminta: nomi greci, che portano in un ambiente gramo, di liberti e immigrati.

13.

«(Il poeta) esorta i camerati (*contubernales*) — giacché il cielo è piovoso e ogni operazione impossibile — a rifugiarsi nel convito»: la nota di Porfirione è preziosa perché ribadisce un'impressione forte e immediata. Per quanto *contubenales* potesse avere un significato traslato, come non pensare all'Orazio *tribunus militum* che «spezzava nel vino l'ora pigra» (II 7)? Pascoli, facendo resistenza a quell'impressione, pensa almeno a un pranzo tra reduci di guerra (in *Lyra*). Antichi umanisti, come il cinquecentista Levino Torrenzio, si pronunciarono per una lirica composta sul campo, a Filippi, e Carducci precisa che dovette essere del periodo tra la sconfitta di Cassio e quella di Bruto, venti giorni dopo; perfino la meteorologia parrebbe confermare (vol.

XXIX dell'ed. nazionale). E accettiamo volentieri, se si distingue tra intuizione e stesura; e più che tempo e paesaggio convincerebbero i particolari realistici del campo dove si trovò a combattere Achille e che Orazio vide (o almeno immaginò) con occhi non letterari (vv. 19-20). Si pensa più volentieri che la sconfitta sia già avvenuta; eppure si direbbe piuttosto che sia accettata (e rifiutata) come possibile. Achille non ebbe ritorno, ma neppure sconfitta. I motivi di sfondo sono quelli del valore, del destino, della morte; quello del ritorno traspare forse in sfumature inconsce: l'espressione *reducere in sedem* riferito all'astratto *haec* è un po' strana e ricorda il "luogo"; Assaraco, tra i figli di Troo, è proprio quello da cui discende Enea, il solo che, per volere divino, trovò un'altra patria.

4. *della Tracia*: epiteto non "esornativo", se siamo, almeno con la fantasia, a Filippi; e chissà quanti casi analoghi, nella poesia oraziana, passarono, come questo, dal ricordo al mito.

9. *al tempo del mio console...*: vd. III 21, 1; non faremmo difficoltà se un'anfora così familiare, a Filippi, *in corpore*, non ci fosse.

12. *più regale*: degli Achemenidi, dice il testo, i re persiani.

13. *cillenèa*: di Ermete, onorato nel luogo del suo avvento, il monte Cillene in Arcadia.

15. *il Centauro*: Chirone, al quale fu affidata l'educazione di Achille. — *alto*: o fatto adulto, secondo l'interpretazione (e l'accezione della parola) più comune: ma Achille non è uomo comune.

14.

Dunque, in tempi non troppo lontani dall'ultimo epodo — del 31 — la «libertà» (Canidia? vd. la nota all'*ep.* 5) è una Frine di cui ancora non si scherza. E la fantasia tende alla lirica, se ci si confronta con Anacreonte. Ma l'amore di Mecenate è privilegiato, è quello per Elena.

15.

Nella storia di Gratidia il tradimento subìto ci fu, e questo epodo può esserne la cocente confessione (vd. ancora la nota all'*ep.* 5). La vendetta minacciata è degna di una passione intensa: la più brutale, la spartizione dell'amata con il rivale, l'umiliazione dell'amore e della bellezza (vv. 16 sgg.). Poi toccherà al rivale soffrire, ma possiamo immaginare quale sarebbe stato il riso di Orazio. Oppure, la solita interpretazione, che si potrebbe anche enunciare così: Orazio (se la donna insiste) minaccia di trovarne un'altra «degli stessi sentimenti» (di Orazio s'intende: *parem*); le toglierebbe la propria «fedeltà» (*constantia!*), non appena raccolte le prove sufficienti (il dolore fosse *certus*). Aspetterà di veder tradito anche il rivale e riderà a sua volta.

16. *Flacco*: il *cognomen* di Orazio era, come spesso tra i romani, caricaturale: «floscio», fiacco.

22. *offesa*: da Neera. Come un dono, un privilegio, o un'opera d'arte guardata da chi non la merita.

26. *come un fiume*: il *Pactolus* della Lidia, allora famoso per le pepite d'oro che portava.

28-29. *Pitagora... Nireo*: il più sapiente degli uomini — come chi venne dall'aldilà, e non del tutto immemore — e il più bello (vd. nota a III 20). L'ammirazione per Pitagora non stupisce, anche se Orazio non condivise la sua verità (o proprio per questo).

16.

Per l'occasione, e perciò lo spirito, vd. la *Nota sulla cronologia* a pp. 547-48.

1. *seconda epoca*: la prima era stata quella dei padri, che ricordava con orrore — Cicerone lo documenta ampiamente — i tempi della guerra civile tra Mariani e Sillani (88-82).

3. Viene in mente il giudizio dei testimoni greci di Farsalo, riferito da Plutarco (*Pomp*. 70): «Insegne comuni, il valore e la forza immensa di un'unica città si scontravano fra loro... Se i due generali avessero voluto... godere i frutti delle loro conquiste, la maggior parte, e la migliore, del mondo avrebbe ubbidito ai loro cenni... Se poi desideravano assecondare la loro brama di trofei e di trionfi, potevano saziare la sete guerreggiando coi Parti e coi Germani...». Cfr. anche l'*ep*. 7.

5. *i Marsi*: fierissimi nemici di Roma nella guerra «sociale» (91-88) che fu anche detta *bellum Marsicum*.

6. *Porsenna*: il «lucumone» di Chiusi, che cercò di ristabilire con la forza la signoria di Tarquinio il Superbo.

7. *Capua*: giudizio interessante: se Roma fosse stata eliminata, nel suo momento cruciale, è pensabile che proprio Capua sarebbe diventata il centro del mondo greco-italico.

8. *Spartaco*: il capo della rivolta di schiavi del 71-70, che parve in qualche momento minacciare l'esistenza stessa di Roma. — *l'infedele allòbrogo*: gli ambasciatori allobrogi furono tra i maggiori congiurati con Catilina; inefficienti, ma Orazio sente per la congiura un orrore ciceroniano.

18. *le ossa di Quirino*: sepolte sotto il Foro. L'assunzione in cielo di Quirino, esaltata da Ennio, fu dunque in spirito, come in III 3, 22-24. Non così per altre; ma Plutarco, che forse aveva sentito parlare della resurrezione cristiana, insiste molto su quella dello spirito, unica parte immortale dell'uomo (*Rom.* 28).

24. I cittadini di Focea — racconta Erodoto, I 165 — assediati da Arpago, generale di Ciro, abbandonarono la città; una parte tornò, un'altra emigrò fino alle coste della Gallia dove fondò Marsiglia (534 a.C.).

34 sgg. I focesi eseguirono liturgicamente il giuramento, gettando in mare una massa di ferro incandescente e giurando di tornare solo quando fosse tornata a galla. Divenne la proverbiale «maledizione dei focesi».

61. *terre fortunate*: luoghi felici accolsero, secondo Esiodo, alcuni degli Eroi omerici, «fuori dei limiti della terra; e loro abitano, con il cuore senza affanni, nelle isole dei felici, presso l'Oceano dai profondi vortici, felici Eroi, a cui il campo fecondo reca tre volte all'anno floridi, dolcissimi frutti...» (*Od.* 170-3). Orfismo e spiritualismo faranno di questo luogo, collocato nell'estremo occidente, la sede, sempre più metaforica e metafisica — da Pindaro a Platone fino a Marco Aurelio — dei giusti dopo la morte. Diremmo che la collocazione geografica — vd. per es. Strabone, che identifica le «isole dei Beati» con le Canarie, I 5 — sia, in quanto fisica, antitetica; e così questa, di Orazio, in quanto fantastica e poetica; anche se è da citare, per la sua nobile bellezza, la tesi di Boyancé secondo cui l'epodo è una vera allegoria della virtù (in *Mél. Senghor*, 1977, pp. 27-35). Ma per quanto il luogo fosse famoso (e anche Sertorio aveva pensato di rifugiarvisi, vd. Plutarco, *Sert.* 9), è ben pensabile che Orazio si ricordi dei suoi maestri dell'Accademia di Atene. Per i rapporti con la quarta egloga di Virgilio, secondo la nostra ottica, sentiremmo qui un'esuberante improvvisazione di Orazio e nell'egloga un delizioso lavoro di cesello, dove c'era posto per reminiscenze che onoravano insieme la poesia e l'amicizia.

69-71. Confronta in Virgilio (vv. 21-22): *Ipsae lacte domum referent distenta capellae / Ubera, nec magnos metuent armenta* *leones*. Cfr. anche il v. 33 in Orazio. Interdipendenza certo intenzionale, vd. *Nota sulla cronologia*, p. 548.

81-82. *Argo*: la nave degli argonauti; vd. nota e *ep*. 3: e l'Impura è Medea.

83-84. *le antenne*...: forzate come un arco, dal vento.

87. *furore d'astri*: vd. nota a III, 29, 17 sgg.

17.

Continuazione ideale dell'*ep*. 15 alla cui nota si rimanda. Con un particolare in più, molto sospetto: chi è questo Pattumeio? Che significa questa caricaturale smentita d'una nascita, alla quale Orazio è tanto interessato?

8. *il rombo*: è il termine greco dello strumento magico: una ruota ai cui raggi era legata una *torquilla* (un uccello, il torcicollo, *iynx* in greco), fatta girare vorticosamente coll'accompagnamento d'una formula; quella dell'ossessivo ritornello del secondo idillio di Teocrito è «Iynx, trascinalo alla mia casa quell'uomo...».

9. Tèlefo, re dei Misi, fu ferito da Achille (figlio d'una Nereide), che poi risanò con la stessa, miracolosa lancia.

13-17. È evocata la grande scena di Priamo che va da Achille a supplicarlo di rendergli il cadavere di Ettore (*Iliade* XXIV 477 sgg.).

18-22. Dunque, supplicata, anche la maga per eccellenza si commosse (*Odissea* X).

37-38. Il centauro Nesso, ferito a morte da Eracle, si vendicò consigliando la moglie di spargere del suo sangue miracoloso le vesti dell'eroe; questi ne morì fra i tormenti.

49-52. *al poeta*: Stesìcoro (c. 640-555 a.C.). Platone: «privato degli occhi per un'accusa contro Elena... come ne seppe la causa immediatamente scrisse: ''non è secondo verità il racconto già detto: non andasti su nave dai buoni scalmi né giungesti alla rocca di Troia'', e così, terminato di comporre il poema detto *La palinodia*, immediatamente riebbe la vista» (*Fedro* 243).

56-57. *dopo i nove giorni*: del lutto, che si chiudeva con una *cena novendialis*. A questo punto interveniva la strega che s'impadroniva delle ceneri dei defunti per i propri sortilegi.

68 sgg. *i Cotittia*: o *Cotitia*, misteri di una divinità tracia femminile, Cotys o Cotitto, di sinistra licenziosità; ma Canidia li sublima, nel suo concetto. Non sappiamo bene come o dove Orazio sia stato testimone, accusatore, «inquisitore» (tale era il compito del *pontifex*) di questa stregoneria; certo di quelle dell'Esquilino lo fu con la satira I 8 e con l'epodo 5.

NOTA SULLA CRONOLOGIA

Raccolgo qui alcune proposte sulla cronologia di sei liriche di Orazio; tre odi e tre epodi, secondo una ripartizione, tonale e in ogni caso metrica, che non poté essere anche rigidamente cronologica. E come tutte le proposte sono piuttosto domande che asserzioni.

È chiaro che fu Orazio l'editore di se stesso, almeno fino ai primi tre libri delle odi, che ricompose con cura eccezionale, secondo un criterio paradigmatico sostanzialmente indifferente per la propria storia e, certo, con molte esclusioni. Di questa edizione «del 23» si è finito per parlare come si parlerebbe di un libro a stampa, cioè di un passaggio perentorio dall'inedito all'edito. Si sa che la diffusione del libro manoscritto, dai confini sempre fluidi, avveniva in tutt'altro modo; e Orazio non mancò certo dei tramiti che diffondevano versi e fama: l'ode oraziana è sempre «a qualcuno». E questi dedicatari sono a volte personaggi a cui si offrivano intere sillogi. Dovette esserci un libro di Pollione, l'attuale secondo, dall'inconfondibile tono austero e cupo, riflesso di un momento claustrale e nevrotico — intorno al 26 — di quella biografia negata. Perché non anche l'Augusto o, sempre di più, Mecenate? Al quale furono dedicati gli epodi poco dopo il 32, certo con molta autocensura e privilegiando la produzione di tempi più prossimi e più definitivi, quelli della pace sabina. Nella stessa epoca sistemò la produzione delle satire (*sermones*, «conversazioni») nei due libri attuali pure offerti a Mecenate. Ma è abbastanza facile distinguere il tono di alcune satire premecenatee (I 2, 7 e 8). Orazio non eliminò solo tutta la sua produzione greca, che meriterebbe più rimpianto (*sat.* I 10, 31-32); fu molto severo con la sua giovinezza, per la quale si negò ogni nostalgia e ogni idealizzazione. L'edizione «del 23» (la data è in realtà il *terminus ante quem* della morte di Marcello nell'ode I 12, per altro smentita dalla I 3) costituisce una barriera invisibile ma difficilmente oltrepassabile.

La poesia ha un tono, che è il terreno ma non il risultato di qualunque analisi; e si rivela anteriore e confermato, di regola, da qualunque fortunata informazione. Un tono o toni, tra cui quello eterno, elementare, senza storia, ideologia o cultura, dell'età: la «senilità» del *Paradiso* o del secondo *Faust*, di *Rime e ritmi* di Carducci o del quarto libro di Orazio; la troppa giovinezza di poesia altissima come quella di Rimbaud o di poesia giovane, che promette quello che manterrà. E in Orazio la crediamo avvertibile in molte odi ritenute, in effetti, giovanili, o «antiche» come si dice non senza motivo. Ma giovanili, nel caso delle odi, non oltre l'invalicabile anno 30 degli epodi, cioè i trentacinque di Orazio: si direbbe che la sua giovinezza, come la sua lirica, siano avvenute in modo repentino e quasi clandestino.

C'è l'Orazio sconosciuto della Grecia. «La buona Atene — scrisse a Floro — mi ha aggiunto qualcosa di più, in fatto di scienza: come cioè volere distinguere il dritto dallo storto; e cercare la verità tra i boschi di Academo...» (*Epist.* II 2, 43-5). Fu un soggiorno forse lungo (ho proposto altrove una durata di sette anni, dalla toga virile alla disfatta, vd. Orazio, *Le lettere*, Rizzoli 1983, p. 10); certo fu decisivo. La via della sapienza, le grandi letture greche, l'ellenismo non soltanto culturale di cui fu il massimo esponente, la sostanza del sentimento civile e del pensiero politico, risalgono a quelle esperienze. Perché non la poesia? L'epodo 7 e l'ode I 14 non rivelerebbero un poeta precoce, ma una coscienza reattiva e un sentimento nazionale profondo e offeso. Attribuendo quelle liriche alla maturità, si offende la poesia prima ancora che la psicologia. Restituite ai ventidue anni e alla verginità degli eventi, sono appassionate, frementi, ingenue; pensate nella maturità sarebbero retoriche, enfatiche e predicatorie. Immaginiamo l'estate del 43, soprattutto da lontano, da Atene, dove credo che Orazio si trovasse: la tragedia in cui era cresciuto, che pareva placata, esorcizzata, quasi purificata dal sacrificio di Catone e poi dalla nemesi, l'uccisione di Cesare, si rinnovava. Ci fu un periodo, lungo per il suo significato e intenso per un giovane, in cui la concordia pareva restituita; le armi erano state «ringuainate». Da lontano, Cicerone, il grande padre del troppo probabile compagno di studi, pareva continuare quella che oggi diciamo la «repubblica». Ora la guerra si è riaccesa; forse, avvenuta la coalizione di tutte le forze del cesarismo, si avvicina, divenendo (lo sa chiunque ne ha fatto analoga esperienza) non solo più pericolosa ma più ingiusta. Un atteggiamento di disgustato distacco verso i grandi eventi, tipico di un giovane esteta, non possiamo negarlo solo a Orazio: «mi fosti noia un giorno ed inquietudine...». Non c'è altro *taedium*, tra quelli proposti, più convincente, e Orazio non ne avrà più. E ammonisce il mondo: perché i giovani non sanno che non è per ignoranza o per follia che si operano le enormi follie della storia.

Usa attribuire l'ode della nave agli anni della guerra di Perugia (41-40), all'imminenza di Azio o addirittura al minacciato ritiro di Ottaviano dal principato. Giorgio Pasquali, sostenitore di quest'ultima tesi, si fonda soprattutto su quelle ragioni metriche che sebbene oggi molto meno seguite, hanno ancora peso; e precisamente l'osservanza costante della cesura dell'endecasillabo delle alcaiche, mancata in alcune ritenute anteriori in quanto più «imperfette». Per Pasquali l'apprendimento d'un metro, anche per un Orazio, è una faticosa impresa, tanto che quando ne fu padrone non seppe trattenersi dal proclamarlo al destinatario Lamia (I 26, 12). Ma sarebbe come pensare che Pascoli, superata con successo la prova dell'endecasillabo rigorosamente «barbaro» delle saffiche di *Solon* (con un inaudito accento sulla quinta) annunciasse per questo al lettore una «poesia nuova» (*novis fidibus*, vd. il Pasquali a p. 30). Inutile dire che il metro, da solo, non è significante; che è sempre, *in sé*, perfetto, e nasce, anche con i poeti più inesperti o giovani o sprovveduti, subito perfetto; che una ricerca del genere non è neppure pensabile nel concreto, cioè per le lingue parlate e per la poesia verificabile. Piuttosto: come pensare a un Orazio che in quella occasione (e peggio alla vigilia di Azio) dicesse che Cesare Ottaviano, il pilota della nave, «ha paura»? Poco convincente anche l'attribuzione al tempo di Perugia: per un reduce, un vinto, una vittima dei sequestri, un giovane «dalle ali spezzate», quel tono è improprio. Non aveva tempo non diciamo per ammonire, ma neppure per soffrire per altri; e forse quella guerra tra cesariani gli sembrò una nemesi. Invece, pensata «prima», l'allegoria ha senso perfino nei particolari: c'è ancora una grande Roma la sua, di legno glorioso (Catullo e l'educazione nazionale si fondevano), ma non aveva più — viene in mente Plutarco — quegli Dei che, al tempo di Catone, avrebbero protetto la causa di chi si batteva per la libertà (*Cat.* 54). Orazio poteva ancora augurarsi che la guerra non avvolgesse nelle sue spire almeno l'amata Grecia, le sue luminose Cicladi.

Ciò che avvenne, con Bruto. Ma Bruto fu accolto ad Atene entusiasticamente. Mentre la guerra pareva inevitabile e gli occhi erano fissi su di lui, Bruto frequentava le scuole, esaltava gli spiriti e «cominciò a richiamare e riunire intorno a sé i giovani romani che si trovavano ad Atene per ragioni di studio» (Plutarco, *Brut*. 24). Tra i quali il figlio di Cicerone e, con decisione probabilmente meno immediata, anche Orazio. Certo fece in tempo a scrivere un'altra delle liriche del rifiuto, l'epodo 16. Fu, soprattutto, una rivelazione. Sulla feconda matrice del semplicismo e della disperazione nacque un'evasione immaginaria e una esuberante poesia romantica che Hölderlin, a Homburg, tradusse e trasformò in canti guerreschi degli insorti corsi di Pasquale Paoli (*Emilie von ihrem Brauttag* 112-126). L'evidente interdipendenza con la quarta egloga di Virgilio (del 40) ha spostato il problema cronologico dell'epodo su questo confronto su cui si è molto discusso; la tendenza più autorevole, forte di sottili considerazioni sinottiche, propende per l'anteriorità virgiliana. Personalmente non convinto alla certezza, terrei molto più conto del tono di fiaba dell'egloga; la fiaba sulla culla e sul futuro di un infante, quella che giustifica tanta esuberanza di idillio, compreso il particolare delle pecore multicolori che in altra sede sarebbe peggio che comico e qui è delizioso; e forse ricorda squisitamente, senza smentirla, l'antica disperazione dell'amico. Al contrario non vedrei un Orazio disperato che imita o irride una fiaba felice. Ci vedrei, più che la «raillerie» che Boyancé rifiuta, una sorta di umiliazione poetica. Inoltre, il verso *Etrusca praeter et volate litora* (40) non stonerebbe un po' a Roma? Partire per i confini del mondo, cioè, inaspettato calando, oltre le spiagge della capitale? Come suonerebbe invece il grido in Grecia, dove quelle rive erano la patria perduta, il *desiderium* da ributtare, da oltrepassare. *Praeter*, non *ultra*.

Non potendo raggiungere le isole beate, Orazio si arruolò. Naturalmente nell'armata di Bruto, non crediamo in quella di Cassio; era, Plutarco lo rileva bene, l'armata ideologica. E perciò la più convinta, la più forte, la più rappresentativa, tanto che Cassio, il generale professionista, le affidò a Filippi l'ala destra, la parte privilegiata e la più responsabile, di fronte a quella di Ottaviano. E si batté con estremo valore, con grandi perdite e, nel primo scontro, con un completo successo. La *Tyche* — la *Tyche* divina, secondo la tesi di Plutarco, e tutto sommato anche di Orazio — volle la sconfitta dei giusti. «Non ressero al braccio di Cesare», dirà Orazio, che non rinnegherà mai le sue prime scelte. Non c'è nessuna ragione di pensarlo non all'altezza degli eventi, nonostante la fortuna che ha avuto la caricatura letterata dello scudo «lasciato indietro». Ma che cosa scrisse, nelle troppe ore libere, il poeta-generale (*tribunus*)? Non si osa portare a questo tempo (tranne pochissimi studiosi, con altri risultati) nessuna lirica superstite: l'epodo 13 è stato retrodatato al di qua del limite insuperabile (vedine la nota). Ma è inconfondibile il suo tono gagliardo e avventuroso dove la lezione — o la rivelazione, il poeta non insegna che a se stesso — dell'epodo delle isole felici si arricchisce di asprezza e di esperienza. Affini e contigue le altre due «ballate», quella di Teucro e quella di Archita, che il metro finirà per inserire nelle odi (I 7 e 28) e sopravvivranno fino all'edizione «del 23» e a noi. Non sappiamo quanto produsse quell'ora felice e — diciamolo — romantica; certo si spense nella luce meridiana del tempo sabino. La ballata, intinta d'ironia, vittima del pericoloso autocontrollo oraziano, si trasformò nella romanza di Europa (III 27).

Sull'occasione dell'ode I 28 abbiamo già detto in nota. Ne è stata almeno riconosciuta la giovinezza (vana giovinezza, se coeva alla maturità); la I 7, per quanto «antica», si dovette portarla almeno qualche tempo dopo Azio perché Munazio Planco non poté avere rapporti diretti con Orazio prima della sua defezione da Antonio. Il personaggio, soprattutto attraverso il nutrito carteggio con Cicerone, è relativamente documentatissimo, dopo il settembre del 44. Tronfio, astuto, fortunato, sopravvisse bene alle più svariate vicissitudini e poté godersi, nelle belle proprietà di Tivoli, la non meritata tranquillità; e volle il suo mausoleo sul promontorio di Gaeta, dove tutti possono ammirarlo. Porfirione non ebbe dubbi sull'identificazione di fronte a tanta fama, e neppure i moderni di fronte, crediamo, al bisogno di nessi vivificatori nei frantumi del mondo antico, sorvolando sull'inspiegabilità dell'«orazion picciola» di Teucro e su quell'introvabile «campo lucido di insegne». E cioè sulla desanctisiana «situazione» e sul tono, idealmente anteriore a tutti i particolari che lo rivelano. Preferiamo sacrificare a tanto l'identificazione con il Munazio Planco del mausoleo.

La ricerca ha i suoi aspetti curiosi. La situazione perfetta e il destinatario ideale l'avremmo: il fratello Planco Plozio, che egli stesso proscrisse, tra l'orrore generale, quando aderì opportunamente al cosiddetto secondo triumvirato; la truppa, al seguito del suo trionfo, modulava una canzone selvaggiamente ironica (Velleio, 67, 3). Ecco il Teucro dell'ode, scacciato dal padre, il reietto senza ritorno a cui audacia e avventura avrebbero ridato la patria; forse anche Tivoli, che Orazio deve aver visto senza di lui. Ma non sappiamo se poté essergli commilitone e ispiratore. Plinio asserisce che si salvò (*N.H.* XIII 25); Valerio Massimo fa pensare che fosse ucciso (VI 8,5). Ci pare più probabile la salvezza, ma ancora di più l'incertezza che si ebbe della sua sorte. Eppure, al limite, piuttosto che abbassare la data, facendo convenzionale e generico ciò che è vivido e presente, preferiremmo pensare a una fantasia intensa come la realtà, nata prima della notizia della morte di questo memorabile proscritto, fraterno anche se sconosciuto.

GLOSSARIO

Adonio: verso di cinque sillabe, che chiude la strofa saffica.
Aiscrologico: aggettivo di aiscrologia, turpiloquio.
Allitterazione: similarità dei fonemi iniziali di due o più parole; — a cornice: si ha quando i due termini allitteranti aprono e chiudono il verso.
Anáfora: ripetizione iniziale della stessa parola o gruppo di parole.
Antonimico: di significato opposto (il contrario di sinonimico).
Aprosdóketon: conclusione inaspettata.
Arcaismo: forma appartenente a uno stadio antico della lingua.
Archétipo: immagine che simboleggia un'esperienza primordiale, comune a tutta l'umanità.
Campo semantico: insieme di vocaboli collegati da rapporti di significato.
Causativo: che causa l'azione espressa dalla radice del vocabolo.
Chiasmo: corrispondenza inversa di 4 termini, secondo lo schema ABBA.
Connotazione: significato accessorio di un vocabolo.
Denotazione: significato fondamentale di un vocabolo.
Ditirambico: aggettivo di ditirambo, inno celebrativo (originariamente di Dioníso).
Emistichio: mezzo verso.

Enjambement: sintagma (vd.) a cavallo tra la fine di un verso e l'inizio del successivo.
Epillio: piccolo componimento epicheggiante.
Epinicio: inno di vittoria.
Epódo: metro giambico (vd.) formato da un verso più lungo e uno più corto.
Eptasillabico: di 7 sillabe.
Escatologia: dottrina o rappresentazione della fine del mondo.
Esegési: interpretazione.
Evemeristico: aggettivo di Evémero, filosofo che considerava gli dei uomini divinizzati.
Falecio: verso di undici sillabe.
Fonostilistica: analisi stilistica dei procedimenti fonici.
Geminatio: ripetizione immediata della stessa parola o gruppo di parole.
Giambo: piede formato da una sillaba breve e una lunga: costituisce versi di contenuto aggressivo.
Gnomica: sentenziosità.
Iconicamente, iconico: avverbio e aggettivo di icona, significante che non solo simboleggia, ma anche visualizza il significato.
Ictato: fornito di *ictus*, accento metrico.
Incipit: inizio.
Ipérbato: dissociazione di due termini dello stesso sintagma (vd.).
Ipérmetro: verso più lungo di una sillaba, che si elide con l'inizio del verso successivo.
Ipóstasi: sostituzione o personificazione.
Isoprosodico: prosodicamente equivalente, cioè che ha uguale quantità o durata sillabica.
Isosillabico: che ha uguale numero di sillabe.
Kunstwollen: intenzione artistica.
Lessema: elemento linguistico fornito di un significato.
Litóte (ma sarebbe più corretto lítote): affermazione che attenua un significato negando il suo contrario («non buono» per «cattivo»).

Monolinguismo: uso di una sola lingua.
Neoformazione: vocabolo foggiato da uno scrittore.
Neologismo: vocabolo non attestato in passato.
Omeoteleutico: aggettivo di omeoteleuto, similarità dei fonemi finali di due o più parole.
Ominoso: di malaugurio.
Omofonico: aggettivo di omofonia, similarità fonica.
Ordo verbɔrum: ordine delle parole.
Ossimóro: accoppiamento di termini antitetici.
Paradigmatico: appartenente al sistema della lingua.
Parafonico: aggettivo di parafonia, parziale similarità fonica.
Parénesi: esortazione.
Performativo: enunciato che risolve la parola in azione.
Poetismo: termine proprio della lingua poetica.
Polare (coppia): formata da termini i cui significati sono al polo opposto.
Polímetri: versi in vario metro.
Polimetria: varietà di metri.
Polis: città (termine greco).
Polisemia: pluralità di significati.
Referente: realtà a cui rimanda il segno linguistico.
Simposiaco: conviviale.
Sinestesia: associazione di sfere sensoriali diverse, per es. visiva e acustica.
Sinonimo: di uguale significato.
Sintagma: costrutto sintattico.
Sintagmatico: contestuale.
Soterico: che salva.
Straniamento: effetto sorprendente di una insolita associazione o dissociazione semantica.
Tematica (parola): che in un determinato scrittore ha una frequenza significativa per qualità e quantità di occorrenze.
Teónimo: nome di divinità.
Topos: luogo comune letterario.
Weltanschauung: concezione del mondo.

SOMMARIO

Introduzione di Alfonso Traina   5
Voci della critica   47
Bibliografia   52
Nota sul testo di Enzo Mandruzzato   61
Illustrazioni   63

LE ODI

LIBRO PRIMO

1. Dono a Mecenate   71
2. Il Giovane   75
3. Le navi   79
4. Le primavere   83
5. Pirra   85
6. Ad Agrippa   87
7. Il canto di Teucro   89
8. Sibari   93
9. Vedi il Soratte   95
10. Mercurio   97
11. La giornata   99
12. L'inno degli Dei e degli uomini   101
13. Lidia   107
14. La nave   109
15. La profezia di Nereo   111
16. A Tindaride 1   115
17. A Tindaride 2   119

18.	La vite dell'Occidente	123
19.	La Madre di ogni brama	125
20.	Il vino di Sabina	127
21.	La preghiera degli innocenti	129
22.	Il lupo della Sabina	131
23.	Alla fanciulla Cloe	133
24.	Per la morte di Quintilio Varo	135
25.	Una vecchia da nulla	137
26.	Per Lamia	139
27.	Il fratello di Megilla	141
28.	La ballata di Archita	143
29.	Per Iccio, stoico	147
30.	Preghiera per un convegno d'amore	149
31.	Preghiera ad Apollo	151
32.	Come in preghiera	153
33.	A Tibullo	155
34.	Il lampo nel cielo limpido	157
35.	La fortuna divina	159
36.	Il festino	163
37.	Cleopatra	165
38.	Rosa e mirto	169

LIBRO SECONDO

1.	A Pollione	171
2.	Il Regno	175
3.	A Dellio	177
4.	A Xantia	181
5.	La giovinetta Làlage	183
6.	La vigilia	185
7.	A Pompeo Varo	187
8.	Barìne	191
9.	A Valgio Rufo	193
10.	A Licinio	195
11.	Con Quinzio Irpino	197
12.	Licimnia	199
13.	Il regno di Proserpina	201

14.	Il fiume dei morti	205
15.	Il comando dei Padri	209
16.	Forti e caduchi	211
17.	Lettera a Mecenate	215
18.	La mia casa	219
19.	L'epifania di Dioniso	223
20.	Il cigno	227

LIBRO TERZO

L'INNO DEI VALORI (1-6)

1.	La Necessità	229
2.	Il Mistero	235
3.	L'Occidente	239
4.	La bellezza che salva	247
5.	La muraglia	255
6.	La religione antica	261
7.	Le tentazioni di Asterie	267
8.	Invito per il primo di marzo	271
9.	Lidia	273
10.	Canzone della porta chiusa	275
11.	Ipermestra	277
12.	Infelici fanciulle	281
13.	Fontana di Bandusia	283
14.	La festa e l'accettazione	285
15.	La moglie d'Ìbico	289
16.	La vittoria	291
17.	La casa di Elio	297
18.	La festa del Fauno	299
19.	Glìcera	301
20.	Ganimede	305
21.	L'anfora	307
22.	Speranza	309
23.	Fidile	311
24.	Il desiderio	313
25.	Dioniso	319
26.	Epigramma per Venere del mare	321

27.	Europa	323
28.	I Neptunalia	329
29.	Memento	331
30.	Congedo	337

LIBRO QUARTO

1.	Dopo la lunga tregua	339
2.	L'ape	343
3.	Chi tu vedesti nascere	347
4.	La leggenda del Metauro	349
5.	All'Augusto	357
6.	La preghiera	361
7.	Le stagioni	365
8.	A Censorino	367
9.	Il consolato del giusto	371
10.	Ligurino	375
11.	Il silenzio di Fillide	377
12.	I compagni della primavera	381
13.	Vendetta per Cìnara	383
14.	Per l'Augusto	387
15.	La pace	391

IL CANTO DELLE GENERAZIONI   397

GLI EPODI

1.	A Mecenate	405
2.	Beato chi lontano dagli affari	409
3.	Il veleno	415
4.	Per P.M.	417
5.	Il profumo della strega	419
6.	Cane	425
7.	Il delitto	427
8.	Quella sciantosa	429
9.	Il cècubo della vittoria	431
10.	Per Mevio	435

11.	A Pettio	437
12.	La capra	441
13.	La Tracia	445
14.	Perché morbido ozio mi ha versato	447
15.	Finché sarà nemico al gregge il lupo	449
16.	Oltre le rive etrusche	451
17.	Palinodia per Canidia	457

Commento 463
Nota sulla cronologia 545
Glossario 551

BUR
Periodico settimanale: 27 agosto 1997
Direttore responsabile: Evaldo Violo
Registr. Trib. di Milano n. 68 del 1°-3-74
Spedizione in abbonamento postale TR edit.
Aut. N. 51804 del 30-7-46 della Direzione PP.TT. di Milano
Finito di stampare nel mese di agosto 1997 presso
Legatoria del Sud - via Cancelliera, 40 - Ariccia RM
Printed in Italy

ISBN 88-17-16513-1